Global R&D Network and
Innovation of
Chinese Enterprises

全球研发网络与中国企业创新

盛垒 著

上海人民出版社

目　录

第1章　研究背景及意义

1.1　研究背景

1.1.1　发达国家对中国科技创新扼制加剧

科技兴则民族兴，科技强则国家强。当前，全球科技发展日新月异，世界各国之间的创新竞争日趋激烈。一个国家或地区的生产力是否先进，不仅取决于经济总量规模的大小，更要看科技创新水平的高低。美国之所以能够长期保持世界唯一超强霸主地位，除了经济实力强大，更重要的是美国的科技创新能力、水平和实力雄冠全球，科技创新成为美国全球竞争力的基石。

改革开放40年来，中国科技创新水平获得了跨越式发展，成就显著，正在向世界科技强国第一方阵迈进。欧盟发布的《2017年欧洲创新指数记分牌》，通过计算10个创新维度的27项指标，测度和比较了28个欧盟成员国及其与世界其他主要国家和地区的创新发展绩效，并按分值将这些国家划分为领先、强大、中等和一般创新国家四个不同等级。①该报告的综合评价结果显示，中国已经成为全球中等创新国家。事实上，从全球范围内来看，属于领先创新等级的仅有美国等少数几个国家，多数发达国家都是强大创新国家。中国是少数被列入中等创新国家的发展中国家之一。另外，根据美国国家科学基金会发布的《美国科学与工程指标 2016》显示，中国已成为仅次于美国的世界第二研发大国。在研发投入、科技论文产出、高技术制造增加值等重要指标上，中国都已居于世界第二。

中国国家统计局的数据显示，2017 年中国全社会研发经费支出已经达到 1.76 万亿元，位居世界第二，仅次于美国；研发强度上升到2.15%，科技进步贡献率增至 57.5%。在基础研究方面，2017 年我国 SCI 论文总量达 33 万余篇，约占全球总量的 18.6%，位列世界第二。在技术创新和新兴产业发展方面，2017 年中国国内发明专利申请量达到 138.2 万件，总量位居世界第一。自 2010 年起，中国就成了世界第一制造大国，2017 年中国高技术产品出口额为 6 700 亿美元，华为、阿里巴巴、腾讯、联想等已成为具有全球竞争力的高科技企业。在全球知名风投调研机构 CB Insights 公布的 2018 年全球独角兽企业榜单中，中国上榜独角兽企业 76 家，占全球比重高达 30%，仅次于美国。此外，中国高铁技术以及寒武纪芯片、智能分拣系统、科大讯飞人工智能医生等一系列重大突破，显示出我国自主创新能力的持续攀升。目前，中国科技人员总量已达 535 万人，规模位居世界第一。

① 赵正国：从《2017 年欧洲创新记分牌》看我国国家创新绩效，搜狐网，http://m.sohu.com/a/204225180_465915/。

中国科技创新实力的不断提升以及在全球影响力的日益扩大，正在打破以往发达国家在高科技领域一统天下的局面。因此，以美国为代表的西方发达国家开始加强了对中国科技创新和高科技企业的战略扼制，试图以此来阻止或延缓中国这个全球最大发展中国家科技和经济继续崛起的进程。2008年国际金融危机以来，美国等西方国家保护主义和逆全球化势头不断兴起，针对中国的各种调查、冲突、摩擦甚至是对抗也呈上升之势。特别是特朗普上任以来，美国贸易保护主义势头明显上升，而且其矛头直指从2000年起一直位居其贸易逆差来源国首位的中国。2018年3月，美国依据《1974年贸易法》第301条款（*Section 301 of the Trade Act of 1974*）决定发动对华制裁，此举也意味着中美经济摩擦步入激化阶段。美国对于中国政府实施的以“中国制造2025”为首的一系列产业政策提出批评，其中包括对投资中国某些行业的美国企业实施出资限制、对收购海外先进技术企业的中国企业提供各种支持政策。2018年版美国国防战略报告更是直言不讳地将中国定义为美国长期的“战略竞争对手”。2018年8月13日，美国总统签署了《2019财年国防授权法案》，其中包含了《出口管制改革法案》和《外国投资风险审查现代化法案》两个重要法案，提出进一步加强高技术出口限制和防范外国企业通过投资获取技术。显而易见，贸易战不仅是美国获取更多经济利益的手段，也是其从战略上遏制中国的重要手段。美国加征关税的500亿美元中国出口产品，主要针对的是《中国制造2025》中包含的高科技领域，这也充分反映出美国试图遏制中国技术追赶和科技创新崛起的真实意图。[①]由此不难

① 隆国强：《理性认识当前的中美贸易摩擦》，《人民日报》2018年8月29日。

发现，中美贸易摩擦表面上是因为贸易失衡引发的市场竞争，但实质上是两个大国在高科技领域的战略较量和制度竞争。以美国为代表的西方国家对中国科技创新和高科技企业的扼制，将对中国的科技创新发展造成重要影响。

1.1.2 全球创新格局正发生新的重大变化

进入 21 世纪以来，全球创新活动日趋活跃，创新全球化在世界范围内得到快速发展。尽管 2008 年爆发的全球金融危机使创新全球化在发展进程上受到了一定的波折，但总体上，创新全球化趋势并未从根本上发生逆转，依然是影响全球经济增长和人类社会进程的重大变量。在新一轮创新全球化发展进程中，全球创新环境与格局正发生一系列新的重大变化和深刻调整，并呈现出不少新趋势和新特征，将对国际分工体系的演进以及世界经济的周期性转换带来极为深远的影响。

一、开放式和网络化创新日益成为创新全球化的新范式

随着科技创新日新月异发展，创新范式也随之出现了重要变化。特别是大型科研设施开放共享、网络信息技术、智能制造技术等的快速发展，为科技创新提供了功能强大的研发工具，以及与传统研发大不相同的创新平台。这些新的工具和新的平台一方面大幅降低了研发创新的准入门槛，大众化创新、社会化创新、民主式创新变得日趋活跃；另一方面，也使得协同创新不断演进和深化，涌现了一大批新型创新模式和创新平台，比如创新实验室、制造实验室、众筹、众包、众智、众创等，从而使全球科研和创新活动不断朝着个性化、开放化、网络化、集群化

等方向深入发展，并进一步衍生和催化出更多新型研发组织和科研机构。①与此同时，在全球范围内，以“创客运动”（Maker Movement）为代表的小微型创新掀起了新一轮以极客（geek）、创客（maker）等为重要参与群体的创新创业热潮。这些趋势或将深刻改变甚至根本变革人类科研和创新活动的理念及组织模式，并为全球技术进步、世界经济增长和人类社会发展带来前所未有的创新活力。此外，在研发和创新全球化发展过程中，研发合作变得日趋频繁，研发和创新的专业化分工与协作仍在不断演进和深化。企业研发外包趋势日益增强，专业性的研发服务部门不断扩大，研发公司、研发机构及专为研发创新服务的相关组织和机构层出不穷。例如，近年来世界各国和地区涌现出了一大批新型研发业态和模式，比如消费电子独立设计企业、集成电路设计公司、软件研发外包企业、第三方设计公司等。这些研发新业态和新模式的快速发展与创新，有助于显著提升企业研发活动的效率。总的来看，研发和创新组织模式的变化进一步提升了全球创新的速度和效率。无论是对于一个国家还是某个企业而言，其研发活动的开展以及创新能力的提升，不再只是像过去那样仅仅局限于独立的或者是内部的研发，而是在于如何更有效地运用技术和资本等多样化的手段集成、整合外部创新资源，网络化、开放式、合作型创新日益成为创新全球化的新范式。

二、人才等科技创新资源在全球范围内加速流动

经济全球化的深入发展促进了知识、人才、信息等科技创新要素和

① 白春礼：《创造未来的科技发展新趋势》，《人民日报》2015 年 7 月 5 日。

研发资源的跨国流动，优化了全球创新要素配置效率。一方面，近十多年来，人才、资本、技术、产品、信息等创新要素全球流动的速度、范围和规模都得到了快速提升，知识生产、技术扩散、产业转移和重组也在不断加快。虽然零壁垒、无障碍自由流动的全球劳动市场尚未形成，但科技人员、企业家和创业者等各类人才跨国研究、创新、创业和投资趋势有了显著增强。在此过程中，全球人才的竞争变得尤为激烈，许多国家为有效降低人才流动的壁垒，争夺国际高端人才，纷纷出台一系列吸引人才的竞争政策，人才的全球流动性得到了不断增强。显然，这是经济全球化对创新资源配置带来的重大影响。但另一方面也要看到，西方先进国家为持续保持在全球创新网络中的主导地位和领导者角色，也在进一步强化知识产权战略，不断加强对全球标准制定的管控，并着力于构筑技术和创新壁垒。科技发达国家的这些举措导致全球新技术应用的不均衡状态有所加剧，发达国家与发展中国家的“技术鸿沟”不断扩大。同时，西方发达国家也争相利用各种优势条件和地位，采取放宽技术移民政策、开放国民教育、设立合作研究项目、提供丰厚薪酬待遇以及良好生活环境等各种政策，不断增强对全球优秀科技人才的吸引力。对此，全球主要新兴国家和发展中国家也相继实施具有吸引力和竞争力的各种创新政策和人才计划，积极参与全球科技资源和优秀人才的竞争。

三、跨国公司进一步加强对全球创新资源的利用与整合

相对来说，发达国家的跨国公司具备资金实力、研发能力、技术储备和人才层次等综合性优势，近十多年来在创新实力和创新态势方面都在进一步增强。其一，发达国家的跨国公司始终保持高强度研发投入，

并进一步聚焦高端前沿科技领域。大型跨国公司一直主导着全球企业的研发投入水平，据统计，全球500强跨国公司的研发经费支出占全球企业研发的比重高达65%以上。而且，跨国公司的研发具有很强的行业特征，主要集中在高技术领域。特别是在当前新一轮科技革命蓄势待发的关键时期，全球主要跨国公司纷纷加强对未来新科技、新技术、新产业、新业态、新模式的研发和创新布局，试图再一次占领新一轮科技产业革命的制高点和控制权。其二，这些跨国公司正由生产全球化进一步向研发和创新全球化升级。伴随着生产全球化的深入推进，跨国公司的海外研发投资布局也开始变得更加分散和多元，呈现出从"在新兴国家制造"向"在新兴国家创新"的转变态势。①随着经济实力的不断提升，新兴市场国家日益重视并加强对技术资产和人力资本的长期投资，这一方面大大改善了本国创新资源的丰度和厚度，同时也对跨国公司海外研发创新布局形成了巨大吸引力。除了传统的西方发达国家之外，跨国公司的海外研发投资目的地又有了更多甚至更好的选择。相对而言，过去那种在发达国家研发设计、在发展中国家组装加工的固有的国际生产格局已发生了显著变化。越来越多发达国家的跨国公司纷纷走出母国，将研发和创新部门及相关资产向海外转移，尤其是向区位条件相对优越的新兴市场国家布局，使得研发全球化的发展进一步深入。如果说在逆全球化思潮泛起的背景下，生产和制造的全球化正遭遇更多波动和阻隔，但研发和创新的全球化态势却从未中断，反而势头更劲。也就是说，生产全球化或已陷入低潮，但创新全球化的步伐永不停歇。

① 马名杰：《全球创新格局变化趋势及其影响》，《经济日报》2016年11月3日。

四、全球科技创新版图和技术力量对比正悄然生变①

随着经济全球化进程的日益深入和新兴经济体的快速崛起，特别是2008年国际金融危机发生以来，全球科技创新力量对比已悄然发生变化，科技创新权力结构开始呈现出从发达国家向发展中国家逐渐扩散的趋势。统计数据表明，从2001年到2017年，美国研发投入占全球的比重由37%下降到了30%左右，欧洲的全球份额也从26%减少至约20%，而新兴经济体在全球创新中的力量在不断上升。虽然以美国为代表的发达国家目前在科技创新上仍然处于无可争议的领先地位，但优势正在逐渐缩小，中国、印度、巴西、俄罗斯等新兴经济体已成为科技创新的活化地带，在全球科技创新“蛋糕”中所占份额持续增长，对世界科技创新的贡献率也快速上升。全球创新中心由欧美向亚太、由大西洋向太平洋扩散的趋势持续发展，未来20～30年内，北美、东亚、欧盟三个世界科技中心将鼎足而立，主导全球创新格局。

但需要清醒认识到的是，尽管新兴经济体创新日益活跃，发达国家主导全球创新格局的态势仍将持续。新兴经济体创新能力增强，将使发达国家与新兴经济体之间的创新竞争更加激烈。但发达国家仍拥有巨大的存量知识资产，掌握着经济全球化和创新全球化的主动权。同时，发达国家跨国公司仍主导着全球生产体系，占据全球价值链高端，高端要素向发达国家相对集中的趋势短期内仍难以发生根本逆转和改变。在较长时期内，发达国家仍将是全球科学技术的主要源头、人才高地和全球

---

① 权衡、盛垒：《复苏向好的世界经济：新格局、新动力与新风险——2018年世界经济分析报告》，格致出版社2018年版。

创新的核心地带。

全球创新格局的变化，给创新崛起中的中国带来了新的机遇。近十多年来，中国研发投入、科技产出和技术能力的快速增长，是改变亚洲乃至全球创新格局的一个重要因素。根据国家科技部中国科技发展战略研究院 2013 年以来开展的第五次大规模技术调查与技术预见成果显示，在国家调查的 1 346 项技术中，我国有 219 项已经达到了国际领先水平，占 16.3%；有 404 项技术与国际先进水平相差不大，处于并跑状态，占 30.0%；另外 723 项技术与国际先进水平存在一定差距，仍处于跟跑阶段，占53.7%。①未来二三十年，中国将处于技术追赶后半程，进入世界前沿的科技领域将逐步增多，在一些技术领域正向领军国家迈进。新的全球创新格局对中国引进高端生产要素和整合全球创新资源带来了契机。创新全球化和多极化有利于中国以多种方式利用海外高端要素，在开放创新中提升科技水平和创新能力；也有利于中国企业创新“走出去”，整合全球创新资源，弥补国内技术和人才短板。但与此同时，当前在中国创新崛起过程中也面临着诸多挑战。一方面，其他新兴经济体的创新崛起为中国企业开拓新兴市场和开展技术合作提供了机遇，但新兴经济体技术能力的提升也对中国形成了赶超之势。中国中低端生产环节将向其他新兴经济体加速转移，价值链中低端的竞争会更加激烈，从而驱动中国企业加速向中高端升级。另一方面，更多中国企业将面对与发达国家企业在价值链高端的直接竞争，这对中国企业创新能力的提升构成了严

① 傅翠晓：《中国 46.3%技术“领并跑”全球，上海是第二重镇》，搜狐网 2016 年 8 月 3 日，http://www.sohu.com/a/108949617_466843。

峻挑战。

1.1.3 新科技革命在全球范围内孕育兴起

当前，世界经济正处在前所未有的大调整、大转型和大变革中，一项十分紧迫的战略任务就是要加快突破上一轮发展周期内形成的各种“增长限制”及发展束缚，更多地依靠科技创新和技术变革，推动世界经济发展的周期性转型，尽快开启并进入新一轮的发展长周期。走向发展新周期最关键是要培育和塑造全球经济增长的新动力，实现新旧增长动力的有序转换。从理论上来说，就是要重新构建由新技术、新知识、新要素驱动的新生产函数和新消费函数，形成新一轮发展长周期内的新产业和新动力支撑。新经济增长理论表明，驱动世界经济新周期发展的内生性动力主要源自知识创新和技术进步的重大突破，通过“破坏式创造”和“颠覆性创新”重新塑造新周期发展的新动力。这便意味着现阶段的世界经济迫切需要再发生一轮类似过去数百年内已发生过的几次具有“革命意义”的新科技革命。①

时至今日，人类历史上共发生过三次真正具有变革性意义的科技革命，无一不极为深刻地影响了人类文明发展进程，每次都为世界经济格局带来了空前巨变。具体而言，全球科技革命对世界经济发展的巨大影响及重要意义主要表现在以下几个方面：

---

① 盛垒、权衡：《“三大变革”引领世界经济新周期之变》，《国际经济评论》2018 年第 4 期。

第一，科技革命引发全球性的产业变革和生产变迁，有助于推动世界经济重大转型调整并进入新一轮增长轨道。科技革命之所以能引发产业变革进而推动世界经济新增长，是因为科技创新和技术变革驱动的是一种结构性增长，①有助于摆脱上一经济周期内形成的资源错配、供求失衡、要素边际收益递减等带来的发展限制，并推动生产组织模式和资源配置效率等经济基础发生革命性突破，从而为实现新一轮的经济持续稳定增长奠定基础。②

第二，科技革命引起国际间的大国消长和霸权更迭，有助于促进全球科技和政治经济格局重构。历次科技产业革命都导致大国兴衰、世界经济中心转移和国际竞争格局调整，尤其是带来了中、美、欧三极之间的板块轮动。科技革命成为引起国际间实力更迭的催化剂，而把握世界科技革命和产业变革的历史契机，带动科技创新水平和产业竞争实力的跨越式提升，是新兴大国崛起的成功之道。

第三，科技革命引领人类社会发展和文明进步，有助于推动世界现代化进程和全球化发展。科技革命本质上是一种生产力革命，它必然会深刻影响世界现代化、全球化的未来走向，从而改变人类文明历史进程和世界政治经济格局。③一方面，科技革命加速世界现代化进程。第一次科技革命开启了世界工业化序幕，第二次革命则继续推动了这一进程，而第三次革命进一步把世界现代化进程从工业化提升到信息化阶段。在此过程中，科技革命一次又一次催生出各种新型社会生产组织形式，驱

---

① 盛世豪：《积极探索“又好又快”发展模式》，《浙江经济》2007年第1期。

② 黄志凌：《世界经济增长与新科技革命》，《经济日报》2015年3月3日。

③ 黄顺基：《新科技革命与中国现代化》，《中国社会科学院院报》2007年9月27日。

动社会生产方式、流通方式、消费方式等不断朝更加现代化、高级化、多元化方向更迭演进，并带动全球产业结构、就业结构、消费结构、社会结构等产生前所未有的巨变。另一方面，科技革命促进经济全球化发展。第一次科技革命作为世界工业化的起点，使世界形成一个不可分割的整体；第二次革命推动资本主义经济飞速发展，世界市场逐步形成；在第三次革命的作用下，世界各国的相互联系和依赖更趋紧密，经济全球化进程不断加快。此外，科技革命也推动了人类文明高级化演进。人类发展先后经历了农业革命、工业革命、信息革命三次重大社会革命，也相应形成了原始文明、农业文明和工业文明三种不同文明形态，目前正向更高级的生态文明迈进。从本质上来看，“每一次文明的更迭，都是一次生产力的飞跃，而每一次生产力的飞跃，又都源于一场深刻的科技革命”。①

由上述分析可知，全球科技革命带来的技术进步和产业变革，对于世界经济的结构性调整及周期性转型具有重大意义。②在当前世界经济新旧动能转换、新老周期转型的关键时刻，亟需通过新一轮全球科技革命和产业变革重新发现并塑造新周期内的新要素、新产业和新动力，推动世界经济尽快进入新的发展长周期。

目前，全球技术创新日趋活跃，新科技产业革命在世界范围内孕育兴起。与以往历次革命不同，这一轮科技革命与产业变革的一个显著特征在于，信息技术、生物技术、新能源技术、新材料技术、人工智能技

① 李世东、林震、杨冰之：《科技革命与人类文明演进》，中国网，2013 年 6 月 6 日，http://finance.china.com.cn/roll/20130606/1532993.shtml。

② 黄志凌：《经济恢复有待经济基础发生革命性突破》，《金融论坛》2015 年第 4 期。

术等不同技术领域呈现群体性、融合性重大革新态势，技术创新与商业模式、金融资本深度融合，持续催生新的经济增长点和就业创业空间。①国内外许多研究机构和学者都指出，未来 30 年，新一轮科技产业革命将逐渐进入发展的高潮期，②各种重大颠覆性技术相继涌现，新的产业组织形态和商业模式层出不穷，推动全球经济增长的新要素、新动力和新模式不断发展壮大，将深度改变人类生产、生活、交换、消费、分配甚至思维方式，③重塑全球产业形态、产业结构、产业分工和组织方式。④

不可否认，在当前知识大爆炸和技术大发展的信息化、智能化新时代，科技创新时时都在发生，技术进步天天都在发展。但从世界经济动力转换和周期之变的角度出发，当今时代更需要的是破坏式创新，而不只是延续式创新；更需要的是重大颠覆性技术，而不只是集成整合性技术；更需要创新驱动的“熊彼特式增长”，而不是要素驱动的传统“斯密型增长”。也就是说，人类社会比以往任何时候都更迫切需要一次真正具有“革命意义”、真正能够深刻影响人类文明进程、改变世界发展格局的新科技革命洗礼。这场新科技革命带来的不仅是科学、技术、知识、产业层面的突破性革命，更应当是生产方式、生活方式、产业形态、社会

① 路红艳：《科技革命推动现代产业体系建设》，《中国国情国力》2018 年第 1 期。

② 路红艳：《未来 30 年的科技产业革命，我们准备好了吗？》，《社会科学报》2018 年 1 月 29 日。

③ 黄群慧：《我国发展新经济的政策着力点》，《行政管理改革》2016 年第 9 期。

④ 赵若玺、徐治立：《新科技革命会引发什么样的产业变革》，《人民论坛》2017 年第 23 期。

结构等维度的根本性变革，以及观念、思维、制度的全方位革命。[①]尽管就现有发展态势而言，新一轮科技革命或已初现曙光，但距离一场真正意义上的“科技革命”还言之尚早。[②]目前世界各地相继涌现并快速发展的新技术、新产业、新业态、新模式，如大数据、共享经济等，本质上基本都属于20世纪互联网信息技术领域的进一步拓展和延伸。而包括新能源、人工智能、新材料等在内的少数具有颠覆性特征的新技术革命确实在某些方面或相当程度上已展现出很大威力，但它们总体上都还处于孕育发展期，尚未进入全面产业化、市场化、商业化开发利用阶段，仍未能全面深度改造人类社会生产生活方式、产业形态和社会结构，因此还无法完全担负起支撑和驱动世界经济长期增长的中流砥柱。[③]

总之，当前如火如荼的新技术革命是否会引发和推动全球生产方式、制造和服务模式的重大变革，究竟能否最终对全球创新驱动发展和产业结构升级形成颠覆性影响，还需要进一步深入观察和分析。但毋庸置疑，人类社会正处在新科技产业革命突破的前夜，世界经济终将在新科技革命和产业变革的引领和带动下，走出“结构性低迷”，进入一轮新的熊彼特长周期。

值得一提的是，具备独特资源丰度和市场深度的中国正由跟跑者向并行者、领跑者转变，有望在新科技革命和产业变革中占得先机。一方

① 权衡：《2018世界经济：复苏向好中要防范“灰犀牛”》，《社会科学报》2018年1月18日。

② 权衡、盛垒：《复苏向好的世界经济：新格局、新动力与新风险——2018年世界经济分析报告》，格致出版社2018年版。

③ 李扬：《从长周期视角观察国内外经济形势》，《经济日报》2018年1月4日。

面，中国拥有孕育新科技革命和科技创新中心所需要的资源丰度和市场深度。作为亚洲第一大国和世界第二大经济体，中国具有无与伦比的战略优势，这不仅在于人口、面积和位居亚洲核心的位置，更重要的是中国有着海量的科技人力资源、极富活力的经济体系和不断壮大的市场规模。①中国每年的经济增量占全球经济增量的 30%，规模经济所带来的竞争优势足以压倒世界市场中任何抵抗性力量。②

例如，在人工智能领域，中国具有两大重要优势。一是中国拥有庞大的应用市场。一旦某个产品进入应用领域，中国市场很快就能为该产品积累海量数据。在人工智能时代，数据就是生命，数据就是竞争优势。因此，尽管中国在一些技术领域尚不具有领先优势，但可以把这些技术快速导入市场应用领域，并生成数据资源。中国一些公司正是基于这种庞大的用户规模实现了快速成长。二是中国拥有数量庞大的科研人员队伍。中国科研方面的论文发表量和专利申请量均居世界前列，表现出强大的学习和创新能力。近年来，大量科研人员开始聚焦人工智能发展。强大的学习和创新能力使中国具备良好的赶超基础，未来一段时间有望改变在人工智能技术上的相对弱势地位。③

另一方面，我国在一些重要科技领域跻身世界先进行列。基础研究

① 白春礼：《把握新科技革命与产业革命机遇，以创新驱动塑造引领型发展》，《时事报告：党委中心组学习》2017 年第 5 期。

② 杜德斌：《上海孕育科技创新中心的历史机遇与实力基础》，《文汇报》2014 年 9 月 15 日。

③ 高奇琦：《我国正成为世界人工智能领域的新增长极》，《人民日报》2017 年 7 月 19 日。

方面，中微子、量子反常霍尔效应、量子通信、铁基超导、外尔费米子等一批成果在世界上产生重大影响，显现原始创新和衍生颠覆性技术的巨大潜力。材料、物理学、化学等一批学科整体水平居世界前列。应用研究方面，在载人航天、高铁、核电、互联网、移动通信、清洁能源、工程机械、基础设施建设等领域，一大批关键核心技术实现突破，带动产业技术水平快速提升，形成强劲的国际竞争力。①中国高铁、支付宝、共享单车和网购被称为中国的“新四大发明”，获得世界各国广泛青睐和认可，中国技术和理念在全球的影响力不断提升。这些都表明，中国具有全球影响力的创新成果可望由“点”的突破向“面”的扩展转变。正如习近平同志在2014年两院院士大会上指出的，“我国科技整体水平大幅提升，一些重要领域跻身世界先进行列，某些领域正由‘跟跑者’向‘并行者’‘领跑者’转变”。

总的来看，中国不断提高的科技创新能力与丰富的产业体系、巨大的市场容量、多样化的消费需求相结合，形成了特有的竞争优势。正是源于这些优势，近十年来跨国公司纷纷以中国为核心构建其区域乃至全球价值链。在亚洲新兴工业化国家中，只有中国更具备孕育新科技革命和科技创新中心所需的资源丰度和市场深度。②如果说亚洲必将诞生一批世界级的科技创新中心，那么可以预见的是，未来亚洲新一批的科技创新中心必然主要产生在中国。正在崛起的中国或将在激烈的科技创新竞争中占得先机，并在新一轮技术革命和产业变革中重返世界舞台的中心。

---

① 柯正言：《把握创新格局调整趋势，抓住科技革命历史机遇》，《人民日报》2015年10月28日。

② 杜德斌：《全球科技创新中心的兴起》，《文汇报》2015年5月31日。

而这就要求中国不断提升在全球研发网络和全球创新价值链中的分工地位，进一步增强中国企业在全球范围内的创新竞争力，以科技创新驱动中国经济转型和产业升级。

1.1.4　科技创新引领中国经济高质量发展

当前，“中国经济已由高速增长阶段转向高质量发展阶段”。从概念上来讲，发展质量指的是“一个国家或地区发展过程中的投入产出效果”。而所谓高质量发展意味着要能够更好地满足老百姓日益增长的美好生活需要，这就要求创新成为第一动力、协调成为内生特点、绿色成为普遍形态、开放成为必由之路、共享成为根本目的，体现发展的新理念。

“创新是引领发展的第一动力，是建设现代化经济体系的战略支撑。”随着大数据、人工智能、新材料、新能源、网络信息技术等新一轮产业技术革命的加速推进，创新在经济发展中的地位更加凸显。在新科技革命与中国高质量发展形成历史性交汇的大背景下，加快形成创新驱动新格局已成为新旧增长动力转换的首要任务。由经济大国走向经济强国，全面提升综合国力，根本途径是让创新成为引领高质量发展的第一动力。目前的中国已经进入了工业化后期阶段，支撑实体经济 30 多年快速发展的传统要素优势已开始逐步减弱，人才、土地、能源资源等要素价格持续上升，环境成本不断提高，这些都决定了中国经济发展路径和模式需要从要素驱动转换到创新驱动的轨道上来，这是高质量发展最鲜明的特征，也是必要的路径选择。

作为引领高质量发展的核心驱动力，科技创新为高质量发展提供了新的成长空间、关键着力点和重要支撑体系，有助于为中国经济中长期发展注入更强劲的内生动力。通过科技创新，一是可以完全替代或部分替代传统资源、改变资源组合方式，进一步提升资源利用效率；二是可以进一步放大生产力各要素作用，提高全要素生产率，大大提升经济发展的整体效益和效率；三是可以建立起以新技术、新产品、新服务等为核心内容的新优势，提高中国经济核心竞争力；三是有助于在解决资源环境与发展之间突出矛盾的同时，实现产业升级、经济的可持续发展。① 因此，在中国经济由高速度增长向高质量发展转型升级过程中，必须高度重视科技创新的战略支撑作用，进一步强化科技创新引领作用，切实提升中国经济发展质量。

近几年来，中国科技创新的整体实力显著增强，为高质量发展提供了源源不断的高水平创新供给。2017 年中国全社会研发经费支出比 2012 年增长 70%，研发经费支出占国内生产总值的比重达到了 2.12%，超过欧盟 15 国的平均水平。科技投入的产出质量和效率也有了大幅提升，目前中国已成为世界第二大高质量论文贡献国，发明专利申请量和授权量均居世界第一。国家创新指数排名从 2012 年的第 20 位升至 2017 年的第 17 位。基础研究和前沿技术领域实现多点突破、群体性跃升，在载人航天、北斗导航、量子通信、深海探测、资源勘探、超级计算、大飞机等领域成功实现“后发先至”，向引领型发展目标迈进。②

但总的来看，中国的自主创新能力依然较为薄弱，与主要发达国家

① 武义青、赵建强：《以科技创新推动高质量发展》，《中国经济时报》2018 年 1 月 26 日。

② 万钢：《打造高质量发展的科技创新引擎》，《求是》2018 年第 6 期。

都还存在较大的发展差距。其一，统计数据显示，2016年中国国内专利申请授权数为175.4万件，其中技术含量较高的发明专利为40.4万件，占比仅为23.05%。目前中国在核心技术、关键技术方面的对外依存度高达50%，与发达国家30%以下的水平差距巨大。另外，虽然中国高技术产品出口总量位居世界第一，但这些出口的产品是以外资和中外合资品牌为主，自主品牌出口的占有率还不足10%。因此，中国与科技发达国家的差距显而易见，关键核心技术受制于人的局面尚未有实质性改变。其二，在科技成果转化率方面，目前中国尚不足30%，而发达国家普遍在60%～70%左右。2016年，中国科技进步对经济增长的贡献率为56.2%,而发达国家的这一贡献率一般维持在70%左右的水平，这方面的差距也是非常显著。其三，根据《中国企业创新能力评价报告（2016）》显示，目前中国所有企业中拥有创新活动的仅占41.3%，大大低于欧盟27国52.9%的平均水平，其中实现全面创新的企业仅9.1%，连10%都不到。另据《中国企业创新能力百千万排行榜（2017）》显示，中国高新技术企业发明专利占比仅为41.2%，与日本以及欧美国家80%以上的水平相差了近一倍。①导致中国企业创新活力不足、创新质量不高的原因主要有两个方面：一方面在于企业长期模仿跟进策略形成的“路径依赖”；另一方面也与现有体制不完善导致企业创新效益不显著有着很大关系。

可见，随着中国科技创新水平的不断提升和技术创新能力的日益增强，科技创新对经济的驱动和支撑能力也在逐步提高，但与引领高质量

① 迟福林：《让创新成为高质量发展第一动力》，《经济参考报》2018年2月28日。

发展的科技创新引擎的本质要求仍然有着较大差距。强化科技创新对中国经济的核心引领能力，不断构建更多依靠创新驱动的高质量发展新格局，不仅要提高引领前沿的源头供给能力，在更多领域成为全球创新引领者，而且要进一步提高科技创新的开放合作能力，更积极主动、有效地融入全球创新网络，并不断提升在全球网络中的权力和地位。通过国际科技创新合作，不仅能借助国际间科技创新资源的互补共享，更高效地整合优化全球科技资源和要素为我所用，还可以充分利用各国的比较优势，降低科技创新的成本和风险，提高创新效率和水平。从世界上看，主要的科技创新高地，往往也是国际创新资源集聚、学术交流活跃的地方。①

1.1.5 中国企业创新国际化步伐不断加快

创新国际化一直以来都是中国企业实现技术追赶和能力提升的重要路径。然而，后发国家和地区在创新国际化过程中长期受制于市场和技术“双重劣势”的困境：一方面，发展中国家和地区远离高端用户和主流消费市场；另一方面，长期以来后发经济体技术知识水平落后、创新基础设施滞后，造成了难以逾越的技术“鸿沟”。改革开放40年来，随着中国企业的崛起和中国经济的快速发展，中国在全球发展中的地位变得愈加重要。20世纪90年代初，中国开始提出并实施“走出去”发展战略，鼓励国内企业前往海外投资，获取海外市场的资源及技术。为此，

① 谷业凯：《积极融入全球创新网络》，《人民日报》2018年6月4日。

中国政府相继出台了各种各样的鼓励和支持政策，引导和促进中国的企业、资本、技术、设备和人才走出国门，为中国企业国际化发展提供了良好的政策环境。在“走出去”的过程中，中国企业已不再以单纯地进入海外市场、占领海外市场以及获得海外资源作为唯一目标，而是更加注重在国际化的竞争环境下培养企业的核心创新能力，建立可持续的企业全球化发展路径。事实上，创新已经成为近些年来中国企业全球化发展的主流议题，大批中国企业也在国际化和全球化发展的过程中不断探索和实践技术创新的新模式和新路径，一大批具有竞争力的中国创新型企业相继涌现。

回顾过去的40年，中国企业跨国经营分别经历了三个不同的发展阶段。①在第一阶段，中国企业“走进去”主要是通过出口和OEM（Original Entrusted Manufacture，俗称代工）获得了解决外围、辅助技术问题的能力以及生产工艺的改进。在此过程中，中国企业以“干中学”的方式，通过OEM代工和基础零部件配套，不断向OEM的合作方和生产配套的国际型企业学习并积累技术诀窍和制造经验，为提升自身创新能力和水平以及实现接下来的技术追赶打下了坚实基础。因此，中国企业早期“走出去”的目标主要还是通过在海外铺点式的经营，实现技术学习、吸收和引进。但是，由于当时中国企业在技术能力上与发达国家企业之间的差距过大，中国企业早期通过承接国外技术和产业转移，引进的主要是国外已经过时或者即将被淘汰的产业和技术，由此也形成了早期以

① 潘秋玥、杨洋、魏江等：《中国企业创新国际化的三种模式》，《清华管理评论》2017年第7—8期。

“低成本、低附加值、高能耗、高污染”为鲜明特征的中国制造模式。

在中国企业跨国经营的第二个阶段，主要目标是要通过连线式海外经营推动技术集成。在这个阶段，企业已经不再只是以 OEM 的方式参与到国际生产价值链中去，而是在前期的积累基础上，更加重视构建自身的国际品牌，成为 OBM（Own Branding Manufacturing，自有品牌生产商）。中国企业发展 OMB 所采取的主要方式和途径是通过对关键技术的海外收购和整合来建立创新合作伙伴，并利用本土品牌打开国际市场。在这样一个过程中，企业与包括用户、生产商、高校、科研机构、总包商、分包商等在内的上下游创新伙伴形成了一个利益共同体，以此将自身发展和各合作方有机融合，从而有助于实现双赢甚至是多赢。但是在这一阶段的“走出去”创新过程中，大多数中国企业缺少世界级并购的能力，也没有这方面的成熟经验，即使有部分中国企业并购了海外被收购企业的核心业务，不仅很难“吞得下”，也难以充分消化和吸收。

在第三阶段，中国企业创新“走出去”主要的目标是通过织网式跨国经营来逐步实现技术的追赶和引领，也就是通过国际合作开展技术含量和附加值更高、项目生命周期较长的高端市场开拓和高端技术研发。2008 年国际金融危机发生后，一批中国领军企业抓住时机加快“走出去”，加大海外生产和研发投资力度，在此前积累形成的技术知识能力基础上，通过对海外研发机构的整合和控制，进一步提升自身技术水平和力量，从而逐步实现主导和引领海外市场。在此一阶段，包括像白色家电产业的海尔和美的、通信设备制造业的华为和中兴、电脑厂商的联想等中国企业，开始面向全球进行技术研发创新，并向海外输出自主品牌，加快从“中国制造”向“中国智造”转型。例如，海尔在日本、澳大利亚和新西兰、北美、欧洲、印度、墨西哥和中国等多个国家和地区，通过新建和收购的方式构建形成了十大海外研发创新中心，各大研发中心纵横连线、协同交互、利益共享，帮助海尔在全球范围内共同组成紧密的资源生态圈和技术创新网，通过与用户、供应商和研发机构的深度交互，共同致力于提供更好的创新解决方案，真正意义上地实现“世界是我的研发部”的目标。①

当前，世界新一轮科技发展和产业革命的浪潮汹涌澎湃，人工智能、大数据、新能源、新材料等一系列颠覆性的技术创新不断冲击着原有的世界竞争格局和创新版图，这为中国创新力量的不断崛起和发展壮大提供了极为宝贵的历史机遇和机会窗口。特别是金融危机以来，在中国“走出去”战略推动下，越来越多的中国企业纷纷到海外投资设立研发机构。据不完全统计，2010—2014 年有 1 500 多家中国企业在全球共 88 个国家和地区设立了海外研发机构或创新中心。另据统计，自 2011 年开始中国企业在海外设立研发机构的数量每年都在持续上升，且增长速度不断加快。特别是 2008 年以来，中国企业每年在海外新建的研发机构数量呈加速度增长，仅 2015 年就新建了 782 家。以华为为例，2000 年其相继在中国、美国、德国、瑞典、俄罗斯、印度等地共设立了 30 多个研究所（表 1-1），其中多数是在 2008 年以后成立的。目前华为从事产品与解决方案的研究开发人员约 70 000 名，占公司总人数的 45％。

① 潘秋玥、杨洋、魏江等：《中国企业创新国际化的三种模式》，《清华管理评论》2017 年第 7—8 期。

表 1-1　华为海外研发中心建设历程

东道国	研发中心概况
俄罗斯	1999 年，华为成立了俄罗斯数学所；2013 年，华为俄罗斯研发中心展开了从其他俄电信公司招募优秀人才的行动。华为莫斯科研发中心的工作人员主要负责无线和光纤通信以及云计算和多媒体技术等工作。
印　度	1999 年，华为在印度班加罗尔设立研发中心。该研发中心为母公司开发各产品线和交付优质的软件平台、零部件和应用。
瑞　典	2000 年，华为在瑞典斯德哥尔摩设立 3G 技术研发中心。
美　国	2001 年，华为在美国硅谷、达拉斯等地设立研发中心；2016 年 3 月，在美国西雅图贝尔维尤成立研发机构。
加拿大	华为于 2008 年在加拿大渥太华成立研发中心。该中心是华为信息通信技术研发创新的重要海外基地，在 5G 移动通信及光通信技术等领域已具备世界级核心研发能力。2015 年，华为宣布计划在滑铁卢建立新的研发办公室，致力于解决手机安全问题。
印度尼西亚	2008 年，华为印尼研发中心成立；2016 年，印尼通信部与华为成立 ICT 创新中心。
德　国	2009 年，华为在德国杜塞尔多夫设立研发机构，为其重要客户沃达丰德国公司服务。
土耳其	2009 年，华为在伊斯坦布尔设立研发中心。该中心为华为海外第二大研究所，主要致力于软件产品和业务、无线技术、全 IP 融合技术等的研发以及产品规划、优化等相关流程的分析和研究。
日　本	2010 年 10 月开始，华为在日本进行通信终端领域的研发；2011 年 9 月增加了通信网络领域的研发，并正式启动了日本研究所；2013 年，华为将分散于东京市内两处的研发中心移至横滨并整合。
巴　西	2011 年在巴西坎比纳斯设立研发中心。
意大利	2011 年，华为在意大利米兰建立微波研发中心。该中心是华为首个全球性研发中心，旨在解决日趋激增的数据流量所带来的带宽需求问题。同时，该中心也会设有市场部和销售部等。
芬　兰	2012 年，华为在芬兰荷尔辛基建立研发中心，中心专注于移动设备技术的开发，主要是聚焦于智能手机、平板等移动设备的软件开发。
英　国	2013 年，华为投资 2 亿美元在英国设立新的研发中心。此前，已在伊普斯威奇设立了研发办公室。

续表

东道国	研发中心概况
西班牙	2013 年，华为宣布将在西班牙建立研发中心。
法　国	2014 年，华为在法国巴黎建立大数据研发中心，旨在通过大力推进数据科学研究以实现技术堆栈的进一步发展。华为在法国索菲亚科技园设立研发中心，该中心专注于芯片设计和嵌入式技术的研究。
波　兰	2015 年，华为与波兰波兹南超算中心（PSNC）正式宣布成立 PSNC-Huawei 联合创新中心，双方计划在高性能计算（HPC）、云存储、大数据等领域进行联合研究。
匈牙利	2015 年，华为扩建在匈牙利的研发中心。

资料来源：柳卸林、吴晟、朱丽：《华为的海外研发活动发展及全球研发网络分析》，《科学学研究》2017 年第 6 期。

1.2　研究意义

在研发全球化日趋深入的今天，跨国公司的研发组织模式正发生新的深刻变化。一方面，跨国公司的海外研发机构已不再局限于为公司海外产品提供本土化技术服务，而更多的是作为一个创新节点或枢纽，与母国研发机构共同为跨国公司的全球研发战略服务。另一方面，研发也越来越像生产活动那样呈现出全球分工的特点。跨国公司更加倾向于通过研发过程的模块化分解和地域组织安排，将不同研发流程分散在多个国家或区域来完成，以此形成全球范围内的研发分工网络。

作为一种新的网络分工模式，全球研发网络不仅重塑着世界创新地理格局，也加速了全球创新价值链体系的再构。在以跨国公司为媒质、呈金字塔形分布的全球研发网络中，发达国家往往处于金字塔塔尖位置，并掌握研发价值链高端核心环节，而后发国家则可能长期锁定在研发增值链条的低端位置。对发展中东道国而言，不仅要积极进入跨国公司主导的全球研发网络，努力参与国际研发分工，同时要提升自身在网络中的战略地位，以避免像生产领域那样出现被低端锁定的现象。

中国已成为世界第二大经济体，但大量事实表明中国企业在跨国公司的全球价值链中仍处于较低的分工地位。近年来，跨国公司在中国的研发活动日趋活跃，中国部分城市譬如北京、上海和深圳正成为跨国公司全球研发网络的重要节点区域。但作为后发国家，来华研发的跨国公司与本土企业互动联系较少，中国企业要么很难进入，要么只能进入其中技术含量和附加值低的研发环节。这种与中国企业近乎隔离的跨国研发投资，在带动国内企业参与国际研发分工方面的效果并不明显。中国企业不仅被排除在全球研发核心网络之外，甚至再次陷入低端锁定的“价值链陷阱”。

在网络分工深化时期，中国企业不仅要继续实现在全球生产网络中的动态升级，更重要的是还应加快融入全球研发网络，并提高参与国际研发分工的层次和地位，进而带动中国产业实现创新价值链的持续升级。本研究以探寻本土企业融入全球研发网络的客观规律为重点，系统梳理全球研发网络的空间扩张轨迹，总结提炼全球研发分工体系及空间组织架构，并深入研究中国企业嵌入全球研发网络的障碍、机制及路径。这一方面对完善全球网络分工理论并丰富研发全球化的研究内容具有重要学术价值；另一方面，在当前中美贸易摩擦及全球贸易摩擦愈演愈烈的背景下，西方国家进一步加强了对中国制造以及中国高科技企业的打压与封锁，要突破西方国家对中国科技创新的围堵，需要中国企业不断跨越西方跨国公司在研发和创新上对中国设置的低端锁定陷阱，进一步融入并提升中国企业在全球研发和创新网络中的地位。因此，本书对科学引导中国企业融入全球研发网络、推动中国产业实现创新价值链升级也具有重要现实意义。

1.3　研究重点及思路框架

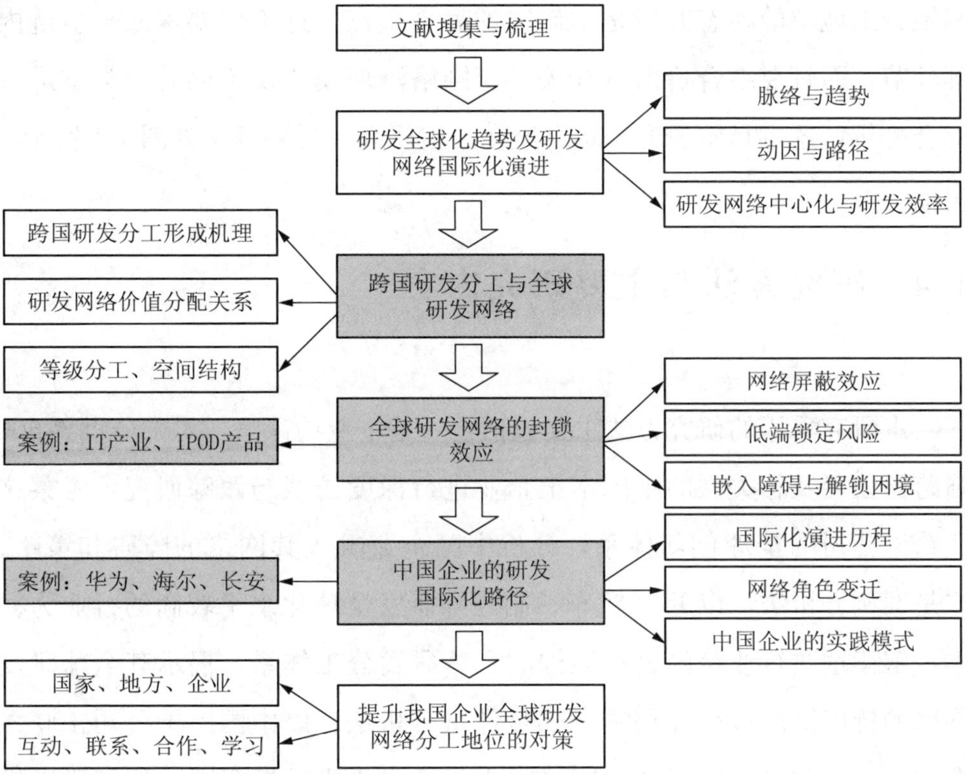

图 1-1　本研究的思路框架示意图

本研究的重点包括以下三个方面：第一，清晰地梳理出跨国公司全球研发网络的国际分工体系、价值分配关系及区位分布格局是研究本土企业嵌入及升级问题的理论基础和前提，因此是本研究的重点。第二，分析全球研发网络的网络屏蔽效应和低端锁定风险，进而探讨中国本土企业融入全球创新网络的障碍和机制，这不仅是本研究的重点，亦是难点。第三，中国企业如何打破“后来者诅咒”，实现从技术模仿到技术引领，真正参与到全球竞争、开展全球化经营，实现“全球价值链”的攀升、从“追随者”到“引领者”的转变，实现创新价值链和在全球研发网络分工地位的动态升级是本研究的另一重点。这不仅要深入价值链内部环节，而且要结合价值分配关系、网络治理模式及不同升级类型进行综合分析，这也是本研究的难点所在。本研究的思路框架如图 1-1 所示。

1.4　研究方法与主要研究内容

本研究采用的研究方法主要包括：一是企业访谈法，对部分世界 500 强跨国公司及相关联的中国本土企业进行深度访谈与跟踪研究，考察这些跨国公司的全球创新体系，分析中国企业融入其网络的障碍和策略。二是案例分析法，以 IT、汽车、制药等研发全球化水平较高的行业为样本，解读这些行业跨国公司架构的全球研发分工体系，揭示其全球研发网络的价值链区位分布格局。三是计量分析法，以中国跨国公司 100 强企业为研究对象，研究企业网络中心化、企业研发投资国际化和研发投入三者的中介效应。

本研究的主要研究内容分为以下五个方面。

一是跨国公司全球研发活动的网络化趋势及成因。总结全球网络分工内容和形式的演变趋势，并将研发分工作为一个新国际分工类型，分析其网络化特征，阐述其未来趋势。同时，基于全球网络分工理论、国际生产折衷理论、创新价值链理论等多重视角，重新解读跨国公司的全球研发投资行为，阐释跨国研发一体化网络的成因。

二是跨国公司全球研发网络的价值分配及地理分布。结合创新价值链理论，揭示跨国公司在全球空间范围内架构的研发分工体系，并构建全球研发网络的一般组织框架。分析网内跨国公司与本土企业的价值分配关系，并描述不同分配模式的一般化特征。分析跨国公司全球研发网络的地域分工格局，揭示跨国公司全球创新网络图景，同时明确中国在其中所处的地位。

三是跨国公司全球研发网络中中国本土企业的嵌入机制。分析制约中国企业进入全球研发网络的障碍和瓶颈因素，并从产业特征、市场结构、价值分布，企业自身技术条件、学习能力及地方创新环境等多个层面，探讨中国本土企业融入全球研发网络的机会、渠道及方式，总结中国本土企业嵌入的各种有效模式。

四是跨国公司全球研发网络中中国本土企业的升级路径。考虑后发国家可能面临低端锁定的陷阱，借鉴全球生产网络的相关理论，根据结网企业和被结网企业的价值分配关系模式，划分相互对应的全球研发网络治理模式，分析嵌入全球研发网络的中国本土企业应选择何种策略和途径实现在全球创新价值链中的持续升级，并指明不同路径下企业的升级方向和前景。

五是促进中国本土企业嵌入跨国公司全球研发网络的对策建议。基于对中国本土企业嵌入全球研发网络的障碍、机制及路径的规律性认识，从国家、政府和企业多个层次着手，基于互动、联系、合作、学习等多个维度，分析中国企业突破网络屏蔽和低端锁定陷阱的策略选择，提出促进中国国内企业加快融入并实现升级的对策建议。

第 2 章　理论基础与研究评述

2.1　相关概念界定

2.1.1　研发

研发（Research and Development，R&D），即研究与开发，是指各种研究机构、企业或个人为获得科学技术新知识，创造性运用科学技术新知识，或实质性改进技术、产品和服务而持续进行的具有明确目标的系统活动，亦可理解为一切与创新有关的活动。联合国教科文组织将研发定义为“为了增加知识总量（包括人类、文化和社会方面的知识）以及运用这些知识去创造新的应用而进行的系统性创造工作”。

从类型来看，一般认为研发包含多种类型的活动。从在自然、生命和社会科学领域获得基础知识的研究，到解决国防需求和其他类似关键社会问题（如气候变化、能效和健康等）的研究，到试验平台或多种用途技术的研究与应用以及为新的或改进的商品和服务的产生和商业应用。

OECD发布的《研究与开发调查手册》、《弗拉斯卡蒂手册》从研发性质维度将研发活动划分为“基础研究”“应用研究”和“试验发展”三种类型（表2-1）。事实上，这种分类方法曾受到诸多质疑。批评者认为这一分类实际上将创造新知识和创新过程视为一个线性过程，始于基础研究，随后开展应用研究和试验发展，并且终止于新技术的产生和传播。尽管存在上述批评和质疑，但迄今为止能够更加有效地衡量、评价并区分研发主要不同类型的替代分类方法却始终没有出现。因此，虽然人们认识到“基础研究—应用研究—试验发展”分类框架的不足，但国际上仍普遍根据这一分类标准来揭示研究的不同动机、预期时间、产出以及研发项目的投资类型。

表2-1　三类研发活动及具体形式

类型	研发活动		非研发活动
	主要目的	具体形式	
基础性研究	主要为获得关于现象和可观察事实的基本原理及新知识而进行的实验性和理论性工作，它不以任何专门或特定的应用或使用为目的。	纯粹以获取更多知识为目的，无明确应用目标的基础性、探索性研究。	艺术或人文学方面的研究。
应用性研究	主要针对某一特定的实际应用目的或目标，为获取新知识或寻找已有知识的实际应用途径而开展的创造性研究	包括辨别基础性研究成果的可应用性，或者研究出一套使企业能够完成预先设定的发展目标的新方案等。	对某项科研成果的直接应用，对现存产品、服务、技术、材料或工艺流程进行重复或简单的改变。
试验性开发	主要是利用从科学研究和实际经验中获得的现有知识，为生产新材料、新产品、新设备、开发新工艺、新系统和新服务，或对已产生和已建立的上述各项进行实质性改进，而进行的开发、试制、小试、中试等试验性、系统性工作。	原型样机设计、制造、测试、设计新工艺所需要的专用设备和架构，对新产品和新工艺的构思、开发和制造等。	市场调查、质量控制、测试分析、维修维护、常规测试、为生产工艺而进行的设计、试生产等。

资料来源：经济合作与发展组织（OECD）《研究与开发调查手册》《弗拉斯卡蒂手册》。

从研发活动的参与者来看，有从事研发活动的既有科研机构，也有企业和个人，其中企业被认为是研发活动的主体。据美国国家科学基金会发布的《美国科学与工程指标 2016》显示，中日韩三国企业研发支出占国家研发经费总额的约 75%。美国的研发支出中有约 61%是来自企业的资金，德国更是高达 66%，法国（55%）和英国（47%）的占比也在 50%左右。研发是企业技术创新的源泉，也是企业获取技术优势的基础。为保持在创新上的持续竞争力，许多跨国公司投入巨资进行研发与创新。欧盟委员会（EU）公布的全球企业研发投入 100 强排行榜显示，从研发投入总额来看，2017 年德国大众汽车研发投入高达 137 亿欧元，位居全球首位。之后依次是谷歌母公司 Alphabet、微软、三星电子、英特尔、华为、苹果以及三家制药企业罗氏、强生和诺华。从研发投入强

表 2-2　在全球企业研发投入 100 强中排名前十位的企业（亿欧元）

排名	企业名称	研发投入	净销售额	研发强度
1	大众（VOLKSWAGEN）	136.72	2 172.67	6.3%
2	ALPHABET	128.64	856.39	15.0%
3	微软（MICROSOFT）	123.68	853.34	14.5%
4	三星（SAMSUNG ELECTRONICS）	121.55	1 585.71	7.7%
5	英特尔（INTEL）	120.86	563.39	21.5%
6	华为（HUAWEI）	103.63	539.20	19.2%
7	苹果（APPLE）	95.30	2 045.72	4.7%
8	罗氏（ROCHE）	92.42	471.41	19.6%
9	强生（JOHNSON & JOHNSON）	86.28	682.00	12.7%
10	诺华（NOVARTIS）	85.39	468.99	18.2%

资料来源：欧盟委员会（EU），《2017 全球企业研发投入排行榜》。

度来看，2017 年美国英特尔公司研发投入强度高达 21.5%，研发投入额为 121 亿欧元；中国华为公司研发投入强度 19.2%，研发投入总额为 104 亿欧元；此外，罗氏、微软、诺华、高通等全球著名跨国公司的研发强度也都在 10%以上。

2.1.2 研发国际化

全球化是知识、资本、劳动力等主要生产要素跨越国家地理边界，在全球范围内流动和配置的过程，经济全球化和科技全球化是其中两股最为重要的力量。①跨国公司被广泛认为是国际间知识流动的中心②，企业国际化是一个连续、渐进的全球学习过程，而研发国际化（R&D Internationalization）是企业国际化的高级发展阶段，包括从海外研发相对集中、全球多研发中心到全球研发资源整合的演化过程。③

随着经济全球化进程的不断深化和企业国际化的日益深入，创新成为企业在全球市场上创造和维持竞争优势的重要源泉。④为了在激烈的竞争格局中占据一席之地，发达国家跨国公司不再满足于只将企业生产、制造或者销售环节向全球转移，处于产业价值链上游的企业研发活动环节

① 陈衍泰、吴哲、范彦成、戎珂：《研发国际化研究：内涵、框架与中国情境》，《科学学研究》2017 年第 3 期。

② Narula R. *Globalization & Technology：Interdependence，Innovation Systems and Industrial Policy*. Polity Press in Association With Blackwell Publishing Ltd，2003.

③ 杜德斌：《跨国公司 R&D 全球化的区位模式研究》，复旦大学出版社 2001 年版。

④ Filatotchev I.，Piesse J. R&D, Internationalization and Growth of Newly Listed Firms：European Evidence. *Journal of International Business Studies*，2009，40(8)：1260—1276.

也不断从跨国公司母国向海外转移，从而最大限度地发挥企业自身的技术优势，并充分利用东道国的各种科技资源①。这使得跨国公司可以在全球范围内最有效地配置和寻求研发资源，推进研发国际化发展。近年来，为了实现追赶发达国家跨国企业的战略目标，以中国、印度为代表的新兴市场国家的后发企业也纷纷将研发活动国际化作为他们的“跳板”战略，从海外获取能提升其创新能力的先进技术和知识。②

李梅和余天骄（2016）的研究指出，新兴经济体跨国公司的研发国际化与传统发达国家成熟跨国企业的研发国际化有着本质区别。③一般而言，新兴经济体国家的跨国公司主要采取模仿和追赶战略，通过研发国际化活动从海外获取能迅速提升其创新能力的先进技术和知识，帮助它们跳过发达国家知识创造和扩散的初始阶段，从而在较短时间内能够建立起自身的竞争优势，使之能与全球行业领先者同台竞争，抢占市场份额。蔡尔德和罗德里格斯（Child and Rodrigues，2005）认为，研发国际化已经成为新兴经济体跨国企业克服后入者劣势，实现从“落后跟随者”到“快速跟进者”甚至向“行业挑战者”地位转变的重要“跳板”。④阿瓦特（Awate）等（2015）进一步分析认为，基于这种技术追赶的战略

① Nieto M.J., Rodríguez A. Offshoring of R&D: Looking abroad to Improve Innovation Performance. *Journal of International Business Studies*, 2011, 42(3):345—361.

② Luo Y., Tung R.L. International Expansion of Emerging Market Enterprises: A Springboard Perspective. *Journal of International Business Studies*, 2007, 38(4):481—498.

③ 李梅、余天骄：《研发国际化是否促进了企业创新——基于中国信息技术企业的经验研究》，《管理世界》2016 年第 11 期。

④ Child J., Rodrigues S.B. The Internationalization of Chinese Firms: A Case for Theoretical Extension?. *Management and Organization Review*, 2005, 1(3):381—410.

意图，新兴市场国家跨国公司的海外研发机构所承担的功能已不再是将母公司的竞争优势进行延伸，应用其从母公司获得的生产技术知识来适应海外市场的需要，而是向处于技术落后地位的母公司逆向转移其从海外获取的先进技术知识，其研发国际化网络中的知识流向也与发达国家跨国企业相反，是从海外研发子机构流向母国跨国企业，推动母公司创新绩效的提升。①

2.1.3 全球研发网络

随着研发国际化的不断推进，越来越多的跨国公司在海外设立研发机构并开展研发创新合作。跨国公司按照资源优化配置、寻求竞争优势的原则在全球范围内进行研发布局，并且对不同区位的研发机构进行差异化定位，海外研发机构承担着各自的特定功能，扮演着不同的角色，从而促进了跨国公司全球研发的网络化发展。

按照张战仁和杜德斌（2016）的观点，全球研发网络的本质就是在全球分工由产品环节间向单个增值环节过渡时，跨国公司通过一系列（正式的和非正式的）制度将网络中不同等级层次的参与者进行平行整合，从而形成的跨国企业中各功能子环节部门相互联系、互相协作的一种全球研发组织治理模式。②范兆斌（2008）认为，全球研发网络的主要

① Awate S., Larsen M.M., Mudambi R.:《Accessing vs Sourcing Knowledge: A Comparative Study of R&D Internationalization between Emerging and Advanced Economy Firms》,《Journal of International Business Studies》2015 年第 46 期。

② 张战仁、杜德斌：《全球研发网络嵌入障碍及升级困境问题研究述评》，《经济地理》2016 年第 8 期。

特征是在研发过程中以创新价值链为基础，通过介于内部与市场化的各种交易关系，在全球范围内进行垂直分工。①在跨国公司主导的全球研发创新网络中，一个完整的研发项目的技术被分解为多个功能模块，依据网络中全球各地每个成员公司的技术能力和资源类型进行模块化的分散研发。在各模块完成各自研发任务的基础上，最后由研发网络的领导者通过对各个模块进行整合完成整个研发项目。王建华和卓雅玲（2016）指出，在研发网络内部，每个研发模块不再是零散的知识集合，而是知识的集成体，通过各模块知识的有效集成而具备某个特定功能。②

传统的跨国公司研发分工合作主要发生在母公司内部的相关部门之间，但随着知识存在形式发生显著变化及知识更新周期日益缩短，为了尽可能地网罗创新资源，不断降低创新成本，着力提高创新效益，构建全球研发网络作为一种全新的网络分工模式已经成为跨国公司变封闭式创新为开放式创新的必然选择。

2.2　主要理论基础

2.2.1　国际生产折衷理论

国际生产折衷理论是著名学者邓宁（John H.Dunning）于 1977 年发

① 范兆斌、苏晓艳：《全球研发网络、吸收能力与创新价值链动态升级》，《经济管理》2008 年第 11 期。

② 王建华、卓雅玲：《全球研发网络、结构化镶嵌与跨国公司知识产权保护策略》，《科学学研究》2016 年第 7 期。

表的《贸易、经济活动的区位与多国企业折衷理论探索》中提出的，该理论将垄断优势理论、内部化理论和区位优势理论结合起来，主张用折衷主义方法来解释跨国公司的境外直接投资活动，后来又被进一步扩展到跨国公司海外研发投资活动。其理论核心是从事对外直接投资的企业必须拥有三种优势，包括所有权优势（O）、区位优势（L）和内部化优势（I），即 OLI 优势。

所有权优势为一国企业拥有或能够获得而国外企业没有或无法获得的资产及其所有权，表现为企业所拥有的某些无形资产，特别是专利、专有技术和其他知识产权，主要包括技术优势、企业规模优势、组织管理优势和金融优势等。区位优势是跨国公司在选择海外公司的国别、地点时必须考虑的东道国或东道国公司所具有的各种优势的反映，主要包括东道国丰富的自然资源、广阔的商品销售市场、低廉的生产要素成本、吸引外资的各种优惠政策等。内部化优势是指拥有无形资产所有权的企业，通过扩大自己的组织能力和经营活动将这些优势的使用内部化的能力。跨国公司通过对外直接投资，在母子公司或子公司之间进行中间产品的转移，从而防止市场缺陷的冲击，从内部化中获取高额利润。

根据这一理论，企业具备对外直接投资的必要条件和充分条件是在企业具有了所有权特定优势和内部化优势这个必要条件的前提下，又在某一东道国具有区位优势，此时对外直接投资就成了企业的最佳选择。① 邓宁（Dunning，2001）指出，与其他竞争者相比若企业具有某些所有权

① Dunning J. H. Trade Location of Economic Activities and the MNE：A Search for an Eclectic Approach. *The International Allocation of Economic Activities*. Proceedings of a Nobel Symposium Held in Stockholm，1977.

特定优势，则会通过海外设立机构实现内部扩张，跨国公司的海外研发直接投资是为了承担以下一种或几种组合职能：(1) 产品、原材料或工艺技术的适应或改善；(2) 基础材料或产品研究；(3) 生产研究的合理化或成本最小化；(4) 了解和监视国外技术能力的发展变化。①

2.2.2 HBA与HBE理论

在邓宁②和韦森③等学者的研究基础上，昆梅尔（Kuernmerle，1996）将跨国公司海外研发投资区分为以母国为基础的技术开发（Home-Based Exploitation，HBE）和以母国为基础的技术增长（Home-Based Augment，HBA）两种类型。④昆梅尔（Kuemmerle，1996）认为，HBE型研发投资主要集中于开发适应当地的产品，开发周边产品和管理过程的本地化适应。相反，HBA型研发投资重点关注开发核心产品，寻求核心产品生产的技术支撑和创新管理过程。具体而言，HBE是开发母国创造的技术优势，对外投资的主要目的是充分利用跨国公司现有的技术知识，开拓国

① Dunning J. H. The eclectic (OLI) paradigm of international production: past, present and future. *International Journal of the Economics of Business*, 2001, 8(2):173—190.

② Dunning, J.H. The geographical sources of competitiveness of firms: The results of a new survey. *Transnational Corporations*, 1996, 5(3):1—30.

③ Wesson, T. J. *An alternative motivation for foreign direct investment. Unpublished dissertation*, 1993.

④ Kuemmerle W. *Home base and foreign direct investment in research and development: An investigation into the international allocation of research activity by multinational enterprises*. Harvard University, 1996.

际市场，以这种方式利用母国优势比其他方式对公司而言更为有利可图，东道国市场规模和成长潜力是这一类型海外研发投资考虑的主要因素。HBA海外研发投资旨在从海外为母国获取东道国新的技术与知识信息，增加母公司技术存量，主要目的是提高跨国公司在知识经济时代的国际竞争力，以保证跨国公司的稳定和长期增长。影响这一类型跨国公司选择海外区位建立研发分支机构的关键因素包括东道国研发经费投入、研发人力资源质量、相关科技领域取得的卓越成就等。

2.2.3 跨国公司研发组织阶段理论

鲁塞尔（Roussel）、塞亚德（Sead）和埃里克松（Erickson，1991）将研究发展功能地位的演进历程分为四个阶段，而其中每一阶段的演进都代表技术创新对于企业经营所起的重大关键作用。①目前的研发管理已进入第四代，在这一阶段，企业将研发管理至企业经营策略的核心层次，研发部门拥有更多的自主决策权，研发资源的运用也较为弹性宽松，企业将研发投资视为一种知识资产，更多地针对未来市场发展所需要的未来技术，灵活运用技术合作、技术授权、技术移转、技术交易、购并策略等手段来提升技术创新的效率与效能。另外，企业以全球化运作的观点来看待研发活动，将传统总部实验室的中央控制观念转变为全球研发网络的分散架构，在全球最合适的据点设置许多研发单位，并形成有效管理的网络组织，将知识创新、技术创新、产品创新、制程创新、市场

① 转引自刘常勇：《研发4.0：第四代研发管理》，搜狐网2017年6月12日，http://www.sohu.com/a/148067109_291099。

创新等均纳入于全球研发网络的活动之中。

策特维茨和加斯曼对跨国公司的研发管理进行了专门研究，考察了跨国公司研发组织的历史动态演化过程，并将这一过程划分为四个阶段：国内特征研发阶段、技术驱动研发阶段、市场驱动研发阶段、全球范围研发阶段。①在国内特征研发阶段，跨国公司的研究与开发活动均在国内进行。在技术驱动研发阶段，跨国公司将研究活动分散到世界各个行业技术中心，而将面向国内市场的技术开发活动集中在国内。在市场驱动研发阶段，通过在技术卓越中心的研究跨国公司技术能力得以全面提高，为了保持核心技术能力将研究活动重新集中在国内进行，同时由于市场拓展到世界其他国家，跨国公司将开发活动也分散到国外。在全球范围研发阶段，跨国公司的全球研发体系已经形成，研究活动重新分散到全球各个区域性研究中心，协调该区域的技术创新和改进活动，而开发活动则更加分散，对生产性企业和售后服务部门提供技术支持。

2.2.4　全球创新网络理论

自 1991 年《研究政策》(*Research Policy*) 的“创新者网络”(Networks of Innovator) 研究专辑中首次出现“创新网络”这一概念以来，这种整合企业内外部资源的创新形式得到国内外学者的关注，已形成较完备的体系。全球创新网络理论以国家或地方的创新系统为载体，以跨国

① Von Zedtwitz M, Gassmann O. Market versus technology drive in R&D internationalization: four different patterns of managing research and development. *Research policy*, 2002, 31(4):569—588.

公司研发全球化为驱动，重于体现创新要素和与创新活动相关的人才、制度、市场等要素的综合作用，①并在此基础上寻求以超越地域的理论与方法体现区域在全球化进程中日益增强的对外联系，并运用立体网络思维实现对国家和地方创新体系的扩展。②邦内尔（Bunnell）等提出了创新研究中的网络方法，强调外部联系在创新全球化的重要作用。③奥伊纳斯（Oinas）等提出空间网络系统的方法，旨在整合区域、国家和全球层面的作用力，分析技术在全球范围内的传播及其演化。而巴特尔特（Bathelt）等提出了本地传闻（Local Buzz）和全球渠道（Global Pipeline）的概念，建构了创新过程中全球—地方的联系。④

大量的研究已经证明了网络理论在全球国际化中的贡献。⑤恩斯特对ICT产业全球转移与技术升级的过程进行研究后发现，全球创新网络旗舰企业（flagship firm）在全球范围内搜寻知识资源，与区外的客户、供

① Cooke P, Gomez U M, Etxebarria G. Regional innovation systems: institutional and organizational dimensions. *Research Policy*, 1997, 26(4—5):475—491. Chung S. Building a national innovation system through regional innovation systems. *Technovation*, 2002, 22(8): 485—491.

② 贺灿飞、毛熙彦：《尺度重构视角下的经济全球化研究》，《地理科学进展》2015年第9期。

③ Bunnell T G, Coe N M. Spaces and scales of innovation. *Progress in Human Geography*, 2001, 25(4):69—589.

④ Bathelt H, Malmberg A, Maskell P. Clusters and knowledge: local buzz, global pipelines and the process of knowledge creation. *Progress in Human Geography*, 2004, 28(1): 31—56.

⑤ 司月芳、李英戈：《中资跨国公司对外直接投资研究述评》，《经济问题探索》2015年第12期。

应商、大学、科研机构等建立了正式与非正式的合作网络关系，推动了企业创新。①全球创新网络是一个权力不对称的网络，旗舰企业决定全球范围内创新合作伙伴和创新项目、新产品开发的重点以及创新合作网络的组织结构和战略，直接影响供应商、分包商等低端参与者的网络地位、战略取向和发展前景。②科维略和芒罗基于小型软件企业国际化的实证研究，证明了网络关系影响企业的国外市场选择和进入模式，并随着网络的演化而改变。③科维略提出国际化前期的国际新公司的网络演变模型。网络理论主张企业的国际化源于企业建立和发展网络位置的需求，以实现与国外同行的竞争。在进入国外市场之前，这些企业因为没有相应的网络而必须面临一些作为外来者的困境。在进入国外市场后，这些企业可以借助当地网络的协助，获得更多的信息、知识和实践能力以实现其长期的经济目标。④

2.3　国内外研究现状

随着国际网络分工的日趋深化和研发全球化的迅猛发展，全球研发

① Ernst D, Kim L. Global production networks, knowledge diffusion, and local capability formation. *Research Policy*, 2002, 31(8—9):1417—1429.

② Ernst D. *A new geography of knowledge in the electronics industry? Asia's role in global innovation networks*. Washington: East-West Center, 2009.

③ Coviello N E, Munro H. Network relationships and the internationalization process of small software firms. *International Business Review*, 1997, 6(4):361—386.

④ Coviello N E. The network dynamics in the international new venture. *Journal of International Business* Studies, 2006, 37(5):713—731.

网络逐渐进入学界的研究视野并成为经济学、地理学、管理学等相关学科的关注主题。近几年来，国内外学者对该领域的研究主要集中在以下方面。

2.3.1 企业研发网络国际化的形式及动因研究

早期的一些研究认为，研发网络其实是一种根据任务需要而组建的临时性组织，网络内部的合作仅限于相对简单的产品开发，其主要目的是在技术迅速发展的情况下尽量缩小技术差距，维持适当的组织规模，并实现更高层次的垂直一体化。①古拉蒂则进一步强调了研发网络成员之间联合完成研发任务的功能导向。②随着企业间研发合作的不断深入，越来越多的研究表明研发网络的构建实际上是一种嵌入性很强的活动，网络成员的调整往往会产生非常高的转换成本。因此，大量研究更倾向于认为，研发网络应该是一种持久性组织机制而非临时性组织架构，并且是一种根据多边协议创建的旨在加强技术知识共享的正式组织形式。③

迄今为止，研发仍然是产品价值链上国际化程度最低的一个环节。④

① Pisano G P. The governance of innovation: Vertical integration and collaborative arrangements in the biotechnology industry. *Research Policy*, 1991, 20(3):238—249.

② Gulati R. Alliances and networks. *Strategic Management Journal*, 1998, 19(4): 293—317.

③ Hite J M, Hesterly W S. The evolution of firm networks: From emergence to early growth of the firm. *Strategic Management Journal*, 2001, 32(3):275—286.

④ 张战仁、杜德斌：《全球研发网络嵌入障碍及升级困境问题研究述评》，《经济地理》2016年第8期。

究其原因，研发国际化尤其是研发网络的国际化往往需要面对比生产和销售等环节更多的障碍和挑战，还要涉及跨越地理边界解决不同组织间的制度、文化和知识储备差异等问题。[①]总体来看，国内外学界对于研发网络国际化问题的研究主要是沿着地理边界拓展、组织边界拓展和知识边界拓展三个不同维度展开分析和探索。[②]

第一个维度主要从地理边界的视角来解读研发网络的国际化问题。这一领域的学者主要关注跨国公司在构建国际研发网络过程中的区位选择和布局，旨在揭示国际研发网络结点由中心向边缘扩展的过程，即从早期由发达国家向发展中国家扩展转变为现在由发展中国家和海外研发附属机构向技术发源国逆向拓展并行的过程。早期的研发网络国际化研究主要是从经济地理视角来解构起始于 20 世纪 80 年代中期的发达国家大规模地向发展中国家设立研发机构的现象，并且认为研发网络国际化是发达国家技术密集型企业追求知识、技术来源多样化和成本最小化的结果。[③]但随着发展中国家特别是新兴经济体的崛起，研发网络国际化的拓展方向和研发流向随之产生了重大变化。策特维茨和加斯曼根据位于国际研发网络研发流上游和下游的母国与东道国的经济发达水平，区分出了四种不同的研发网络国际化形式。具体包括：（1）传统型，即发达

① 刘洋、魏江、江诗松：《后发企业如何进行创新追赶？——研发网络边界拓展的视角》，《管理世界》2013 年第 3 期。

② 潘秋玥、魏江、刘洋：《企业研发网络国际化研究述评与未来展望》，《外国经济与管理》2013 年第 8 期。

③ Reddy. New trends in globalization of corporate R&D and implications for innovation capability in host countries：a survey from India. *World Development*，1997，25：1821—1837.

国家之间的强强联合，这种形式仍是目前最主要的研发流向；（2）现代型，发达国家流向发展中国家，目前正在不断发展壮大；（3）追赶型，发展中国家流向发达国家；（4）扩张型，发展中国家流向发展中国家。① 高按照主要研发活动的地理区位，将研发网络国际化划分为三种不同形式：第一，在国外设立研发分支机构并开展研发活动，亦即所谓的“内部离岸研发”；第二，在母国选择非附属企业进行研发外包，也就是所谓的“国内研发外包”；第三，在国外选择非附属企业进行研发外包，即近年来全球盛行的“离岸研发外包”。②

第二个维度则是从组织边界的视角展开研究。从这一视角出发的研究文献普遍认为，对于研发这种风险高、投资回收期长的活动，通过网络化和国际化形式能够有效实现研发内部化，从而降低研发成本，减少创新存在的各种不确定性。另外，跨组织研发合作往往更有利于内化交易成本、更有效获取所需的创新资源，是实现风险分担、资源互补和技术共享的高效手段。赫布尔和宗深入考察了新加坡后发产业研发网络中心结点与边缘结点的跨组织互动，以及核心企业与研发网络外部东道国研发机构之间跨组织互动的不同特点，结果发现通过跨组织拓展，核心企业能够利用自己的比较优势和东道国结点企业的技术优势，在全球范围内跨组织整合异质性研发资源和前沿技术信息，并且缩小与技术发达

① Von Zedtwitz M, Gassmann O. Market versus technology drive in R&D internationalization: four different patterns of managing research and development. *Research policy*, 2002, 31(4):569—588.

② Gao, T. Multinational Activity and Country Characteristics in OECD Countries. *Applied Economics Letters*, 2003, 10(4):255—258.

国家的技术差距。①

第三个维度着重从知识边界的视角加以探索。福斯依据研发网络的知识原创性和应用范围，把全球化研发活动概括为适应型研发和创新型研发。前者是指东道国研发机构为适应当地市场需求而改进从母公司引进的技术研发活动，从事适应型研发的网络结点通常比较接近生产单位和产品市场；而后者则是指研发项目在研发网络内部具有创新性质、相关知识又可应用于全球市场的研发活动，从事创新型研发的网络结点通常都设立在“卓越中心”（center of excellence）和全球技术领先的企业和高校集群附近。②昆梅尔则将研发网络国际化战略分为基于母国的开发战略和基于母国的扩张战略。③前者是指跨国公司通过开发式利用，把母国既有的核心技术拓展应用于国外市场，旨在通过海外研发结点最大限度地实现既有核心技术的价值；而后者是指跨国公司通过扩张主动搜寻和吸收海外研发结点的新知识，以进一步丰富和充实研发网络核心企业的知识基础和水平。

上述三个不同视角的研究文献表明，企业研发网络跨越地理和组织边界在全球范围内的多个区位架构和布局差异化的研发网点，有助于实现成本内化、风险分担、知识共享，从而进一步加强跨组织协同创新和

---

① Helble Y., Chong L C. The importance of internal and external R&D network linkages for R&D organizations: evidence from Singapore. *R&D Management*, 2004, 34(5):605—612.

② Fors G. Locating R&D abroad: The role of adapting and knowledge-seeking. In Braunerhjelm, P. & Ekholm, K. (eds): *The Geography of Multinational Frims*, Kluwer Academic Publishers, 1998.

③ Kuemmerle W. Building effective R&D capabilities abroad. *Harvard Business Review*, 1997, 75(3):61—70.

前沿技术信息交流，也有助于通过知识边界的拓展来尽可能高效率地探索、利用和转移研发创新知识。因此，研发网络国际化有利于企业在激烈的国际竞争中扩充自己的资源、能力和知识储备，这也是企业全方位实施全球化发展战略的一个重要方面。①

企业研发网络国际化的动因是研发全球化领域研究的另一热点，许多学者从资源观、能力观、知识观等多个不同角度，深入分析了跨组织边界开放创新范式下的研发网络国际化成因，如分散风险、共享资源、实现比较优势、获取前沿科技信息、知识和战略性资产等。总的来看，现有的跨国研发网络研究文献认为，企业研发网络国际化的动因主要包括技术学习、知识吸收和市场开拓等几个方面。一是技术学习。企业构建国际研发网络其中一个重要原因就是希望借助网络化布局，通过开展技术学习来实现知识溢出效应。②许多学者的研究都已表明，通过设立海外研发机构来获取东道国的技术资源，是跨国公司研发网络全球布点的一个非常重要的动因③。一般来说，企业在开始开展内部研发活动之前会审视外部环境，一旦发现有可利用的创意和技术就会通过建立研发实验室来获取、内化，进而吸收与企业内部流程匹配的外部创意和技术，

① 潘秋玥、魏江、刘洋：《企业研发网络国际化研究述评与未来展望》，《外国经济与管理》2013年第8期。

② Pearce, R. Decentralised R&D and Strategic Competitiveness: Globalised Approaches to Generation and Use of Technology in Multinational Enterprises, *Research Policy*, 1999, 28(2—3):157—178.

③ 杜德斌：《跨国公司R&D全球化的区位模式研究》，复旦大学出版社2001年版，Carlsson B. Internationalization of innovation systems: A survey of the literature. *Research Policy*, 2006, 35(1):56—67.

从而将有限的研发资源集中投放在关键环节上。①网络结点企业能够通过研发网络内部的技术流，从其他网络结点那里快速、高效地获得自己所需的研发资源，然后进行有效的整合，从而缩短技术升级周期。②值得注意的是，自20世纪90年代中期以来，众多学者把注意力转向了旨在实现追赶目标而积极创新的广大发展中国家，致力于研究发展中国家企业积极推进自身研发网络国际化的行为。不少学者的研究发现，发展中国家企业通过在海外设立技术中心和研发机构能够有效拓展其外部技术资料来源并发展自身的技术能力，从而提升技术追赶效率。③同时，凭借研发网络的双重功效可以一方面帮助结点企业在内部充分挖掘、开发和促进创新，另一方面从外部获取研发信息和资源，④研发网络国际化已经成为企业获取研发资源和专业技能、参与全球创新网络的“入场券”，也为新兴经济体跳跃式提升其技术能力奠定了基础。⑤

二是知识吸收。跨国研发机构之间的知识转移有助于研发网络结点企业获取、利用和转化知识，强化国际研发网络所涉及的母国和东道国

---

① Chesbrough H., et al. Beyond high tech: Early adopters of open innovation in other industries. *R&D Management*, 2006, 36(3):229—236.

② Peters L., Groenewegen P., Fiebelkorn N .A comparison of networks between industry and public sector research in materials technology and biotechnology. *Research Policy*, 1998, 27:255—271.

③ Kuemmerle W. The drivers of foreign direct investment into research and development: an empirical investigation. *Journal of international business studies*, 1999, 30(1):1—24.

④ Cohen W M, Levinthal D A. Innovation and learning: The two faces of R&D. *Economic Journal*, 1989(99):569—596.

⑤ Fu X. Foreign direct investment and managerial knowledge spillovers through the diffusion of management practices. *Journal of Management Studies*, 2012, 49(5):970—999.

之间的知识转移，特别是隐性知识双向转移，从而最大限度地提高国际研发网络的研发投入回报率。①通过研发网络国际化，跨国公司可以促进先进知识、技术和能力在母国以外的衍生发展，从而不断提升和更新自己的技术能力与创新优势。②研发网络国际化有利于企业通过广泛分布在国外各个不同区位的网络结点来传递和吸收那些“只可意会，无法言传”的隐性知识，并且帮助企业规避因信息闭塞而不了解自己所在领域的前沿知识从而影响后续产品技术突破的风险。③劳尔森和萨尔特（Laursen and Salter，2006）通过对英国制造行业企业开放式创新的理论和实证分析，揭示了学习效应在促进创新和研发活动全球化过程中所起到的重要作用，并验证了积极的外部知识学习促进研发创新发展的作用。④此外，托多（Todo）等通过考察跨国公司研发人员的国际流动以及母公司与子公司、子公司与子公司之间研发人员的国际交流与互动，证明了知识员工作为重要知识载体对于促进研发网络国际化建设具有关键作用。⑤

三是市场开拓。跨国公司在向外输出研发活动的过程中往往会实施

①③ Spencer J W. Firms' knowledge-sharing strategies in the global innovation system: Empirical evidence from the flat panel display industry. *Strategic Management Journal*, 2003, 24(3):217—233.

② Zander I. How do you mea “global”? An empirical investigation of innovation networks in the multinational corporation. *Research Policy*, 1999, 28(2/3):195—213.

④ Laursen K, Salter A. Open for innovation: The role of openness in explaining innovation performance among UK manufacturing firms. *Strategic Management Journal*, 2006, 27(2):131—150.

⑤ Todo Y, Zhang W, Zhou L A. Knowledge spillovers from FDI in China: The role of educated labor in multinational enterprises. *Journal of Asian Economics*, 2009, 20(6):626—639.

研发本土化的发展策略，这有助于帮助它们更加有效地拓展东道国市场，而且通过推动研发网络国际化来促进创新成果在网络内部的扩散，进而在拓宽销售渠道和开辟新市场的同时，不断加强基于东道国情境的适应型研发活动。在市场导向的创新引领下，实施以适应东道国市场为目的的产品创新和服务创新，既是企业维系并提升自身竞争力的重要前提，也是获得长期发展和成功的根本保证。①因此，通过研发网络国际化，跨国公司不仅可以更加便利地为适应东道国的技术和市场条件而进行本地化生产与创新，并且也能有效促进自身的技术更新或升级。②正如福斯的研究所指出的那样，跨国公司在海外设立研发机构的一个重要动因就是让产品研制能够与当地市场条件相匹配，更有效地贴近本土消费者的需求偏好，从而充分占领和扩大海外销售市场。③策特维茨和加斯曼的研究进一步证实了市场导向在研发网络国际化中的作用，其研究还表明，在愈演愈烈的全球竞争中，研发网络国际化是技术密集型企业开发利用特定区位创新优势的一种有效手段。④

① 潘秋玥、魏江、刘洋：《企业研发网络国际化研究述评与未来展望》，《外国经济与管理》2013 年第 8 期。

② 刘洋、魏江、江诗松：《后发企业如何进行创新追赶？——研发网络边界拓展的视角》，《管理世界》2013 年第 3 期：第 96—102 页。

③ Fors G. Locating R&D abroad：The role of adapting and knowledge-seeking. In Braunerhjelm，P. & Ekholm，K.（eds）：*The Geography of Multinational Frims*，Kluwer Academic Publishers，1998.

④ Von Zedtwitz M，Gassmann O. Market versus technology drive in R&D internationalization：four different patterns of managing research and development. *Research policy*，2002，31(4)：569—588.

2.3.2 研发网络国际化的演进路径及效应研究

随着企业研发网络国际化进程的发展，网络中的参与主体不断多元化，特别是越来越多发展中国家的企业通过国际化逐渐从研发网络的边缘向中心靠拢，企业的研发网络通过国际化进程也逐渐改变了自己的密度、结构甚至演进路径。加斯曼和策特维茨从母公司与海外研发子公司之间的权力分配、竞合关系、网络密度和研发行为导向出发，识别了研发组织在国际化过程中经历的不同发展阶段①。他们认为，在研发国际化的早期阶段，母公司倾向于采取集中方式把核心研发技术这种“国民财富”全部保留在母国，而只是通过适应型改进、生产和营销来进行国际化扩展。但随着海外业务的不断扩展，对国际市场和全球研发技术的依赖程度不断加深，跨国公司的研发网络在结构上开始不断趋向分散化发展。它们通过吸收东道国研发人员或者外派研发人员，与海外研发实验室进行分散化的创新搜寻和研发合作，旨在保持对当地市场的高度敏感性。在后期的研发网络国际化整合阶段，海外研发中心逐渐成为新业务拓展的重要战略单元，母公司的研发中心在保证海外研发单位一定研发自主权的同时，还会采用灵活多样的协调机制来吸引它们紧密围绕其自身的研发活动进行广泛的协作，从而实现一定程度的集中整合控制。②

① Gassmann O, Von Zedtwitz M. New concepts and trends in international R&D organization. *Research policy*, 1999, 28(2):231—250.

② Gerybadze A, Reger G. Globalization of R&D: Recent changes in the management of innovation in transnational corporations. *Research policy*, 1999, 28(2):251—274.

不少学者从网络关系的角度来考察研发网络国际化的演进问题，他们的研究发现，在日益密集的国际研发网络中存在关系、信息和资源冗余度高而多样化程度低的问题。例如，海特和赫斯特李研究发现了在企业研发网络国际化过程中出现的三种趋势，即从高度嵌入关系朝着一般关系和嵌入关系均衡的方向发展、从强调网络聚合性向着构建新结构洞的方向发展、从强调路径依赖向着国际化整合的方向发展。①此外，海外拓展的不同进入方式和控制程度的变化，也拓宽了研发网络国际化演进研究的范畴。具体而言，扎赫拉（Zahra）等按照母公司控制产品研发的程度归纳总结了研发联盟、并购、绿地投资这三种主要的研发机构设立方式，并且发现控制程度较高的国际进入方式更有利于提升技术学习的广度、深度和速度。②

随着对跨国研发网络研究的逐渐深入，不少学者分析了研发网络国际化对企业创新绩效带来的影响和效应。许多经济地理学者研究了国际研发网络不同结点在地理上的集聚和分散对于企业提升创新能力的效应。有的学者认为结点在地理上集聚的企业研发网络更有利于各结点相互间的信息传递和知识共享，因而能大大降低复杂环境下的沟通、协调、监管等交易成本。③而有的学者则指出，地理上邻近的研发网络结点往往表

① Hite J M, Hesterly W S. The evolution of firm networks: From emergence to early growth of the firm. *Strategic Management Journal*, 2001, 32(3):275—286.

② Zahra S A, Ireland R D, Hitt M A. International expansion by new venture firms: International diversity mode of market entry, technological learning and performance. *Academy of Management Journal*, 2000, 43(5):925—950.

③ Parkhe A.From follows function? Interorganizational networks as a strategic imperative for global strategies. *Global Strategy Journal*, 2011, 1:86—89.

现出知识同质性较高的特点，因而不利于知识扩散和技术溢出。相反，地理上分散的研发活动更有利于企业接近分布广泛的知识创新源，从而有助于降低跨国市场信息不对称程度。①但也有学者认为地理上的集聚和分散对于企业创新绩效的影响远非想象中的那般简单。拉希里对全球100家半导体企业的实证研究表明，地理邻近性与企业创新绩效之间的关系受到企业技术多样性和内部研发单元间联系强度的调节，因而呈现倒U形曲线关系。②布勒克尔和博什马把“邻近性”概念进一步细分为认知、社会、组织和地理四个维度，分别采用网络结点间的知识基础重叠程度、网络结点的关系嵌入程度、网络结点营利性差异（企业被界定为营利性组织，而大学、研究机构、协会为非营利性组织）以及网络结点间的相对地理距离来表征这四个维度的邻近性，并采用网络回归分析技术（Network Regression Techniques）验证了地理邻近性和社会邻近性对创新绩效的正向影响以及认知邻近性的负向影响，但没有发现组织邻近性的显著影响。③

也有不少学者从组织管理的角度来分析跨国研发网络的创新效应。在这方面，早期的研究基本忽略了研发网络海外分支机构的管理问题，近些年的相关研究才开始重视研究国际研发网络跨组织管理及其对企业绩效的影响。例如，洛威特（Lovett）等针对企业设立海外子公司的原

① Hansen M T, Mors M L, Lovas B. Knowledge sharing in organizations: Multiple networks, multiple phases. *Academy of Management Journal*, 2005, 48(5):776—793.

② Lahiri N. Geographic distribution of R&D: How does it affect innovation quality?. *Academy of Management Journal*, 2010, 53(5):1194—1209.

③ Broekel T, Boschma R. Knowledge networks in the Dutch aviation industry: The proximity paradox. *Journal of Economic Geography*, 2012, 12(2):409—433.

因进行的一项研究显示，跨国公司为了实施更有针对性的协调管理，会对出于发掘市场、知识和资源三种不同目的设立的海外研发子公司分别采取差异性的文化、结果和行为控制手段。①戛梅德等从跨国公司全球研发网络的组织间和组织内关系两个维度，分别探讨了海外子公司自治、网络关系与绩效三者之间的关系。通过问卷调查，他们的研究证明，随着自治程度的提高，海外子公司越来越倾向于单独行动，从而影响与跨国公司内部其他研发机构的知识分享和信息传递效率，进而负向影响企业发展绩效。②陈等在戛梅德等的基础上的分析进一步表明，研发活动在地理上的日益分散将导致监管成本不断提升，从而迫使企业重新采用多样、灵活的协调手段来达到巩固以卓越中心为枢纽的跨国研发网络的目的。③他们把研发网络国际化过程中的组织扩张区分为分散、过渡和再集中三个阶段，并比较了不同扩张阶段的跨国研发协调和交流总成本与探索式学习和利用式学习的总收益。结果发现，研发网络国际化组织扩张的企业创新绩效因不同阶段而有所差异，总体上呈现S形曲线关系；组织冗余作为资源缓冲因素，负向调节研发网络国际化对创新绩效的影响。

此外，还有学者从知识溢出和流动的视角来考察研发网络国际化所

① Lovett S R. et al. Parental control：A study of U.S. subsidiaries in Mexico. *International Business Review*，2009，18(5)：481—493.

② Gammelgaard J，McDonald R，Stephan A，Tueselmann H，Dorrenbacher C. *Autonomy，networks and subsidiary performance 2012*，Jonkoping International Business School.

③ Chen C-J，et al. How firms innovate through R&D internationalization? An S-curve hypothesis. *Research Policy*，2012，41(9)：1544—1554.

引发的知识探索、利用和转移效率，科研人员跨国流动，逆向技术转移以及 FDI 的技术知识溢出效应，海外研发子公司的本地化嵌入等对于提升企业技术能力和绩效产生的影响。在研发网络国际化进程不断加快的今天，随着国际研发网络地理和组织边界的不断扩展，专家型员工海外交流时间和频次不断增加，大大提升了母国和东道国之间的知识和技术转移效率。①与此同时，相关研究也证实了 FDI 对于促进国际研发网络内部知识转移的重要作用。哈坎森和诺布勒通过对瑞典排名前 20 位跨国公司的海外研发分支机构进行问卷调查和分析发现，技术的国际开发利用通常要通过 FDI，也就是通过向全资子公司转移的方式来实现；跨国公司可以凭借其内部有助于知识解码和编码的“高阶组织原则”来实现低成本和高效率的技术转移。②易彭的研究也进一步证实，通过 FDI，创新搜寻和技术转移过程中的海外网络关系对海外研发机构产生了知识溢出正效应。此外，也有学者基于知识观探讨了海外研发子公司多重关系嵌入如何影响其提升战略能力的问题。③例如，菲格雷多的研究发现海外子公司的双重嵌入性（即对内嵌入跨国公司内部网络，对外嵌入东道国的外部环境）有利于提升知识密集型网络不同结点之间的互动频率和质量，进而有利于提高创新绩效。④该研究还指出，跨国公司虽然是一种拥有自

① Edler J，Fier H，Grimpe C. International scientist mobility and the locus of knowledge and technology transfer. *Research Policy*，2011，40(6)：791—805.

② Hakanson L，Nobel R. Determinants of foreign R&D in Swedish multinationals. *Research Policy*，1993，22(5/6)：397—411.

③ Eapen A. Social structure and technology spillovers from foreign to domestic firms. *Journal of International Business Studies*，2012，43(3)：244—263.

④ Figueiredo P N. The role of dual embeddedness in the innovative performance of MNE subsidiaries：Evidence from Brazil. *Journal of Management Studies*，2011，48(2)：417—440.

己权利的机构，但往往嵌入在不同地区、国家或次国家制度环境中，因此是一种能直接或间接嵌入其竞争优势和组织能力中的因子。梅耶尔在回顾既有相关研究文献后指出，跨国公司需要在两个层次上跨异质情境管理多重嵌入性：首先，在公司层面，必须通过构建自己的网络嵌入东道国不同的当地情境，以有效开发利用东道国的不同条件；其次，在子公司层面，必须在公司网络内部嵌入性与东道国外部环境嵌入性之间进行平衡。①

2.3.3 全球研发网络的等级分工与价值分配研究

研发活动的特殊性使研发网络的空间分析要比研究营销网络、生产网络复杂得多。对一个公司而言，随着海外机构运营业务的扩大和海外机构数量的增多，跨国公司的全球研发体系会逐渐趋于完整，它们在地域上分布于世界各地，在功能上分工明确，和全球销售网络、全球生产网络一起构成跨国公司全球化的重要组成部分。但是在全球空间层面上，全球研发网络是跨国公司推动的全球研发活动在地理空间上的具体反映。②随着跨国公司研发全球化的不断深化，全球研发网络中的一些节点区域已经明确，并不断巩固和提升自身在网络中的节点地位。目前，国

① Meyer K, Mudambi R, Narula R. Multinational enterprises and local contexts: The opportunities and challenges of multiple embeddedness. *Journal of Management Studies*, 2011, 48(2):235—252.

② 祝影、杜德斌：《跨国公司研发全球化的空间组织研究》，《经济地理》2005年第5期。

内外已有部分学者对全球研发网络的空间结构进行了理论和实证探讨。康的研究揭示出跨国公司全球研发网络具有等级模块化研发结构。①拉利认为跨国公司为规避技术泄露风险，会选择各种制度和非制度安排将当地企业屏蔽在全球研发网络之外。祝影在国内较早提出全球研发网络概念，并对跨国公司全球研发网络进行了空间层面的解构。②其研究表明，按照区域划分，跨国公司全球研发网络分为三个亚区域，即以美国为中心的美洲地区、以德国为中心的欧洲地区和以日本为中心的亚太地区。全球研发网络的地理分布与世界政治经济重心相一致、与国际投资的全球流向相一致、与科技资源密集区相一致、与跨国公司地区总部的布局相一致。因此，全球研发网络的节点区域是国际经济政治中心区，是流入和流出最多的国家或地区，是世界科技强国或大国，是世界城市所在的国家或地区。而正在形成中的全球研发网络二级区域，则是在世界经济政治舞台上初显峥嵘的国家，是流入较多的国家或地区，是上升中的中等科技大国或科技发展中国家，是世界城市正在生成的国家或地区。范兆斌结合创新价值链理论分析了 IT 产业全球创新网络的地理分布图景。③马琳试图将全球网络分工研究范式引入全球

① Quan X, Chesbrough H. Hierarchical segmentation of R&D process and intellectual property protection: Evidence from multinational R&D laboratories in China. *Engineering Management*, 2010, 57(1):9—21.

② 祝影：《全球研发网络：跨国公司研发全球化的空间结构研究》，《华东师范大学》2005 年博士论文。

③ 范兆斌、苏晓艳：《全球研发网络、吸收能力与创新价值链动态升级》，《经济管理》2008 年第 11 期。

研发网络。[①]丛屹则对全球研发网络的空间组织类型进行了定性描述。[②]

自“微笑曲线”理论以来，学界对国际网络的等级分工以及价值分配等问题的研究日渐深入。在国际生产分工领域，不少学者围绕价值（value）、权力（power）、嵌入（embeddedness）等内容，对全球生产网络分工内部的等级结构特征进行了研究，强调全球网络分工内部具有严格的价值等级体系，处于网络分工不同区段的企业时刻演绎着嵌入与反嵌入、升级与反升级的较量。[③]大量的研究文献指出，在以产品研发、产品加工及产品销售为主要环节组成的传统国际分工竞争中，发达国家企业一直处于国际分工中的研发与销售位置；发达国家的国家竞争优势主要源于发达国家企业对国际分工核心环节的控制；并且，为维持自身的竞争力，发达国家企业通常将研发投资活动布局在母国。然而，当国际分工打破了传统边际界限，深入到单个研发环节时，学界也逐渐开始对国家间的依附与被依附关系在全球研发网络分工中的深化与再造展开深入探讨，但现有的研究还相对较少。

刘志彪和张杰认为，在全球代工体系下发展中国家容易与来自发达国家的跨国公司间形成俘获型网络，这不仅使发展中国家处于价值分配的弱势地位，也不利于网内发展中国家企业的升级。[④]科埃则发现，移动

---

① 马琳、吴金希：《全球创新网络相关理论回顾及研究前瞻》，《自然辩证法研究》2011年第 1 期。

② 丛屹：《全球化与全球生产系统的空间发展》，经济科学出版社 2012 年版

③ 张战仁、占正云：《全球研发网络等级分工的形成——基于发达国家对全球生产的控制转移视角》，《科学学研究》2016 第 4 期。

④ 刘志彪、张杰：《全球代工体系下发展中国家俘获型网络的形成、突破与对策——基于 GVC 与 NVC 的比较视角》，《中国工业经济》2007 年第 5 期。

电信产业中权力和镶嵌在塑造全球生产网络组织和空间时发挥了核心作用，跨国公司由于掌握了电信产业的技术标准，使得其在价值与权力分配上处于核心控制地位。①刘戒骄分析指出，在新国际分工体系中，核心企业通过掌控产品设计、研发和营销等活动主导组织方式选择和价值链分配，专业化企业通过提升技术能力和制造能力提升话语权。②陈辛鸿选取了美国、中国台湾、中国大陆处于IT产业不同梯队的三个国家或地区为实证空间样本，考察这三个国家或地区在全球研发价值等级分工中的地位。研究发现，在新型的国际分工格局下，目前完整的IT产业价值链，从最初的研发成型到最终的成品销售，已被分割成概念设计、产品计划、设计调整、原型设计、过程确认、部件研发（包括关键与外围部件研发）、试验生产、规模生产、物流管理、市场营销、售后服务、品牌管理等不同环节。在目前针对IT产业的全球研发环节分工中，欧美及日本这样的发达国家主要聚焦在研发附加值较高的概念设计、产品计划、设计调整等环节；中国台湾等一些新兴工业化国家或地区，则大都集聚研发微笑曲线中间部分附加值较低的过程确认、部件研发等环节；中国大陆地区作为全球最大IT产业制造基地，集聚的则基本是研发附加值最低的试验生产研发或规模生产研发等环节。③从该项研究可见，国际价值

① Coe N，Hess M，Yeung H，et al. Globalizing' regional development：A global production networks perspective. *Transactions of the Institute of British Geographers*，2004，29：468—484.

② 刘戒骄：《生产分割与制造业国际分工——以苹果、波音和英特尔为案例的分析》，《中国工业经济》2011年第4期。

③ Shin-Hong Chen. Taiwanese IT firms' offshore R&D in China and the connection with the global innovation network. *Research Policy*，2004，33:337—349.

等级分工朝研发方向已深化发展出从核心产业技术研发到外围产业技术研发的新型国际研发分工，国际分工的边界正从产品环节层次深化发展到单个研发价值增值环节层次。在研发价值等级分工的分解基础上，发达国家以国家竞争优势重组为宗旨，正在进一步收缩自己的业务领域，专注从事研发价值链上的高端环节；发达国家跨国公司掌握的核心技术及拥有的系统整合能力，足以使其在国际研发分工领域维持研发等级分工秩序。

在国际研发分工的价值分配方面，张战仁和占正云以美国苹果公司的视频产品 Video Ipod 的利润分配数据为例分析指出，与以标准化组件在全球分散生产的传统产品环节分工不同，尽管美国苹果公司对 Video Ipod 产品生产的控制正从一般的产业技术研发领域过渡到 Video Ipod 产品的核心产业技术研发领域，但这并没有撼动美国苹果公司在这款视频产品利益分配当中的支配地位。该研究表明，发达国家影响国际技术进步方向的能力及整合全球各国研发创新要素的能力，已为其构建影响和控制全球生产的全球研发网络提供了理论基础。发达国家企业抢占的研发垄断利润使得发达国家对全球生产的控制，进一步具备了从一般产业技术研发领域过渡到核心产业技术研发领域的利润基础。①

2.3.4　本地创新系统与全球研发网络的互动研究

在全球创新网络中，加入网络中的节点区域的创新体系建设与发展

① 张战仁、占正云：《全球研发网络等级分工的形成——基于发达国家对全球生产的控制转移视角》，《科学学研究》2016 年第 4 期。

日益受到跨国公司海外研发投资的影响。与此同时，东道国的地方创新体系建设和创新能力变化对吸引跨国公司海外研发投资也有着重要的作用和价值。跨国公司通过海外研发机构嵌入东道国地方创新系统，使得全球研发网络与本土创新体系之间的有机联结与互动变得日益紧密。在开拓东道国市场、降低研发成本、寻求高端创新资源等因素作用下，跨国公司与东道国创新主体互动的主要目的是更好地服务于跨国公司的研发全球化发展战略。区域创新体系作为地方创新网络，为优化区域创新资源的整合，有必要与跨国公司研发机构对接，并形成良性的互动机制，借助跨国公司的高端研发资源及时有效地嵌入全球创新网络。①

利夫勒（Liefner）等根据区域在全球创新网络的位置，将其分为以下四类：第一类为知识转化型区域。此类区域凭借创新网络中心位置与相关节点和区域产生频繁的知识交流，拥有较强的知识吸收和转化能力，创新成为促进区域经济增长的核心动力（如中国台湾新竹等）；第二类为知识浪费型区域。此类区域拥有创新网络中心位置，有机会接触到最新的知识，但知识转化、利用能力不强，创新对区域经济增长推动不明显（如中国香港等）；第三类为知识生产型区域。该区域自身知识生产能力强，创新活跃，虽位居创新网络的边缘位置，但凭借自身活跃的创新活动及其较强的产业化能力推动了区域经济的快速发展（如美国硅谷及128号高速公路区等）；第四类为知识忽视型区域。该区域位于创新网络的边缘位置，自身创新活动匮乏，创新对区域经济增长的影响十分有限，非

① 张永凯、李登科：《演化视角下跨国公司海外研发机构与东道国区域创新体系的互动关系分析》，《世界地理研究》2016 年第 6 期。

洲大部分国家产业园区均属此种类型。因此，创新网络中的区位、知识生产能力的强弱、知识产业化能力的高低，成为决定全球—地方创新网络关系类型和特征的重要决定因子。①

章文光和王晨②将外资研发与区域创新系统的互动关系划分为以下几种不同类型：

（1）自然介入互动。跨国公司在区域内投入资金、技术和人力等资源要素开展研发活动，聘用当地的科技和管理人才，使用当地的基础设施和中介服务，同时将产出的新产品投放到区域市场中，这一系列的研发行为发生在区域创新系统内部，即使跨国公司并没有与区域创新系统的其他主体展开专门的知识交流或技术合作活动，但其聘用的人才会在跨国公司和区域创新系统其他主体之间流动，其使用当地基础设施和中介服务的行为会提升区域创新系统的服务规模和水平，其开发的新产品会被其他主体借鉴和模仿从而形成知识和技术的外溢，其研发和创新活动的管理方式方法也会对本土相关主体带来一定的示范作用。因此，外资研发行为本身就可以通过自然介入而与区域创新系统发生互动，外资研发的进入本身必然会产生创新的外溢效果。此外，在价值链分工的背景下，本土企业创新主体在为跨国公司提供外包或配套生产的过程中也有机会学习到跨国公司的一些先进技术。从更广泛的视角来看，跨国公

① Liefner I, Hennemann S. Structural holes and new dimensions of distance: The spatial configuration of the scientific knowledge network of China's optical technology sector. *Environment and Planning A*, 2011, 43(4):810—829.

② 章文光、王晨：《外资研发与区域创新系统互动——机制分析和实证检验》，《北京师范大学学报（社会科学版）》2014 年第 2 期。

司研发机构与其母公司或其他研发机构有着千丝万缕的联系，这会增强区域创新系统的开放性，使其与国际技术创新同步，使区域内企业和科研机构可以在更宽泛的平台上获取相关知识和技术，在全球范围内进行技术合作和技术交换，从而大大提高了区域创新体系的知识获取能力。

（2）知识创新互动。外资在当地开展研发活动，自然会形成知识的生产和创新。外资研发带来的新知识可以通过多种渠道在区域创新系统内进行共享，使得区域创新系统的其他主体有机会学习到。例如，外资研发的从业人员发表科技论文、参加区域的学术会议等学术活动，都可以形成外资研发与区域创新系统在知识创新方面的分享、交流与互动，进而对区域创新系统产生积极的促进作用。此外，跨国公司凭借其经济、技术和社会影响力，与本土高等院校和科研机构等开展各种形式的研发合作，如委托研究、设立联合实验室等，这是外资研发与本土机构实现知识创新互动的重要方式。这种合作互动的意义不仅体现在知识和技术的分享上，还体现在跨国公司以其高度的市场意识引导本土科研院所、高等院校培育市场观念、关注市场领域的研究动向，提升区域创新主体的创新管理水平上。

（3）技术创新互动。外资研发会通过技术合作、技术转移和产业合作等各种方式与区域创新系统的其他主体开展技术创新方面的互动，从而提升区域创新系统的创新能力。一方面，跨国公司可以通过技术合作项目或成立合作研发中心等方式与区域创新主体进行技术互动。另一方面，外资研发还会通过技术购买、技术出售等行为参与到区域创新系统的技术转移中，从而与区域创新系统的其他主体形成技术互动。此外，产业关联是外资研发与区域创新系统进行技术创新互动的重要方式。跨国公司向与其合作的供应商或服务商提供技术支持和培训、帮助其建立生产设施，区域内中间产品供应商为满足跨国公司对中间产品质量和标准要求而主动学习或创新，即所谓的“干中学”（learning by doing）。特别是在高新技术产业方面，通过产业内部的价值链分工合作，外资研发向产业内的本土创新主体转移了大量技术和管理经验。

（4）人力资本互动。外资研发机构以其优良的薪资条件、研究环境、培养机制吸引了大量的本土科技人才，这虽然在一定程度上给发展相对落后的本土企业和科研机构造成了人才引进的压力，但区域创新系统的人力资本培育效应是毋庸置疑的。随着本土企业和科研机构的不断进步，研发人才在外资企业和本土创新主体之间的流动越来越频繁，成为外资研发与区域创新系统互动的重要渠道。除了人才流动外，外资研发还通过和本土研发机构的合作，将更多资金、先进人才培养观念和培训技术等带进了区域创新系统的人才培养体系中。

（5）政策制度互动。外资研发有助于提升政府的管理能力和服务水平。跨国公司的海外研发活动往往对东道国的基础设施和政策服务等有着很高的要求。这一方面有助于促进当地政府改善区域内交通、通讯等基础设施，另一方面也有利于促使政府在制定制度、计划和法规等政策的过程中由直接干预者转变为市场环境、政策环境的服务者，为区域创新系统营造更好的基础设施环境和制度环境。

（6）中介服务互动。区域创新系统的中介服务机构包括企业联盟、行业协会、科技园区、孵化器、专利服务机构、金融服务机构、律师事务所等众多机构。外资研发需要这些本土的中介服务机构提供完善良好的服务支撑，从而可以加快促进区域创新系统中介服务的不断发展、升级与创新。同时，这些中介机构是企业间网络联系、官产学研结合的纽带，通过他们提供了各类服务，外资研发得以和区域创新系统的其他主体展开广泛的联系、合作和互动，从而提升区域创新系统的创新能力。

司月芳研究了全球—地方创新网络的形成机制指出，全球创新网络与地方创新网络是不可分割的有机体，地方创新网络是全球创新网络的子系统。该研究认为，知识流是创新网络各主体之间联系的重要纽带，行业协会、技术联盟与成员之间的多次协商是全球—地方创新网络的重要组织方式，全球—地方创新网络的形成是由地方技术联盟和国际技术协会多次协商决定的，通过创新主体间的联系来实现。其主体间的联系通道包括企业间垂直联系（产业链上下游联系）、企业与大学和科研院所的水平创新合作关系、企业内部不同部门之间的协同联系。地方技术联盟是地方尺度的重要组织机构，由来自同一地域文化的产学研主体借助产业链、创新链、价值链连接而成，主导该组织的龙头企业的影响力与权力主要来自其自身技术研发能力、企业规模以及就业和税收等对地方发展的贡献，在组织中的主导地位相对稳定。而国际技术协会是全球尺度的重要组织者，协会中的旗舰企业主要来自于自身技术创新能力与制订市场准入标准的资格和所在国政府的国际地缘政治地位。协会决议对旗舰企业及其所在国家的国际竞争力具有重要而长远的影响，“贡献”国际协会旗舰企业的地方联盟拥有更为广阔的国际视野和更大的开拓国际新市场机会，当然也承担更多为促进该行业企业与技术发展，特别是协调不同地域文化背景企业发展过程中出现矛盾的国际义务。①

刘启雷和郭鹏等基于生态系统观，应用扎根理论与方法，借助三级编码构建了外资在华研发生态与区域自主研发生态的共演模型。其研究认为，网络嵌入是跨国公司在华研发生态系统与区域自主创新生态共演的基本逻辑，其由低级向高级的产业生态嵌入、商业生态嵌入及文化生态嵌入提供了系统共生依存的条件。生态嵌入后的要素重组及网络管理已成为系统协同中的重点问题，管理重构与技术重组使区域研发生态系统加速形成新的创新模式乃至生产函数，即产生生态效应。借助生态效应及时间累积优势，外资在华研发生态系统及区域自主创新生态系统的纵向延伸及横向延展逐步明显，研发网络跨越地理边界及技术边界攫取异质性知识资源门槛效应逐步弱化。此外，他们的研究还指出，制度创新引领区域创新生态系统技术创新的方向和层次，而知识产权、成果认定、技术标准等制度滞后性则制约和影响着研发生态的有序性，频现的产权纠纷及成果危机不仅阻碍了外资研发生态向区域创新体系的深度嵌入，更可能扰乱内资、外资研发合作与竞争规则乃至引发系统风险。②

2.3.5　中国企业研发国际化及研发网络构建研究

由于中国本土企业先天技术能力和水平不足，因此长期以来主要采取

① 司月芳、曾刚、曹贤忠、朱贻文：《基于全球—地方视角的创新网络研究进展》，《地理科学进展》2016 年第 5 期。

② 刘启雷、郭鹏、张鹏、陈关聚、雷雨嫣：《在华外资研发与区域自主创新的生态共演研究》，《科学学研究》2018 年第 6 期。

技术引进、模仿等方式，向发达国家的跨国企业学习。从20世纪90年代开始，中国企业开始主动走出国门，与国外的高校、企业、研究机构开展战略合作，通过收购、绿地投资等方式建立海外研发中心，监测、追踪、学习、利用国外先进的研发资源，助力企业研发能力的提升①。经过了二十多年的积累与发展，时至今日，研发国际化已经成为中国企业跟进全球产业发展趋势、拓宽知识获取渠道、提升自主创新能力、开拓海外市场的重要方式，也是中国推进创新驱动发展战略的重要途径，②更是关系到“中国制造”走向“中国创造”战略目标能否顺利实现的重大理论命题。③近几年来，中资企业的研发国际化倾向日益明显，国内外学者对于中国企业研发国际化及国际研发网络的研究也变得日益丰富起来。从现有文献来看，学者们的研究重点聚焦在中国企业研发国际化的动因、影响因素、区位选择、空间结构、进入模式、组织形式和创新绩效等诸多方面。

（1）中国企业研发国际化的动因。学术界普遍认为中国企业的研发国际化大致可以划分为技术驱动型、市场驱动型、人才培养型三种。④不

① Buckley P J, Clegg L J, Cross A R, et al. The determinants of Chinese outward foreign direct investment. *Journal of International Business Studies*, 2007, 38(4): 499—518. Chen Xueguang. Knowledge search abroad and innovation performance: An empirical study of Chinese high-tech firms. Xi'an, China: International Conference on Information Management, *Innovation Management and Industrial Engineering*, 2009(4):352—355.

② 王展硕、谢伟：《中国企业研发国际化研究的综述与展望》，《研究与发展管理》2017年第6期。

③ 司月芳、陈思雨、曾刚：《中资企业研发国际化研究——基于华为WIPO专利分析》，《地理研究》2016年第10期。

④ 谢伟、王展硕：《中国企业研发国际化的角色和演进研究——基于国际化和技术驱动的视角》，《科学学与科学技术管理》2017年第11期。

同于传统发达国家的跨国公司，策特维茨[①]、米宁和张等[②]认为中国企业建立海外研发机构的最初目的仅仅是为了技术学习，通过与东道国环境的互动获取技术知识外溢，然后将技术和知识转移回企业总部并与国内的研发活动相融合，提高母公司的研发能力。除了技术吸收，中国企业的另一个目的是直接利用东道国的创新资源，雇佣海外优质的研发人才让中国外派员工与国外专家在合作中提升研发和创新能力。杨震宁和李东红等对 6 家中国企业跨国研发活动的案例研究表明，中国企业研发国际化的主要目的是跟踪国外先进技术，监测、收集和传递最新的信息，较少从事技术开发工作，而进行基础研究工作的几乎没有。[③]

与发达国家企业相同的是，中国企业研发国际化的模式也会随着自身发展而发生变化，不同阶段的动因、组织结构、总部和分支的职责与联系、决策机制等不尽相同。[④]米宁和张对中国企业在欧洲设立的研发中心进行了案例分析发现，中国企业研发国际化的演进遵循着“技术搜索—母国优势扩大—母国优势利用”的基本规律。建立海外研发机构的初衷

① Von Zedtwitz M. International R&D strategies of TNCs from developing countries：The case of China. *Geneva*：*Globalization of R&D and Developing Countries*：*Proceedings of the Expert Meeting*，2006：117—140.

② Minin A D，Zhang Jieyin，Gammeltoft P. Chinese foreign direct investment in R&D in Europe：A new model of R&D internationalization. *European Management Journal*，2012，30(3)：189—203.

③ 杨震宁、李东红、王以华：《中国企业研发国际化：动因、结构和趋势》，《南开管理评论》2010 年第 4 期。

④ 陈劲、童亮、戴凌燕：《中国企业 R&D 国际化的组织模式研究》，《科学学研究》2003 年第 4 期。

是为了学习和吸收新知识，然后将其转移到母国企业，提高研发总部在中国本土的研发能力，最后中国企业会将这种技术能力进一步推广到海外研发机构，实现产品和工艺在海外市场的本地化。①陈、赵和佟将中国企业的海外研发活动划分为初始、发展和成熟三个阶段：在初始阶段，企业主要把握全球技术的发展趋势，吸收国外先进的科学技术知识；在发展阶段，一方面靠近技术中心进行知识吸收，另一方面则支持海外的生产制造；在成熟阶段，综合利用全球的创新资源和研发环境，实现资源互联互通。②

（2）中国企业研发国际化的区位选择。这方面的研究起步相对较晚，当前主要集中在地区层面因素的探讨，企业层面的因素诸如企业在东道国的经营经验、企业所有制结构、行业所属差异、研发实力等对于研发国际化选址决策影响的研究还相对鲜见，仍有待进一步深入探讨。王小燕的研究表明，中国企业海外研发中心主要集中在以欧、美、日为代表的科学技术先进的发达国家，东道国的研发实力、市场需求、开放程度是影响中国企业研发国际化选址的重要因素。③陈衍泰、李欠强和王丽创新性地论证了东道国的制度质量对于中国企业海外研发选址的调节作用，结果表明，东道国的制度质量越高，市场需求和技术水平与区位选择的

① Minin A D, Zhang Jieyin. An exploratory study on international R&D strategies of Chinese companies in Europe. *Review of Policy Research*, 2010, 7(4):433—455.

② Chen Jin, Zhao Xiaoting, Tong Liang. Chin's R&D internationalization and reform of science and technology system. *Journal of Science and Technology Policy in China*, 2011, 2(2):100—121.

③ 王小燕：《我国企业海外研发活动的地理分布特征及东道国影响因素》，《经营与管理》2013 年第 11 期。

正向关系越强，研发人员成本与区位选择之间的负向关系越弱。[①]陈、赵和佟的研究发现，企业技术实力也会影响选址决策，当企业的技术实力相对较弱时，他们更愿意选择在技术实力比较强的国家建立研发机构。[②]德梅巴格和格莱斯特对于中国等发展中国家企业的跨国研发选址分析表明，企业对于东道国的了解程度越大，与东道国有越多的贸易往来，则越有可能在该国建立研发中心。[③]司月芳等深入研究了中国华为公司的海外研发布局，他们认为华为在推动海外研发中心发展过程中主要选择的是全球卓越中心区位，与销售功能、售后服务功能以及企业内管理职能脱节，更符合邓宁折衷投资理论的母国取向与多中心取向。[④]谢伟和王展硕选择伊利、长安汽车、海信和华为四家企业进行跨案例分析，基于国际化和技术驱动的视角将中国企业研发国际化按照动因的不同划分为母国市场扩张者、母国能力提升者、海外市场扩张者和全球资源融通者四种角色类型。[⑤]研究认为，企业国际化程度和技术实力的发展驱动中国企

---

① 陈衍泰、李欠强、王丽等：《中国企业海外研发投资区位选择的影响因素——基于东道国制度质量的调节作用》，《科研管理》2016 年第 3 期。

② Chen Jin, Zhao Xiaoting, Tong Liang. China's R&D internationalization and reform of science and technology system. *Journal of Science and Technology Policy in China*, 2011, 2(2):100—121.

③ Demirbag M, Glaister K W. Factors determining offshore location choice for R&D projects: A comparative study of developed and emerging regions. *Journal of Management Studies*, 2010, 47(8):1534—1560.

④ 司月芳、陈思雨、曾刚：《中资企业研发国际化研究——基于华为 WIPO 专利分析》，《地理研究》2016 年第 10 期。

⑤ 谢伟、王展硕：《中国企业研发国际化的角色和演进研究——基于国际化和技术驱动的视角》，《科学学与科学技术管理》2017 年第 11 期。

业海外研发活动在不同时期的动态演进，企业在同一时期也会开展不同类型的海外研发活动。当国际化程度和技术水平较低时，企业倾向于在技术发达的国家建立研发机构，利用海外创新资源进行开发研究，服务母国市场，知识和人才之间的流动较少；当国际化程度低、技术水平适中时，企业倾向于在技术发达的国家建立研发机构，利用东道国的优势资源进行关键技术的开发，同时积极培养母国员工并学习先进技术和经验，从而提升研发实力，使知识从国外流向国内且让人才在国内外双向流动；当国际化程度和技术水平都适中时，企业会同时在发达国家和发展中国家建立研发机构，收集海外市场信息，利用母国和东道国的优势资源进行本地化的技术创新与产品开发，扩大海外市场竞争力，使知识在国内外双向流动，人才从国内流向国外；当国际化程度和技术水平高时，企业会根据各国技术优势布局全球研发网络，整合利用全球各地的研发资源，广泛开展基础应用和开发研究，实现技术和市场的全球引领，使知识和人才在全球研发网络中流动。

（3）中国企业研发国际化的进入模式。研发国际化的进入方式通常包括战略合作、合资、并购、绿地投资等。毛蕴诗、袁静和周燕对广东企业的研究表明，新建海外研发机构是中国企业研发国际化的主要进入模式，跨国并购的方式相对次要。绿地研发投资模式是渐进的、可控的、灵活的，而跨国并购往往需要巨额资金，且跨国并购后双方文化、技术和研发资源等内容的整合对母国企业的国际管理能力提出很大要求。①赵

① 毛蕴诗、袁静、周燕：《中国企业海外 R&D 活动研究——以广东企业为例》，《中山大学学报（社会科学版）》2005 年第 2 期。

先进和梁璐以中国制造业上市公司为例的研究也表明，中国企业与外国同行相比在组织管理能力、研发人才培养等方面都存在较大差距，选择绿地研发投资的进入方式风险相对较小。①而朱顺林的分析提出，逆向嵌入国际研发网络是中国民营企业自主创新能力培育的有效路径，而技术研发创新知识的市场失灵特征和发达国家创新网络的完备性和高端性决定了联盟合作、兼并收购、社会网络联系等方式是企业研发“走出去”的有效方式。②王砚羽、谢伟和李纪珍等利用中国创新型企业海外研发机构的数据定量分析了企业的技术和经济实力对于海外研发进入模式的影响，他们发现当企业技术、经济资源比较丰富时，企业倾向于采用自建模式进入，反之则更愿意采用合作方式。此外，企业的政治关联度对于企业技术资源与海外进入模式的关系起到负向调节作用。③

（4）中国企业研发国际化的组织形式。早期的一些研究认为④，中国企业研发国际化的组织形式主要是“中心边缘型”，即位于国内的研发总部负责进行产品和工艺的创新，然后在合适的国际市场进行推广，海外研发机构基本上以技术监测点的形式存在，负责技术搜索和辅助研发，

---

① 赵先进、梁璐：《中国制造业上市公司海外研发战略布局分析》，《商业研究》2016 年第 9 期。

② 朱顺林：《逆向嵌入国际研发网络：民营企业自主创新能力培育的有效路径》，《经济体制改革》2011 年第 5 期。

③ 王砚羽、谢伟、李纪珍等：《自建与合作：资源与海外研发机构进入模式研究》，《科学学研究》2016 年第 9 期。

④ 陈劲、童亮、戴凌燕：《中国企业 R&D 国际化的组织模式研究》，《科学学研究》2003 年第 4 期。景劲松、陈劲、吴沧澜：《我国企业 R&D 国际化的现状特点及模式》，《研究与发展管理》2003 年第 4 期。

受到母公司及其研发总部的紧密控制。近几年来，伴随中国企业研发国际化的快速发展，中国企业海外研发的组织模式也在发生相应的调整和变化，一些新的组织形式不断涌现。杨震宁、李东红和王以华通过对中国企业的案例研究表明，以中兴、康佳等为代表的“民族中心型”和以金帝、诺诗康瀛为代表的“地域中心型”以及以 TCL 为代表的“研发中心型”是中国企业研发国际化的几种主要组织形式。①刘、王和郑认为企业的研发战略决定其研发网络的组织架构，他们以华为和中兴为案例的分析指出，这些中国企业先后经历了单一产品研发战略、多产品研发战略和全球研发战略，在每个阶段对应着“民族中心型”、“地域中心型”和“研发中心型”的组织结构。②陈劲、童亮和戴凌燕的研究也指出，随着企业研发实力的提升和国际化的开拓，中国企业研发国际化的模式经历了一个从初始到成熟的演进过程，组织形式呈现出从“中心边缘式”到“全球互联式”的发展，每个发展阶段总部和分支的职责、决策机制、人员流动、信息流动都各具特点。胡欣悦、孙飞和汤勇力采用实证的方法对研发国际化组织形式的演进进行了论证。③他们在数据收集和研究方法上进行了创新，从华为专利申请数据的发明人地址信息中识别企业的海外研发机构和外部合作单位，构建国际化研发合作网络，以网络规模、

① 杨震宁、李东红、王以华：《中国企业研发国际化：动因、结构和趋势》，《南开管理评论》2010 年第 4 期。

② Liu Jingjiang, Wang Yi, Zheng Gang. Driving forces and organizational configurations of international R&D: The case of technology-intensive Chinese multinationals. *International Journal of Technology Management*, 2010, 51(2/3/4):409—426.

③ 胡欣悦、孙飞、汤勇力：《跨国企业国际化研发合作网络结构演化——以华为为例》，《技术经济》2016 年第 7 期。

网络密度和网络中心性为指标研究华为国际化研发合作网络的演进特点。分析认为，2002—2005 年是华为研发国际化的发展初期，国内研发单元较少，尚未形成研发合作网络；2006—2009 年，以深圳为中心的“核心—边缘”研发合作网络逐步形成；2010—2013 年，国际化研发合作网络的规模迅速扩大，网络边数和联结次数也迅速增多，以深圳和美国为中心的“核心—半边缘”结构逐步形成。

（5）中国企业在全球研发网络中的嵌入与升级。部分学者对本土企业嵌入全球网络分工体系的障碍和路径进行了探讨。朱华晟围绕嵌入问题的分析强调，在某些类型的网络集群中，跨国公司由于对当地企业缺少“认同感”，使得当地企业很难融入跨国公司的生产和创新网络。①张辉②、戴勇③则对中国本地企业在全球生产网络中的升级阻碍及升级模式进行了探讨。李健从经济地理学中的国际劳动分工理论入手，结合模块化操作、转包生产，经价值链到企业生产网络，揭示了全球生产网络基于产品内分工组织形式的国际劳动分工本质，提出全球生产网络以跨国公司为媒质，已营造出一个延续了新国际劳动分工发展的“价值链陷阱”。④文娉和曾刚通过对上海浦东集成电路企业进行研究发现，跨国公

① 朱华晟：《基于 FDI 的产业集群发展模式与动力机制——以浙江嘉善木业集群为例》，《中国工业经济》2004 年第 3 期。

② 张辉：《全球价值链下地方产业集群升级模式研究》，《中国工业经济》2005 年第 9 期。

③ 戴勇：《外生型集群企业升级的影响因素与策略研究——全球价值链的视角》，《中山大学学报》2009 年第 1 期。

④ 李健：《从全球生产网络到大都市区生产空间组织》，《华东师范大学》2008 年博士论文。

司对地方企业升级的推动和阻挡决定于地方企业的升级行为是否侵犯了其核心竞争力，而不是取决于地方企业的类型。①此外，高菠阳、刘卫东和杜超以加中自行车贸易为例，结合对中国5个地区23家企业的调研数据，探讨了国际贸易壁垒如何影响全球生产网络的组织模式。②张鹏和王娟构建了全球生产网络下技术溢出效应的分析框架，并利用2005—2012年15个工业行业面板数据，基于投入产出表测算工业行业嵌入全球生产网络背景下技术溢出对劳动生产率的影响。实证结果表明，随着工业行业嵌入全球生产网络程度的不断深入，产业升级过程中存在“结构封锁”效应，现有技术基础无法实现产业的持续升级，需要进一步重视大规模的设备投资与研发投入。③

但这些研究主要以跨国公司的生产网络为研究对象，对于本土企业与全球研发网络互动关系方面的研究仍较为匮乏。2005年祝影首次对全球研发网络的概念内涵做了初步研究，并分国家和地区对全球研发网络的价值等级体系做了探讨，但其关注的重点不是从企业层面论述全球研发网络的权力分配模式，也没有回答跨国公司投资主导的全球研发网络中当地企业的嵌入障碍及升级困境。④张战仁和占正云 基于发达国家对全

① 文婷、曾刚：《全球价值链治理与地方产业网络升级研究——以上海浦东集成电路产业网络为例》，《中国工业经济》2005年第7期。

② 高菠阳、刘卫东、杜超：《国际贸易壁垒对全球生产网络的影响——以中加自行车贸易为例》，《地理学报》2011年第4期。

③ 张鹏、王娟：《全球生产网络中国产业升级结构封锁效应及突破》，《科学学研究》2016年第4期。

④ 祝影：《全球研发网络：跨国公司研发全球的空间结构研究》，《华东师范大学》2005年博士论文。

球生产的控制转移视角，对全球研发网络分工问题进行了研究。他们认为在以发达国家企业为首构建的全球研发网络中，很多发达国家企业通过构建新的国际价值等级分工链条进一步巩固了自身在全球分工中的主导地位。面对新的国际价值等级分工，发展中国家的企业需要注意出现新的研发低端锁定问题。①

2.4　研究评述及展望

研发全球化与全球研发网络是近 20 年来经济学、地理学、管理学等多个学科的持续研究热点。从现有研究进展来看，各个学科的学者们对企业研发国际化及研发网络国际化的动因、模式、组织形式及空间结构等问题进行了大量研究，相关研究成果已经十分丰富。近几年来，有关全球研发网络的等级体系、价值分配及空间布局等问题也逐渐进入学者们的研究视野，并取得了一些初步的研究成果。此外，随着中国企业研发国际化的快速发展以及越来越多的中国企业在全球范围内布局构建自己的跨国研发网络，有关中国企业研发网络国际化的研究议题也开始吸引海内外学者们的广泛关注，相关的研究成果正变得日渐丰富起来。但总的来看，现有研究仍存在以下一些不足，需要学界开展更进一步的深入研究。

---

① 张战仁、占正云：《全球研发网络等级分工的形成——基于发达国家对全球生产的控制转移视角》，《科学学研究》2016 年第 4 期。

第一，关于研发网络国际化的动因和结果，现有的研究文献基本上都是针对发达国家企业特别是西方国家跨国公司展开分析的，关注发展中国家企业的海外研发活动以及研发网络国际化问题的研究成果仍显得较为薄弱。中国企业海外研发的扩张现象已经引起国内外学术界的广泛关注，但相关的研究仍不多见，已有的一些文献也多是建立在以往对发达国家跨国公司研发全球化的理论基础上。由于发达国家和发展中国家在技术、制度和文化方面存在很大的差距，因此，现有的相关研究缺乏普遍适用性，亟须站在发展中国家的视角，基于发展中国家的情境，对发展中国家特别是中国企业的研发国际化现象进行理论阐释、分析和创新。

第二，全球研发网络作为一种特殊的国际网络分工现象，已开始受到一些学者的研究关注。但与全球生产网络相比，全球研发网络的研究起步要晚得多，从研究视角、研究内容到研究方法、研究结论等各方面还很不成熟。现有相关研究很少论及国际研发网络治理问题，对该主题的探讨仍然停留在先前对于集群网络或组织间研发网络治理的分类和影响方面，缺乏对国际化研发网络治理较之于一般网络治理的特殊属性的探讨，更没有考察研发网络国际化不同阶段的治理问题。从目前来看，全球研发网络至少有以下几个关键问题亟待研究解决：（1）既然跨国公司的研发环节也出现了全球网络分工，那么产生这一现象的成因如何？未来的发展趋势怎样？并且，相对于全球生产网络，全球研发网络又是否具有独特的网络化特征？（2）在跨国公司主导的全球研发价值链中，跨国公司如何对价值链进行全球地域分工与布局？另外，跨国公司与本土企业的网络权力和价值怎样分配？它们之间是否也存在嵌入与反嵌入、升级与反升级之争？（3）如果存在，本土企业将面临哪些嵌入风险和阻碍？其嵌入行为有无客观规律可循？（4）更进一步地，本土企业嵌入之后该怎样避免低端锁定的陷阱？其升级路径及前景如何？这些问题都是亟待研究解决的关键问题。

第三，在研究方法上需要进一步探索创新。当前对于研发国际化的动因、进入模式和组织形式以及全球研发网络形成机制的研究大多以案例分析为主，该方法由于样本量小、数据来源不受研究者控制，研究结果往往难以被重复验证，研究结论的可靠性和科学性不足，因此基于问卷调查和统计数据的定量研究应该得到更多关注。研发国际化的影响因素、区位选择和创新绩效的研究虽以定量研究为主，但大多采用面板数据，变量之间的内生性问题没有得到合理规避和解释，变量的测量仍显得较为粗糙，也缺乏合理的理论支撑。未来可采用时间序列的方法研究研发国际化的演进，采用倾向得分匹配法和双重差分法消除内生性的影响，采用社会网络的方法研究海外研发机构的嵌入性问题。

针对现有研究存在的不足，未来需要关注的研究方向和研究重点包括以下几个方面：

第一，深入研究动态情境下的研发网络国际化治理问题。鉴于企业研发网络国际化是在动荡多变的环境下进行的，未来研究应从静态分析转向对国际化过程的动态分析，探究影响国际研发网络关系动态变化的因素，考察国际化对于企业研发网络结构和治理的影响。

第二，深入探索不同网络结点在研发网络国际化过程中的交互关系，尤其需要持续关注发展中国家网络结点与发达国家网络结点之间的研发互动问题。首先需要深入研究的是，发达国家跨国公司在发展中国家构建和发展其研发网络，并通过反向创新（reverse innovation）实现研发反哺的实践,[①] 研究重点是要搞清楚跨国公司上述行为背后的机制及效应。其次值得关注的是，近几年来发展中国家跨国公司为了克服自身的技术和市场劣势，大举实施研发网络国际化，并且获得了突破性进展，从而彻底颠覆了现有相关研究结论。因此，未来的企业研发网络国际化研究不但要继续深入探讨发达国家跨国公司如何在复杂的全球化背景下实施研发网络国际化战略，而且更应该关注发展中国家企业如何通过研发网络国际化来构建自己的研发能力，进而提升自己的研发水平等问题。这有助于进一步完善和拓展当前以发达国家跨国公司为基础形成的研发国际化理论。

第三，开展基于中国国情、中国视角的企业研发网络国际化研究。首先是对研发国际化理论的拓展。知识基础观是企业研发国际化研究的理论基础，随着研究的深入进行，学术界需要做更多的理论探索来解释企业在研发国际化进程中的商业现象。例如，从制度理论的视角来看，企业在海外新建立的研发中心往往具有新进入者劣势，因此需要探讨海外研发机构如何从组织形式、管理方式、组织文化等方面适应东道国的制度环境。社会资本理论认为关系网中嵌入了有价值的、共享的资源，企业可以从其所嵌入的社会关系中获取战略性资本，因此要研究中国企业建立的海外研发机构如何增加其在东道国环境中的嵌入性并拓宽知识获取的渠道，以及如何增加其在企业内部网络中的嵌入性从而增强与母公司的联系。在中国企业的情境中探索这些新问题将有助于进一步拓宽

① 潘秋玥、魏江、刘洋:《企业研发网络国际化研究述评与未来展望》,《外国经济与管理》2013 年第 8 期。

组织理论的边界。①其次需要加强对中国企业海外研发新现象与新实践的诠释。近几年来越来越多的中国企业选择在东南亚、非洲、南美的一些发展中国家开展海外研发活动，中国企业在发展中国家的研发国际化行为是学术研究的新情境，这些情境在过往的商业实践和学术研究中都极少出现。究竟这些现象的内外动因是什么？区位选择受到什么因素的影响？海外研发管理具有什么特点？在进入方式、组织形式、知识溢出与转移、创新绩效等方面与中国企业在发达国家的研发国际化是否一致？与传统发达国家企业的研发国际化研究有什么差异？探索以上这些问题有助于全面认识中国企业的研发国际化行为，更有助于丰富现有研发国际化理论的内涵与外延。

第四，需要进一步加强对本土企业特别是以中国为代表的发展中国家企业融入全球研发体系的模式和路径等相关研究。以跨国公司为主导的全球研发网络形成了等级式的价值分工体系，在这一全球分工体系中发展中东道国可能在全球研发网络内部遭遇新的嵌入障碍及低端锁定问题。未来中国的企业如何突破障碍、跳出陷阱、解除锁定，需要学界展开进一步的深入研究与分析。尤其是以下几方面问题的研究亟待加强：一是中国本土企业在跨国公司全球研发网络中的进入障碍问题，从跨国公司层面深入分析阻碍中国企业进一步融入全球研发网络面临的反嵌入因素及其机理。二是本土企业与跨国公司全球研发网络的互动关系研究，探讨本土企业与全球研发网络之间的互动机理，以及其在跨国公司主导的全

① 王展硕、谢伟：《中国企业研发国际化研究的综述与展望》，《研究与发展管理》2017 年第 6 期。

球研发网络中的分工地位及升级困境。三是对本土企业突破机制的研究。基于对阻碍地方企业嵌入与升级机制因素的认识，应进一步研究地方企业嵌入跨国公司全球研发网络的实现途径，揭示地方企业在网络中的升级策略选择，并从价值和权力分配的制度设计角度，探讨促进发展中国家企业特别是中国企业加快融入及实现升级的途径。①

① 张战仁、杜德斌：《全球研发网络嵌入障碍及升级困境问题研究述评》，《经济地理》2016 年第 8 期。

第3章 跨国公司研发网络国际化演进

3.1 研发全球化脉络与现状

在经济全球化飞速发展和知识经济方兴未艾的背景下，跨国公司所面临的竞争日益激烈，为了保证其持续竞争力，大力推进研发全球化成为了世界经济一体化的重要特征。目前，全球技术转移总量的90%基本都由跨国公司的技术转移贡献，这些跨国公司掌握了全球约80%的新技术和新工艺，并且控制着全球将近60%的贸易和投资，生产了全球约40%的产品。近几年来，跨国公司的研发活动已经不再局限于本国，不仅在海外设立研发机构，而且还与国内外的研发中心展开研发合作。研发全球化的根本动力来自于利润的激励以及竞争的压力，是从空间释放元素的供给创新过程。

3.1.1 跨国公司主导研发全球化进程

凭借着雄厚的经济实力和较强的组织能力，跨国公司主导了世界企业研发经费规模和全球企业研发经费投入，引领着尖端技术的发展方向，并由此推动着研发国际化的持续深化。跨国公司研发全球化给东道国的发展带来深远的影响，有利于东道国参与全球研发活动，从而不断提高东道国在全球研发网络中的地位。在要素配置上，跨国公司研发活动全球化可以促进其先进技术的全球化配置，提高海内外研发活动效率，整合海内外研发要素，打破母国垄断优越技术和生产要素的局面，促使越来越多的高端技术产品在东道国直接开发设计。研发全球化在客观上改变了东道国国内的竞争环境，彰显了当地企业和科研机构的作用，促进了当地企业的发展，提高了本土研发机构的管理和产品研发能力。此外，研发活动的全球化还有助于东道国培养本土创新人才，在一定程度上抑制了东道国高端人才流向海外。

跨国公司在进行全球范围内的研发活动布局时，以资源优化配置、寻求竞争优势为原则，促进全球研发网络日趋完善。最初，美国、欧洲和日本多为跨国公司海外研发机构的集聚区域，这部分地区掌握着世界上领先的核心技术，跨国公司将其研发中心集中布局在这些区域的首要考量就是紧跟世界科技发展前沿，以期获得最为先进的技术成果。自20世纪90年代以来，跨国公司为了及时地对当地市场需求做出反应，逐步实行了研发本土化的策略，充分利用东道国的自然资源和优秀的科技人才。研发本土化的发展使得跨国公司的研发活动不再局限于全球的特大经济中心和科技中心，发展中国家逐渐承接了越来越多的研发任务。其中，中国作为发展势头迅猛的发展中国家，已成为跨国公司海外研发的首选。跨国公司海外研发协作方式的形成和成熟，促使跨国公司全球研发网络日趋紧密，可以更为有效地参与全球研发资源的分配与管理，为跨国公司提供技术支撑，增强跨国公司的持续竞争力。

3.1.2　产业领域高度集中

根据2017年欧盟工业研发投资记分牌报告，2017年全球研发投入前50强企业中有49家企业分布在3个产业门类，仅有1家企业属于第4个产业。这3个产业分别为生物技术和制药产业、技术硬件/电信设备产业和软件/互联网产业，其中生物技术和制药产业有23家企业，技术硬件/电信设备产业有14家企业，软件/互联网产业有12家企业。另外旅游与休闲产业有1家企业。生物技术和制药、技术硬件/电信设备、软件/互联网这3个产业占据排行榜的主导地位，这是由于其产业研发对于企业持续增长至关重要，大部分进入前50名的公司研发强度都远远高于产业平均水平。通常来讲，小企业的研发强度高于产业平均水平是因为它们的销售额并不高，但随着销量的增长，研发新产品所需的研发费用被逐步分摊，而大企业因为销量较大，其研发强度一般低于小企业。目前，全球生物制药产业的平均研发强度为10.6%，但在2017年全球研发投入前50强企业中，所有生物制药公司的研发强度都远高于这一水平。全球科技硬件研发强度的平均水平为8.4%，而进入前50强的所有硬件公司都超过了这一平均水平。就软件/互联网而言，全球平均水平为15%，在进入前50强的软件公司中有一半左右都超过了这一平均水平。

表 3-1　2017 年全球研发投入前 50 强企业

2017 年排名	公司名称	所属国家	2016/2017 年研发（亿欧元）	研发强度（%）	2004—2017 年排名变化
1	大众汽车	德国	137	6.3	↑7
2	谷　歌	美国	129	15	↑>200
3	微　软	美国	124	14.5	↑10
4	三　星	韩国	122	7.7	↑29
5	英特尔	美国	121	21.5	↑9
6	华　为	中国	104	19.2	↑>200
7	苹　果	美国	95	4.7	↑97
8	罗　氏	瑞士	92	19.6	↑10
9	强　生	美国	86	12.7	↑3
10	诺　华	瑞士	85	18.2	↑10
11	通用汽车	美国	77	4.9	↓9
12	戴姆勒	德国	75	4.9	↓8
13	丰　田	日本	75	3.3	↓12
14	辉瑞制药	美国	74	14.7	↓14
15	福　特	美国	69	4.8	↑13
16	默　克	美国	65	17.2	↑29
17	甲骨文	美国	58	16.3	↑12
18	思　科	美国	57	12.6	↑>200
19	FACEBOOK	美国	56	21.4	↑8
20	博世集团	德国	56	7.6	↑10
21	汉兰达	日本	54	4.7	↑3
22	阿斯利康	英国	54	24.6	↑6
23	宝　马	德国	52	5.5	↓8
24	赛诺菲	法国	52	14.1	↓20

续表

2017 年排名	公司名称	所属国家	2016/2017 年研发（亿欧元）	研发强度（%）	2004—2017 年排名变化
25	西门子	德国	51	6.3	↓16
26	IBM	美国	49	6.5	↓17
27	诺基亚	芬兰	49	20.8	↑64
28	高　通	美国	49	21.9	↑31
29	拜　耳	德国	48	10	↑12
30	百时美施贵宝	美国	46	24.9	↑6
31	通用电气	美国	45	3.9	↑>200
32	吉利德科学	美国	44	15.4	↑>200
33	赛尔基因	美国	42	29.8	↑10
34	菲亚特	荷兰	42	3.8	↑6
35	礼　来	美国	42	20.8	↑21
36	波　音	美国	41	4.6	↓3
37	日　产	日本	40	4.2	↑41
38	葛兰素史克	英国	40	12.1	↓27
39	艾伯维	英国	39	16	新上榜企业
40	松　下	日本	39	6.5	↓33
41	索　尼	日本	36	5.9	↓26
42	安进公司	美国	36	16.6	↓5
43	电装株式会社	日本	33	9	↓8
44	爱立信	瑞典	33	14.1	↓27
45	空中客车	荷兰	33	4.9	↓10
46	BOEHRINGER SOHN	德国	31	21	↑16
47	思爱普	德国	30	13.8	↑23
48	CONTINENTAL	德国	29	7.2	↑69
49	武田制药	日本	27	20.1	↑24
50	LG	韩国	27	6.3	↑60

资料来源：The 2017 EU Industrial R&D Investment Scoreboard，*European Commission*，JRC/DG RTD.

3.1.3 投资区域高度集中

根据区域划分，2017年全球研发投入前50强企业中（表3-1），有26家为美国企业，占全球的比重超过一半；欧盟排在第2位，有12家企业；亚洲有10家企业，其中中国与日本各4家，新加坡1家，中国台湾1家。在2017年全球研发投入前50强的23家生物制药公司中，美国占了11家；在14家科技硬件公司中，来自美国的有5家；在12家软件公司中，有10家是美国企业。这说明，美国在生物制药与科技硬件方面虽然领先世界，但这两个产业的全球研发投入分布较为均匀，美国在软件/互联网领域具有绝对控制权，包括著名的谷歌、eBay、Facebook、微软和甲骨文等。在许多情况下，超过平均研发强度是推动销售增长的动力，因为创新和改进后的新产品使公司在市场上胜过竞争对手。在研发强度排名前50的公司中，很多公司的排名在过去五年都有所上升，在研发和销售两方面都取得了飞速的发展。例如谷歌2017年研发排名第2位，2012年排名第26位；百度2017年排名第103位，2012年排名第450位；Facebook 2017年排名第19位，2012年排名第295位；华为2017年排名第6位，2012年排名第41位。

3.1.4 研发管理逐步深化

随着科学技术的进步和市场竞争压力的不断提升，跨国公司内部的研发活动也伴随着知识经济的发展备受重视。劳塞尔、萨德和埃里克森[①]将企业研发活动的演进历程分为三个阶段，每一阶段的演进和发展都代表了技术创新对于企业经营所起的重要作用。第一代研发管理是一项非常初级的管理活动，研发部门本身既没有明确的研发战略和战略诉求，也没有科学的系统管理方法，科学家和技术专家在研发活动中占主导地位。在第二代研发管理中，企业研发被列为公司运营活动的一部分，但研发创新仅被视为支持业务需求的一种手段，而研发部门仅相当于组织结构中的功能部门。在第三代研发管理阶段，研发的重要性大大提高，研发活动被视为和生产以及营销同等重要的活动。研发活动已成为企业战略规划的重要组成部分，并与企业的生存紧密联系在一起。

目前正处在以技术支撑和高科技人才引领研发的时代，众多跨国企业的竞争核心在于技术的比拼，其经营策略也多以技术创新为核心，跨国公司通过加速技术升级和产品更新的方式来抢夺市场份额和获取高额利润。研发管理也随之逐步深化，仅作为业务战略一部分的第三代自然进入第四代，业务战略成为关键核心。刘常勇（2006）认为，创新管理已成为企业管理中最重要的问题，技术创新引领了企业战略方向；与技术创新相关的投资被视为战略知识性的资产；通过颠覆性创新改变了竞争方法和商业模式；通过战略联盟促进了技术创新；建立全球研发网络，从全球角度开展研发活动，整合知识创新和技术创新，产品创新、制度创新和市场创新包含在全球研发网络的活动中，以上构成了第四代研发

① 菲利普 A.劳塞尔，卡马尔 N.萨德，塔马拉 J.埃里克森等：《第三代研发》，机械工业出版社 2004 年版。

的特点。

表 3-2　跨国公司研发全球化的演进过程

时期	驱动力	研发类型	研发形式	产　业	推动要素
20 世纪 60 年代	进入海外市场	为适应当地市场而改进产品	制造子公司自己的研发活动	机械、电子和工程行业	大市场和生产子公司相近
20 世纪 70 年代	扩大海外市场份额	为地方市场开发产品	在所属研发和生产子公司进行投资	食品或化学行业	被保护的大市场；与消费者或生产子公司接近
20 世纪 80 年代	世界范围内学习新技能需求	为全球市场开发产品和技术	所属研发公司、研发联盟	微电子、生物技术、新材料等	信息与通信技术；专业化子公司或东道国的研发活动与生产子公司解除联系
20 世纪 90 年代至今	获得稀缺研发人员、研发成本增加	为全球和区域市场开发进行产品研发	所属研发公司、研发联盟	微电子、生物技术、制药、新材料	研发活动核心与非核心职能划分、研发人员可得性、智力财产权改变、政策变化

3.2　研发全球化的趋势特点

随着世界经济的不断发展，国际分工合作也随之不断深化，研发全球化活动日益呈现出新的发展趋势。其中，从产业结构演变上看，产业结构的逐步优化升级促使第三产业快速发展，服务业的研发随之蓬勃发展。在研发全球化中，研发外包的日益形成强化了母国与东道国本土机构的合作，跨国公司将研发活动外包给东道国的科研机构和院校，这成为跨国公司海外研发的重要策略之一。

3.2.1　研发外包成为重要形式

在研发全球化过程中，跨国公司在全球范围内配置资源，为了进一步提高研发效率以及缩短新研发产品投入使用的时效性，研发外包这一形式逐步被使用并日益壮大，逐渐成为跨国公司研发全球化的重要形式。研发的外包规模逐年增大，外包范围不断拓展，从信息技术行业逐渐拓展到生物医药、汽车和电信等多个行业。例如在医药行业中，全球的 CRO（合同研究组织，Contract Research Organization）市场高度集中，前十大 CRO 市场份额占据 45%以上。随着医药行业研发支出不断增加，药企的研发成本和研发周期压力日益增大，聘用外部 CRO 公司以转移固定成本的意愿逐步增强。由此可见，研发外包不仅市场规模较大且发展速度较快，对于企业研发效率的提高具有显著影响。

3.2.2　研发活动的空间范围扩大

从全球研发活动的空间尺度来看，多年以来美国一直在研发支出方面占主导地位，但其占全球研发支出的份额却不断下降，到 2018 年已经下降到 25.25%（表 3-3）。与此同时，中国占全球研发支出的份额却在不断上升，到 2018 年已经上升到 21.68%，与美国的差距正在逐步缩小。亚洲地区占全球研发份额比重持续上升，到 2018 年已经接近 44%，非洲占全球研发份额比重略微上升到 0.92%，中东上升到了 2.51%。北美洲、南美洲、欧洲以及俄罗斯/独联体等国家和地区占全球研发份额比重都有不同程度的下跌。从各个国家与地区研发支出占 GDP 份额平均值来看，全球为 1.7%，北美和西欧最高，为 2.4%，东亚和太平洋地区为 2.1%，中欧和东欧为 1.1%，南亚和西亚为 0.7%，拉丁美洲和加勒比地区为 0.7%，撒哈拉以南非洲地区为 0.4%，阿拉伯国家为 0.3%，中亚为0.2%。可见，全球范围内的研发投资多集中于东亚和太平洋地区以及北美和西欧等地区。

表 3-3 各地区占全球研发份额 （单位：%）

	2016 年	2017 年	2018 年
北美 12 国	27.52	27.6	27.36
美　国	25.36	25.6	25.25
南美 10 国	2.44	2.4	2.28
欧洲 34 国	21.16	21	20.52
德　国	5.6	5.5	5.32
亚洲 24 国	42.72	42.67	43.62
日　本	9	8.8	8.52
中　国	20.7	21.2	21.68
韩　国	4	4.1	4.03
印　度	3.6	3.7	3.8
非洲 18 国	0.88	0.9	0.92
中东 13 国	2.43	2.5	2.51
俄罗斯/独联体 5 国	2.86	2.9	2.75

资料来源：R&D Magazine Survey 2017.

从以上数据可以发现，目前研发全球化的参与者主要集中在新兴国家和地区，如中国、印度和韩国等。2010 年到 2011 年这两年来，在全球研发支出排名前 1 000 家公司中，印度和中国公司研发支出的增加幅度最为显著，平均较上一年增长了 27.2%，这一数字远高于北美的 9.7%，欧洲的 5.4%和日本的 2.4%①。2010 年，中国 68 家创新（试点）公司在海外设立了 106 家研发机构，且大部分选址在发达国家或地区，如北美、欧洲和日本，这说明部分发展中国家和新兴市场国家的企业也开始了海外研发活动。

3.2.3 研发产业蓬勃发展

在科技全球化的背景下，研发活动的外部化、独立化和产业化逐渐为人们所熟知，研发活动的全球化在世界范围内催生了大量科技型研发公司，研发产业得到快速发展，并推动着研发活动全球化的进程。研发产业又称为"研发服务业（R&D Service Industry）"，属于生产性服务业的范畴，是现代服务业的重要组成部分，具体是指从事研发活动的专业或非专业组织为满足各产业部门的生产活动需求而提供研发产品与服务的行业总称。近几年来，科技型研发公司凭借其较强的科研能力如雨后春笋般大量涌现，这类研发公司通常由具有专业知识和技能的科学家领导，由国际投资基金公司或私人财团资助，以技术研发为业务重点，以研发创新与知识产权销售作为主要经营手段，在世界范围内吸纳人才和进行投资布局，促进研发全球化的深入发展。

---

① 数据来自 Booz&Company。

3.2.4 与本土机构合作日益密切

跨国公司到海外部署研发策略时，为了进一步减少其磨合的时间成本以及避免出现“水土不服”的现象，往往采取与东道国相适应的研发策略，其主要途径是加强与东道国研发机构的合作，学习东道国在当地开展研发活动的经验，提升研发活动的效率。以跨国公司在华研发机构为例，随着合作的深入和发展的需要，跨国公司研发机构与中国大学的合作不断深化，合作方式不断创新、合作领域日益拓展，由以往简单的、临时的项目研发、人员往来逐渐变为建立长期的、稳定的战略合作与协同创新关系，从而推动着研发活动的蓬勃发展。

3.3 研发网络国际化的动因与路径

跨国公司研发全球化是顺应经济全球化和竞争全球化的必然结果。面对当前全球性知识经济的兴起和国际竞争的加剧，跨国公司不得不重视研发的作用，合理地配置研发资源，促进研发网络朝着国际化和全球化的方向发展。

3.3.1 主要动因

（1）支撑附属公司的生成，实现技术的本地化。跨国公司在布局海外研发活动时多以需求为先导，试图接近最终消费者，更好地匹配到消费者的新增需求，针对消费者需求变化及时作出反应，支持当地的生产和营销发展，尽量减少保护主义。此外，跨国公司的母公司具有一定的技术基础，因此在海外布局和投资时，仅需对原有的产品按照当地市场需求进行适应性改良与创新，基于其原有技术基础的适应性创新的成本和准入门槛较低，从而有助于更好地去实现研发产品本土化。

（2）寻求研发资源，提高跨国公司研发的国际竞争优势。跨国公司在研发国际化进程中，在国际经济技术合作的大背景下，集中优势资源，共享基础设施和高技术手段，大大提高了跨国公司的国际竞争力。此外，跨国公司研发网络的国际化享有众多的政策优惠条件和法律环境支持，便于与当地的科研机构和高校开展研发活动和技术领域的协作，这些为跨国公司研发网络的国际化提供了便利条件。

（3）获取全球的前沿技术，积极开拓海外市场。跨国公司在海外设立研发中心的另一个重要动机是为了获取和跟踪东道国的前沿技术。跨国公司在海外设立研发中心，不仅有利于母公司吸收子公司所在地的信息和先进技术，更为母公司在子公司所在地开拓了一个吸收信息的窗口和建立了一个信息的据点，使得跨国公司在研发网络的国际化进程中更便利地吸收信息和先进技术，及时捕捉世界范围的信息，并对其进行加工，开发出较为符合母公司且与东道国具有一定适配性的新技术和新产品。

（4）规避风险，降低生产成本。随着世界范围内的新技术和新产品不断涌现，跨国公司势必要加强其研发网络的形成和速度，增加研发费用的投入，但面对现有的竞争，跨国公司的研发难度和研发风险也在相应地增加。高新技术的产生需要在前期投入大量的研发成本，高新技术的研发具有一定的复杂性，且产品生命周期不断地缩短，这些都为跨国公司研发网络的国际化发展增加了难度和风险。因此，跨国公司需要在全球范围内寻找合适的东道国去分摊这一风险和成本，研发网络的国际化也可以在一定程度上弥补单个跨国公司投资能力和抗风险能力的不足。

总的来说，跨国公司研发网络国际化的动因主要从两个方面展开。一是适应东道国的环境，跨国公司研发网络国际化是生产国际化的延续，主要是利用东道国母公司的技术、人才以及与当地的科研院所和高校展开协作的方式，适应当地的研发方式和生产模式，提高当地的研发效率，为母公司进行服务。此时，研发网络的国际化将技术转移给外国的子公司，并针对东道国市场的特点来进行相应地改善。二是跨国公司的研发网络形成不是被动地去适应全球化而将研发机构在海外设立，而是主动利用东道国的优势，在国外设立研发机构，增加跨国公司在国际上的竞争力和知名度，以及在全球范围内一同分摊研发成本和研发风险。

3.3.2　演进路径

在企业研发网络的国际化发展过程中，研发的主体不断多元化，发展中国家的跨国企业正逐步从研发网络的边缘向中心靠拢。以中国的华为公司为例，20 世纪初，在国内，华为公司只在深圳、北京和上海设立了研发机构，在国外，华为公司也仅在瑞典、美国、加拿大和印度等国家和地区设立了研发和技术中心。在初期阶段，华为公司的内部研发合作主要是深圳研发机构和瑞典研发机构的合作，其他研发机构没有开展相关的研发合作。此外，华为公司在海外的研发合作组织主要是行业内的技术领先企业，但这一时期华为公司的研发合作网络尚未形成。

在2006～2009年间，华为公司进一步在全球范围内增设研发单元，且已有16个研发单元进行合作，除了上一时期的深圳和瑞典进行合作外，其他研发单元均在此时进行了研发合作。除了深圳外，这一时期华为增设了南京、成都和香港作为国内的研发单元，且位于南京和深圳的研发单元合作关系较为紧密。同时，华为增设德国作为其研发单元，美国和深圳的研发单元之间的合作关系也变得更加紧密。这一时期与上一时期的区别在于，研发单元和研发合作的主体逐渐从以企业为主转变为以高校为主。这说明了在华为公司研发网络的国际化过程中，也是其产学研合作创新联系逐渐得到深化和发展的过程。

2010～2013年是华为国内研发单元和海外研发单元合作迅猛发展的时期。在这一时期，华为已经基本形成了研发国际化的合作网络。这一时期，华为在国内增设了杭州、武汉和西安等省会城市作为其研发单元，在海外增设了韩国、瑞士和新西兰等研发据点。在这一时期，华为的海外研发合作组织类型也更加多样化，研发组织的数量不断提升，但在合作上，研发单元主要还是与高校进行合作。此时华为的研发网络已经比较成熟，且各个研发单元之间有较为成熟的合作模式，形成了一定的网络化，并且各个研发网络间存在着稳定和持续的合作关系。多样化形式主要体现在，华为此时的研发单元已经遍及全球经济较为发达的城市，在国内以深圳为中心，在国外以美国为中心，逐步形成国内外研发网络的“核心—边缘”模式和“核心—半边缘”模式。

从华为全球研发网络的演进可以看出跨国公司研发网络国际化演进的路径趋势。如图 3-1 所示，跨国公司的研发网络国际化经历了不同的发展阶段，出现了包括民族中心、地区中心、多中心分散、一体化研发网络和研发中心等不同的发展模式。在研发的早期，由于发展不够成熟以及面对国际竞争的风险问题，此时跨国公司倾向于把核心研发技术全部留在母国，通过对技术、生产和营销模式进行适应型的改进来进行国际化的拓展。当跨国公司发展到一定阶段时，为了提高其知名度和合理利用全球范围内的要素和资源，跨国公司将其研发中心在海外进行布局，吸收东道国的技术和人员，将海外研发中心的创新成果合理的本土化，旨在保持对当地市场的高度敏感性。到了研究的后期，跨国公司将国内外的研发中心进一步整合和集聚，实现一定规模的集中整合控制，逐步形成其研发网络的国际化。

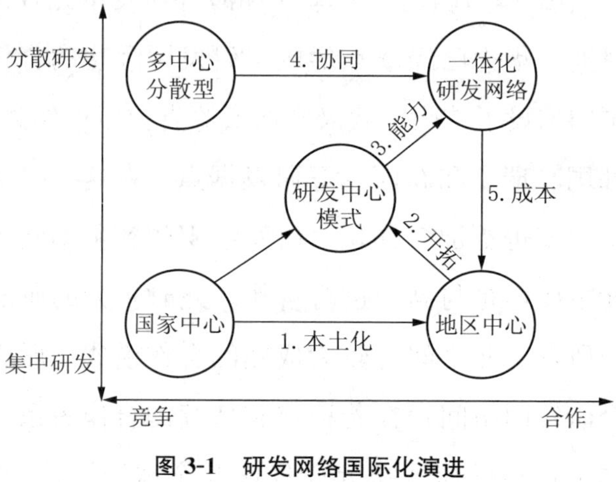

图 3-1　研发网络国际化演进

资料来源：Gassmann O、Zedtwitz M V：《New concepts and trends in international R&D organization》，《Research Policy》1999 年第 28 卷第 2—3 期，第 231—250 页。

3.4　研发国际化、中心化与研发效率的检验

3.4.1　跨国公司研发国际化与研发效率

20 世纪 70 年代中期以后，国际商务研究的方向逐渐侧重于跨国公司的研发国际化。近二十年来，研发国际化行为不断演变的形势及其不断扩充的内涵深受世界范围内学者们的重视。科技全球化使人们更加关注外部技术来源对跨国公司提升技术和创新能力的重要性，这是跨国公司积极参与研发国际化的动机之一①。

面对当前国际竞争日益激烈的趋势，许多公司在这一浪潮中产生不适而被淘汰，因此要求跨国公司在这一趋势和背景下积极适应和探索在全球优化配置资源的方法并开展全球性的配置活动。基于此，跨国公司开始在海外部署其研发中心，促使其在国内外都拥有信息窗口，及时获取国内外尖端前沿技术，使得跨国公司在国际化范围内从事技术创新活动②。根据 OECD 的研究，在海外设立研发机构是跨国公司进入全球创新体系的一个重要渠道，海外研发机构的设立是跨国公司研发网络全球化进程中的一个重要突破点，对跨国公司创新行为的开展和创新成果的

---

① 贺团涛、曾德明、张运生：《高科技企业创新生态系统研究述评》，《科学学与科学技术管理》2008 年第 10 期。

② 王春法：《科技全球化与中国科技发展的战略选择》，中国社会科学出版社 2008 年版。

产出具有明显的促进作用①。跨国公司在海外设立研发机构，国内外的研发机构协同合作更有利于研发活动的开展。此外，在全球范围内配置资源可以同时吸收海内外优秀的技术，降低跨国公司的研发成本，提高跨国公司的研发效率。

从现有的研究结论来看，很多学者均支持研发国际化可以有效推动跨国公司技术创新这一说法。研发的国际化不仅可以帮助跨国公司在全球范围内集聚高质量的资源，还可以促进海内外研发合作关系的形成，逐步推动研发网络的进程。在此基础上，本书认为在国外设立研发机构是跨国公司研发网络演进的一个重要突破点，跨国公司在国外设立研发机构可以提高跨国公司的研发效率。假设如下：

假设 1：跨国公司在国外设立研发机构能够显著提高研发效率。

3.4.2 跨国研发网络中心及其研发效率

跨国公司与外部机构进行合作是其研发网络演进过程中的一个创新性的制度安排。当今市场环境快速多变，科学技术是第一生产力，只有保持创新，跨国公司才能拥有持续不断的新鲜血液。现有研究指出，跨国公司仅凭自身力量进行的技术研发具有较高的风险性和不确定性，因此众多跨国公司开始与高校合作，推动产学研相结合，逐步形成了一个协作研发网络②，在

① OECD. International Trade and Core Labour Standards. *Discussion Papers*, 2000, volume 2000(4):1—122 (122).

② 张首魁、党兴华、李莉：《松散耦合系统：技术创新网络组织结构研究》，《中国软科学》2006 年第 9 期。曾德明、李宝霞、禹献云：《跨国战略联盟技术知识流失风险防范体系研究》，《图书情报工作》2012 年第 6 期。

构建研发网络时，跨国公司必须重视现有研发网络中的节点和其他组织的合作关系①。跨国公司在研发合作中相对稳定的一种关系便是网络位置，这是跨国公司在合作网络中所处的地位，是跨国公司获取知识和信息的途径，它还反映了跨国公司通过合作网络创造收入的能力。在研发网络中，公司、大学或研究机构都有自己相应的网络位置。一些学者认为网络的集中程度和网络的位置与研发网络内的成员密切相关②。中心位置是衡量网络创新主体地位和能力的主要指标。判断和分析网络中心有利于识别网络中的核心主体和边缘主体，从而有效地避免了创新与合作过程中可能存在的不利影响。

研发网络的中心性反映了研发协作主体能够使用的研发关键资源数量。跨国公司在研发网络中的中心地位越高，就越有能力获取闲置资源和促进创新③。其次，模仿者和创新者均分布在研发网络中，但在这一网络中，参与者更倾向于与创新者合作而不是模仿者。因此，参与研发合作的跨国公司只有进行研发创新，才能在网络中获得高度的中心性，获取更多的关键资源。跨国公司只有不断推进研发创新才能巩固其在研发网络中的中心地位，并促进创新绩效的不断提升。

---

① 罗群、胡晓灵：《基于社会网络视角下的集群创新网络有核分层形态研究》，《软科学》2013年第3期。

② 范群林、邵云飞、唐小我等：《结构嵌入性对集群企业创新绩效影响的实证研究》，《科学学研究》2010年第12期。

③ Colazo J A. Collaboration structure and performance in new software development: findings from the study of open source projects. *International Journal of Innovation Management*, 2010, 14(05):735—758.

此外，特赛和威尔斯基认为，网络中心化将对组织业务单元的创新绩效产生积极的影响①。位于中心位置的公司更具影响力、更具创新性、更有专利，而且规模扩大速度更快②。具有较高网络中心地位的跨国公司往往在知识共享、技术互补和规模经济方面也占据较大优势，从而得以拥有更高的创新绩效③。基于此，本书提出第二个研究假设：

假设2：跨国公司的中心化程度越高，其创新绩效水平越高，即处于网络中心位置能够促进跨国公司研发效率的提高。

3.4.3 跨国公司研发国际化、网络位置与研发效率

研发国际化使跨国公司能够通过研发网络获得更多资源。跨国公司在网络中的位置直接影响着其获得和利用资源的能力。跨国公司要想充分发挥自身的潜能，就必须找到外部的创意和创新源泉，并对它们加以充分利用。研发国际化使公司有机会在更广阔的空间范围内寻求更多有用资源。研发国际化有助于促进本土公司同外国公司和研发机构的科技交流和知识分享，有助于双方的业务耦合和功能互补，建立密切的联系，

---

① Tsai A, Willsky A S. *Curve evolution implementation of the Mumford-Shah functional for image segmentation, denoising, interpolation, and magnification*. IEEE Press, 2001.

② Phelps C, Bennett P, Iredale R, et al. The development of a distraction-based coping intervention for women waiting for genetic risk information: a phase 1 qualitative study. *Psychooncology*, 2010, 15(2):169—173.

③ Ahuja G. Collaboration Networks, Structural Holes, and Innovation: A Longitudinal Study. *Administrative Science Quarterly*, 2000, 45(3):425—455.

从而增强创新绩效，这成为跨国公司进行合作创新的动力之一。①研发网络的中心性越高，与跨国公司保持直接关系的组织越多，公司能得到的资源就越多，与组织的合作也越多，获得互补技能就越容易，这有利于提高其自身的创新能力，帮助公司更好地利用研发国际化所带来的资源，并将其转化为创新性能。同时，位于网络中心的公司有更多机会发现和接近具有创新前景的公司，从而与其成为合作伙伴并分享创新资源。即使公司不是国际化的，也有相应的资源，若由于缺乏创新能力，它可能无法取得更好的结果。因此，可以提出另一研究假设：

假设 3：跨国公司的研发国际化会通过研发网络中心化对研发效率的提升产生作用，即跨国公司越处于协作研发网络的中心位置，其在国外设立研发机构就越有助于其研发效率的提高，即三者之间存在中介效应。

中介变量最早由巴农和肯尼（Baron and Kenny，1986）提出并定义，他们认为，中介变量是解释变量对被解释变量产生影响的内在的、实际存在的原因，即解释变量对被解释变量的影响可能是部分通过中介变量或完全通过中介变量产生影响的。模型主要包括以下三个公式：

$$Y = c \times X_i + e_1$$

$$M = a \times X_i + e_2$$

$$Y = c' \times X_i + b \times M + e_3$$

在以上方程中，X 是解释变量，M 为中介变量，Y 为被解释变量，

① 张首魁、党兴华：《关系结构、关系质量对合作创新企业间知识转移的影响研究》，《研究与发展管理》2009 年第 3 期。

e_i 为截距，a、b、c 分别为回归系数。若上述方程中的回归系数同时满足以下三个条件，则认为中介效应存在。（1）若 c 显著，则认为中介效应存在，可以进行下一步的检验；（2）若 a 显著，则表明解释变量 X 与被解释变量 Y 之间存在线性关系；（3）若 b 显著，且 c' 的数值小于 c，则意味着中介变量 M 有助于预测被解释变量 Y。

如果 a 或者 b 不显著，那么意味着解释变量与被解释变量之间的影响不是通过中介变量来实现的；如果回归满足以上三个条件，则至少可以说明存在部分中介作用，即解释变量对被解释变量的影响部分是直接的，部分是通过中介变量来实现的；如果上述三个条件都得到了满足，但是此时 c' 不显著，则意味着解释变量对被解释变量的影响完全是通过中介效应来实现的。

对中介效应的检验，Sobel 提出的方法是检验经过中介变量路径上的回归系数的乘积是否显著，即检验 $z=\frac{ab}{\sqrt{S_b^2a^2+S_a^2b^2}}$ 是否显著，其中 S_b^2 为 b 的标准误的平方，S_a^2 为 a 的标准误的平方。系数乘积检验法的原假设为 H_0：$ab=0$，即“不存在中介效应”，若拒绝原假设，则中介效应显著。

温忠麟、张雷和侯杰泰等[①]在充分研究肯尼[②]的做法基础上，借鉴麦金农（MacKinnon，2002）的研究，提出了一种既可以做部分中介效应检

① 温忠麟、张雷、侯杰泰等：《中介效应检验程序及其应用》，《心理学报》2004 年第 5 期。

② Kenny D A. Learn how you can do a mediation analysis and output a text description of your results：Go to mediational analysis using Data To Text. *Davidakenny Net*, 1981.

验又能做完全中介检验的检验方法，而且这种方法发生错误的概率相对较小，受到了学术界的广泛认可及应用。他们对于逐步检验法进行了延伸和拓展，提出了直接检验系数乘积 ab 并返回直接效应与间接效应大小的逐步回归法、中介变量含有潜变量的结构方程模型等。在温忠麟等人的基础上，我们构建了以下中介效应检验模型：

$$RD_{it}=\alpha_1 RD_{i,\ t-1}+\alpha_2 international_{it}+\alpha_3 X'_{it}+\mu_{it}+\sum indus+\sum accper \tag{1}$$

$$Network\ centrality_{it}=\alpha_1 international_{it}+\alpha_2 X'_{it}+\mu_{it}+\sum indus+\sum accper \tag{2}$$

$$RD_{it}=\alpha_1 RD_{i,\ t-1}+\alpha_2 Network\ centrality_{it}+\alpha_3 international_{it}+\alpha_4 X'_{it}+\mu_{it}+\sum indus+\sum accper \tag{3}$$

模型（1）用来检验当期企业研发投资的国际化对于企业研发效率的显著性；模型（2）用于检验当期企业研发投资的国际化对于当期企业网络中心化的显著程度；模型（3）用于检验在控制了企业网络中心化的情况下当期企业研发投资国际化对于企业研发效率的显著性，即检验三者间是否存在中介效应。

3.4.4　数据选取和模型构建

本研究主要以中国企业联合会、中国企业家协会发布的“2017 中国跨国公司 100 大”榜单中的公司为研究对象，数据选择 2007～2017 年为期10年的面板数据，研究企业网络中心化、企业研发投资国际化和研发投入三者的中介效应。

中国100强跨国公司的选择标准一般包括拥有海外资产、海外营业收入、海外员工数量等，前100名是根据公司的海外资产总额计算得到和排序。在榜单中，中国石油天然气集团公司、中国石油化工集团公司、中国海洋石油总公司位居前三位。

面板数据的优点在于，不仅包括了时间维度上的数据，还包括了截面维度上的数据，因此可以对个体的动态行为进行建模。相关理论表明，由于惯性或部分调整，个体过去的行为在一定程度上依然会对当前的行为产生影响，比如资本存量的调整，即滞后期的数据依然会对当期产生影响。如果在面板模型中，加入被解释变量的滞后期当做解释变量，考察被解释变量在过去时间内对当期行为的影响，此时的面板数据为“动态面板数据”，本书采用动态的广义矩估计对模型进行回归和检验。

3.4.5 变量选取

RD：上市公司的研发效率。研发效率以DEA方法进行计算。

international：跨国公司研发国际化。参考现有研究，本研究采取现有研究的主流做法，若跨国公司在海外公司设立研发机构记为1，若没有在海外设立研发机构设为0，设定一个虚拟变量衡量跨国公司的国际化。此数据来源于上市跨国公司年报。

network centrality：网络中心性。本研究借鉴Tsai等（2001）的做

法，选用网络分析中常用的点度中心度表征跨国公司研发全球化活动的研发网络中心性。点度中心度通常由网络中的节点数表示，反映了与其直接连接的其他参与者数量，跨国公司的网络中心度越高，结点数据越多，即研发活动全球化中心化位置更高。通过在国家重点产业专利信息服务平台网站检索样本跨国公司的专利合作申请人得到了跨国公司间的协作研发数据。在此基础上，利用 Ucinet 社会网络分析软件进行计算，得到跨国公司的点度中心度。

age：跨国公司年龄。随着时间的推移，跨国公司将逐渐累积只是和能力，进而影响其研发效率。本研究使用自 2017 年以来跨国公司存在的年数来反映跨国公司的年龄，即跨国公司的年龄减去 2017 年减去跨国公司成立的年份。

size：公司规模。跨国公司规模也是影响跨国公司行为和决策的重要因素。一方面，跨国公司规模越大，其规模效益及声誉就越高，也将吸引更多的跨国公司与其合作，从而有助于合作创新的发展；另一方面，跨国公司规模越大，也有助于获得更多的资源，从而可能对其创新有所帮助。本书以上年年末总资产的自然对数作为公司规模数据。

3.4.6　变量计算

研发效率以数据包络分析（DEA）方法进行计算。数据包括分析的基本思想是将每个需要评估的单位视为一个决策单元（DMU），通过比较每个决策单元的投入和产出数据进行效率的评价，衡量在一定的投入下产出是否达到最大，或在一定的产出条件下投入是否达到最小，即此DMU是否达到生产前沿面的有效。DEA-BCC为假定规模报酬变化，DEA-CCR的前提为规模报酬不变。在本研究中，跨国公司的研发效率的产出更加容易控制，因此选择产出导向的DEA-BCC模式，采取的投入和产出变量如下表所示：

表3-4　研发效率计算采取的变量

类　型	变　量	定　义
研发投入	研发投入强度	研发投入/上年年末总资产
	研发人员投入强度	技术人员/员工总数
研发产出	净资产收益率	税后利润/所有者权益
	主营业务利润率	主营业务利润/主营业务收入
	主营业务收入增长率	本期主营业务收入增加额/上期主营业务收入
	有效专利数量	公司及子公司发明、实用新型、外观设计专利

假设存在着n个决策单元（DMU），各个决策单元都存在着m个投入变量与s个产出变量。x_{ij}所代表的是第j个DMU对第i种输入的投入量；y_{rj}所代表的则是第j个DMU对第r种输出的产出量；v_i与u_r所代表的依次是第i种输入与第r中输出的权向量，生产单元的最优化模型详见下文：

$$
\begin{aligned}
&\max h_j(u,\ v)=\sum_{r=1}^{s} u_r y_{r_j}\ /\sum_{j=1}^{m} v_i,\\
&s.t.\sum_{r=1}^{s} u_r,\ y_{r_j}\ /\sum_{i=1}^{m} v_i,\ X_{ij}\leqslant 1\\
&u_r\geqslant 0;\ v_i\geqslant 0,\ i=1,\ \cdots,\ m;\\
&j=1,\ \cdots,\ n;\ r=1,\ \cdots,\ s
\end{aligned}
\tag{4}
$$

对该分式规划进行等价的线性规划 Charnes-Cooper 变换，则有：

$$\begin{aligned}&\min\theta\ s.t.\sum_{j=1}^{t}\lambda_i x_j\leqslant\theta x_0\\&\sum_{j=1}^{t}\lambda_j y_j\geqslant y_0\\&I\lambda=1\\&\lambda_j\geqslant 0,\quad j=1,\ 2\cdots,\ t\end{aligned}\tag{5}$$

方程（5）的解是 BCC 模型中 DMU 的效率，本文将之称为研发投入效率值，满足 $0\leqslant\theta\leqslant 1$。当 $\theta=1$ 时，表明在当前效率输入条件下的输出是最优的。当 $\theta<1$ 时，表明有投入或产出的融资冗余或不足，在这种状况下，可对输入和输出进行适当调整。

3.4.7　实证回归和假设检验

本研究检验跨国公司网络中心化的中介作用，首先需要检验跨国公司研发效率和研发国际化的关系，然后通过分析可知，跨国公司的网络中心化在其中起到了中介效应。本研究借鉴巴农（Baron）和肯尼（Kenny，1986）以及温忠麟等（2004）提出的中介效应检验程序，构建以下递归模型来检验三者的中介作用。

$$\begin{aligned}RD_{it}=&\alpha_1 RD_{i,\ t-1}+\alpha_2 RD_{i,\ t-1}^2+\alpha_3 international_{it}+\alpha_4 age_{it}\\&+\alpha_5 size_{it}+\mu_{it}+\sum indus+\sum accper\end{aligned}$$

$$\begin{aligned}network\ centrality_{it}=&\alpha_1 international_{it}+\alpha_2 age_{it}+\alpha_3 size_{it}+\mu_{it}\\&+\sum indus+\sum accper\end{aligned}$$

$$RD_{it} = \alpha_0 RD_{i,\ t-1} + \alpha_1 RD_{i,\ t-1}^2 + \alpha_2 international_{it} + \alpha_3 network\ centrality_{it} + \alpha_4 age_{it} + \alpha_5 size_{it} + \mu_{it} + \sum indus + \sum accper$$

3.4.8 平稳性检验及结果

本研究通过 stata14.0 软件，采用费雪方程式的 ADF 检验和 PP 检验对模型中的被解释变量和解释变量进行单位根检验，检验结果如表 3-5。结果显示，被解释变量和解释变量在两种检验下均可以拒绝单位根，说明本研究选取的变量为平稳的。

表 3-5 被解释变量与解释变量的单位根检验结果

	fisher-adf	fisher-pp
RD	17.385	34.234
	0.000	0.000
international	28.080	25.034
	0.000	0.000
network centrality	32.600	43.782
	0.000	0.000

注：第二行为各个检验结果的 p 值，所有的 P 值均小于 0.01，即均强烈拒绝变量不平稳的原假设。

本研究的数据基础为 100 家跨国公司 2007～2017 年的平衡面板数据，即截面维度大于时间维度的短面板数据，在模型设定中为了研究被解释变量的时间动态行为，本文加入了被解释变量的滞后一期作为解释变量，可能会出现解释变量和随机扰动项相关，因此模型可能存在内生性。本研究采用了由阿雷拉诺和邦德（Arellano and Bond，1991）、布伦德尔和邦德（Blundell and Bond，1998）提出的系统GMM估计方法，在动态面板回归方法中，系统GMM估计包含了对于水平方程的估计，估计的效率更高，结果更加有效。在系统GMM估计中，两步估计容易产生偏误，而在工具变量选择中，水平变量的滞后项是差分变量的工具变量，差分变量的滞后项又是水平变量的工具变量，因此为了验证估计的准确性，需要对工具变量的有效性进行检验，常用的检验有Hansen和Sargan检验，为了工具变量过多产生的序列自相关问题，常用的检验有AR检验。在Hansen检验中，原假设为工具变量有效；在AR检验中，残差项允许存在一阶序列自相关，但不允许存在二阶序列自相关。动态GMM进一步分为一步估计和两步估计，由于两步估计的标准差存在偏倚，因此本文利用一步估计的方法对其进行回归，使得回归结果更为可信。

表3-6列出了跨国公司网络中心化的系统GMM估计结果。模型（1）为以跨国公司研发效率为被解释变量，以跨国公司研发国际化为解释变量的回归结果；模型（2）为以跨国公司研发网络中心化为被解释变量，以跨国公司国际化为解释变量的回归结果；模型（3）为以跨国公司研发效率为被解释变量，以跨国公司研发网络中心化和跨国公司研发国际化为解释变量的回归结果。在回归前对模型进行共线性检验，回归中各变量的方差膨胀因子最大值为1.81，均值为1.22，远远低于10，说明模型中不存在严重的多重共线性问题。

表 3-6　中介效应动态 GMM 估计结果

	(1) *RD*	(2) *network centrality*	(3) *RD*
L.rd	0.306 (0.65)		0.211 (0.43)
RD^2	−1.271 (−1.01)		−0.917 (−0.71)
international	0.046 4*** (2.85)	0.526** (2.05)	0.033 0** (2.24)
age	0.000 006 39 (0.07)	0.004 43*** (3.76)	0.000 716 (1.30)
size	−0.060 3*** (−4.84)	0.040 6*** (3.33)	−0.071 0*** (−4.78)
network centrality			0.234* (1.70)
扰动项二阶序列自相关检验	0.779	0.815	0.270
弱工具变量检验	0.649	0.488	0.314
行业适应	控制	控制	控制
时间效应	控制	控制	控制
截距项	1.345*** (4.30)	−2.187*** (−3.28)	1.539*** (4.39)

t statistics in parentheses.
* $p<0.1$，** $p<0.05$，*** $p<0.01$.

在模型（1）中，跨国公司设立海外研发机构与跨国公司的研发效率为正相关关系，系数为 0.046 4，在 1%的水平内显著为正，证明跨国公司在海外设立研发机构对于跨国公司研发效率有显著影响，至此验证假设 1，可以继续进行中介效应的检验；在模型（2）中，跨国公司研发网络中心性受到跨国公司国际化的影响，跨国公司的国际化可以显著提高跨国公司的研发网络中心性，每当跨国公司的国际化程度提高1%，跨国公司的研发网络中心化程度会提高0.526%，说明跨国公司的国际化程度提高会促使跨国公司在协作研发网络中处于中心位置。在模型（3）中，跨国公司研发的国际化和跨国公司的研发网络中心化位置均可以显著提高跨国公司的研发效率。但值得注意的是，此时跨国公司研发的国际化程度回归系数小于模型（1），这说明跨国公司海外研发的国际化程度部分作用通过跨国公司的研发网络中心化位置来实现。跨国公司的研发网络中心化与跨国公司的研发效率间存在显著正相关关系，即跨国公司的研发网络中心化会显著提高其研发效率，事实上，跨国公司之间的合作越多，就越有利于得到其所需要的新知识和新思想，也越有利于跨国公司与合作伙伴之间建立更为稳固和持久的协作关系。在研发合作中，跨国公司不仅能够收获创新成果，也能通过在合作中获得的有利条件进一步提高自身的研发效率。根据Sobel检验，模型（1）中跨国公司国际化的系数与模型（3）中跨国公司研发网络中心化的系数乘积明显不为0，则Sobel检验结果明显不为0，至此中介效应显著，验证跨国公司研发网络中心化的中介效应假设成立。

从控制变量的回归结果来看，在模型（1）和模型（3）中公司规模与跨国公司研发投入为显著的负相关，即当跨国公司规模越大时，跨国公司对于新技术的研发开发重视程度下降，认为其已经具有了一定的技术基础，因此会导致跨国公司规模越大，跨国公司研发投入越少的现象，这与现有学者的研究结果一致。跨国公司的年龄在一定程度上可以提高跨国公司的研发效率，但是其影响较小。

从AR（2）检验和Hansen检验来看，模型可以接受扰动项二阶无序列自相关的原假设，且工具变量具有有效性。以上回归结果显示，跨国公司的跨国公司研发国际化会通过跨国公司研发网络的中心性对跨国公司研发效率产生部分的中介作用。

通过上述实证分析，本书可以得到如下结论：在跨国公司的跨国研发网络路径中，跨国公司的研发国际化有利于促进跨国公司研发效率的提高，但是这一作用并不仅仅是通过在海外设立研发机构实现，还与跨国公司处于研发网络中心有显著关系。当跨国公司的位于研发网络中心时，此时研发国际化更能促进研发效率的提高。在这一结论的基础上，本书认为，跨国公司若想要迅速的完成其研发网络的国际化，可以在建立海外研发中心的基础上考虑其研发网络的中心性，当其位于研发网络中心时，跨国公司的研发国际化更能促进研发效率，加快跨国公司研发网络国际化趋势的形成。

第 4 章　跨国研发分工的形成机制与结构特征

4.1　跨国公司全球研发网络化趋势

跨国公司通过在境外建立研发基地或与其他机构建立研发合作关系，形成了全球范围内的立体化研发合作网络①。全球研发网络的建立不仅是企业研发国际化的延伸，还是跨国公司增强自身核心竞争力的重要手段，更是经济发展全球化的迫切需求。随着经济全球化的不断发展，技术更迭速度越来越快，单纯依靠跨国公司自有研发资源和技术储备，已不能满足其技术创新与产品研发日益增长的需求。因此，构建全球研发网络，通过集聚全球智力资本提高知识吸收、技术扩散和科技创新的速度与效率，对于提升企业自身在国际研发分工体系中的地位，具有十分

① 雷佳、魏泱、何建洪：《我国企业构建全球研发网络的制约因素与动机激发——以长安汽车公司为例》，《现代商业》2016 年第 14 期。

重要的战略意义。①

跨国公司在全球的研发空间结构已呈现出网络化的发展趋势，全球研发网络是跨国公司研发全球化在空间结构层面的主要表现形式。跨国公司作为空间关联的载体在全球研发网络中起着桥梁般的关键作用，跨国公司间的组织联系和技术交流构成了研发活动全球化的主要流通渠道②。全球研发网络是在全球范围内以研发活动的密集区域为节点，以跨国公司的组织渠道和区域能量交换为连线而形成的开放互动的紧密联系网络。全球研发网络可分为实体网络和虚拟网络两部分：实体网络主要是指整个研发网络的空间结构所赖以存在的物质骨架，包括国家和地区在研发全球化中的区域分工、等级体系、研发活动规模以及立体交通网络、信息网络及其他基础设施网络等，同时也包含公司网络、社会网络、组织网络等③。随着信息通信技术的高速发展，研发活动不断突破空间限制，在此背景下，虚拟网络主要是利用计算机网络或其他通信工具，为不同区域的、有能力、有意愿参与技术研究的机构和人员建立一个多机构多层面的创新合作平台，促进多元化的沟通和交流，推动研发资源和先进技术的互利和共享，在最大化范围内促进创新资源的优化组合，从而有利于创新绩效的提高。正因如此，虚拟研发网络已经是全球

① 何建洪、席世超、姜玉琦：《韩国三星公司构建全球研发网络的经验借鉴》，《科学进步与对策》2016 年第 7 期。

②④ 祝影：《全球研发网络：跨国公司研发全球化的空间结构研究》，经济管理出版社 2007 年版。

③ 祝影：《全球研发网络：跨国公司研发全球化的空间结构研究》，华东师范大学 2005 年博士学位论文。

研发活动不可或缺的重要组成部分④。

一般说来，研发活动的全球化会受到诸如全球市场、技术变化、管理制度以及政策环境等诸多因素的影响。通过总结大量研发全球化动因的文献，本书将推动研发国际化的因素归纳为六个方面：市场驱动、生产驱动、技术驱动、创新驱动、成本驱动和政策驱动①，动因的具体内涵如表 4-1 所示。

表 4-1　研发全球化动因

驱动因素	内　　涵
市场驱动	更广泛地利用公司现有的资产优势；东道国市场规模驱动；支持当地销售；接近主要客户。
生产驱动	支持当地制造活动。
技术驱动	接近东道国科技资源；技术（竞争对手）跟踪；获取当地知识、专长和技术。
创新驱动	为公司获取新资产，取得更快、更多样化的思想、产品和工艺流程；通过研发实验室间的国际分工利用区位优势套利。
成本驱动	利用要素成本差异。
政策驱动	国家法规要求或激励措施；税收差距；法规和技术标准的监测和开发。

全球研发网络是在研发全球化的过程中逐渐形成的，研发活动的全球化最初表现为跨国公司研发活动的国际化②。早在 19 世纪 60 年代，一些美国和欧洲的大型化学、电器制造公司就已经相互在对方国家建立研发实验室，在 20 世纪 30 年代，已有 7%的欧洲和美国公司的研发活动在

① 唐家龙：《研发投资国际化的趋势、动因及对我国的启示》，《情报杂志》2009 年第 9 期。

② 杨侃：《跨国公司 R&D 区位选择决策因素及我国对策研究》，东北大学 2008 年博士学位论文。

海外完成。第二次世界大战后一直到1960年左右，以技术密集型产业为主力的研发国际化趋势更加显著。但总体而言，这一阶段跨国公司的海外研发活动进展相对缓慢，研发投资活动主要发生在欧美之间，涉及的主要产业包括机械、电子及工程、汽车产业等①。

到1970年以后，欧美跨国公司的海外研发计划开始包含更多重要业务，在研发全球化进程中比较保守的日本跨国公司也逐渐开始开展海外研发活动，跨国公司研发全球化逐步加深。这一时期跨国公司的海外研发活动主要集中在美、欧、日三个国家和地区，初步呈现出“大三角化”的倾向，改写了长达一个世纪的欧美之间相互进行研发投资的历史。这一时期研发全球化的主要目的是增加海外当地市场份额，通过对产品进行适当改善以更好融入当地市场来提高其产品的市场竞争力②。随着这种模式的不断发展，东道国政府开始要求跨国公司增加技术转移，通过在当地建立技术实验室为东道国市场开发新的专有产品。在而后的20世纪80年代，国际间研发合作更加多样化，进一步推动了研究开发国际化的发展，跨国公司的海外研发活动开始成为公司长期战略不可分割的一部分。

自20世纪90年代以来，伴随着国际经济互动程度和国际分工体系的进一步深化，跨国公司研发活动的全球化正式进入全面发展阶段，研发全球化呈现不断扩张的趋势。研发全球化和知识积累即知识生成、知

① 张永凯：《我国本土企业嵌入全球研发网络的路径选择》，甘肃社会科学2014年第3期。

② 盛维：《生产者服务业国际化扩张区位选择研究》，上海社会科学院2010年博士学位论文。

识获取和扩散全球化进程逐步加快，跨国公司研发活动的全球化在全球经济发展中的地位愈发重要，跨国公司的科技和创新过程在 20 世纪 90 年代得以在更为开放的环境下发展。在欧美跨国公司对海外研发进行大量投资的同时，日本跨国公司的海外研发机构在美国和欧洲也得到了迅速发展，仅在 1990 年至 1993 年间就有 264 家日本公司先后在欧洲建立了研发机构。跨国公司在美国、欧洲、日本和其他国家的研究和开发活动主要集中在微电子、制药、信息和通信、生物技术和新材料等行业①。在经合组织国家，海外研发支出占所有行业研发总支出的 12％以上。例如，2001 年，经合组织国家在美国的研发子公司占全部研发总投入的 15％，占法国和德国的 20％，占英国、荷兰、加拿大、瑞典和西班牙的 30％至 40％，占匈牙利和爱尔兰的 70％以上②。

从国家的层面来看，到 1994 年欧洲、美国、日本依旧是对外直接研发资本投资的主要对象，发展中国家在发达国家的研发投资不到 5％。直到最近几年，研发投资逐渐转移到发展中国家或地区和转型经济国家或地区。其中，印度、新加坡、中国大地和中国台湾等国家和地区的对外直接投资迅速增加，逐步打破全球研发活动的“大三角”格局，发展中国家在跨国公司全球研发体系中的地位逐渐提升③。从产业层面来看，

① 祝影：《全球研发网络：跨国公司研发全球化的空间结构研究》，华东师范大学 2005 年博士学位论文。

② 盛维：《跨国公司研发的国际化扩张：动因、进程及区位》，《科学发展》2012 年第 3 期。

③ 盛维：《生产者服务业国际化扩张区位选择研究》，上海社会科学院 2010 年博士学位论文。

技术密集型公司（如计算机、科学仪器、航空、汽车）往往倾向于将其研发活动放在国内，而像饮料、烟草、食品、建筑材料、交通、采矿、石油等传统行业大多会将创新研发活动放在国外进行（盛维，2012）。尽管近年来研发对外直接投资增长加速，但是跨国公司研发活动的全球化程度还需进一步提高。总体来看，在决定公司技术绩效时，母国要素的重要性要高于东道国，同时跨国公司的国内研发强度一般强于海外研发中心的研发强度。经过20世纪80年代到90年代的迅速发展，全球化的研发活动在数量上逐渐停止增长，进入了相对稳定的发展阶段[①]。

4.2 跨国研发分工体系的形成机理

分工是在历史的发展过程中发生的逻辑演进，其中技术和市场的发展对分工方式的演化起到了十分重要的作用，技术对生产方式、交易效率的改变有一定影响；消费者对产品的需求也随着市场的发展和收入水平的提高而发生变化，目前，消费者的需求对生产的规模化和柔性化都有更高的要求，由此导致了产品生产周期的缩短等。分工从生产链到价值链再到价值模块的演进，都是全球产品价值环节分工进一步深化发展的体现[②]，同时也是全球分工体系进一步向单个研发环节

① 盛维：《生产者服务业国际化扩张区位选择研究》，上海社会科学院2010年博士学位论文。

② 沈桂龙：《跨国公司价值模块分工与利益实现机制》，《上海经济研究》2009年第5期。

深化发展的结果。

4.2.1 产品内分工

20世纪90年代以来，国际范围内的生产和贸易的本质已因跨国公司的全球化战略发生了巨大的变化。跨国公司间的中间品贸易数量不断增加，跨越多个国家的垂直贸易链不断延长，以及每个国家或地区几乎不再包揽整个生产环节而只负责商品生产过程中特定阶段或特定工序的专业化生产，这些现象引起了世界各国对产品内分工现象的广泛关注①。

产品内分工（Intra-product Specialization）的核心内涵是指产品生产过程中的不同工序或区段在空间上被划分为跨区域乃至跨国家的生产链条或体系，产品生产空间的分散化使得越来越多的国家或地区参与到该产品的生产或供应过程中②。简而言之，就是以工序、区段为单位对产品的生产过程进行分割并分工的体系。对于这种新国际分工方式，国内外学者提出了很多术语来描述它，比如垂直专业化（Vertical Specialization）、国际生产分散化（International Disintegration of Production）、国际外包（International Outsourcing）、全球生产分享（Global Production Sharing）、国际生产分割（International Fragmentation of Production）、

① 华德亚、董有德：《跨国公司产品内分工与我国的产业升级》，《安徽大学学报（哲学社会科学版）》2007年第6期。

② 秦兴俊、王柏杰：《产品内分工、加工贸易与我国对外贸易结构升级》，《国际经贸探索》2014年第7期。

价值链切片（Slicing up the Value Chain）等①，虽然这些术语在具体定义方面可能会存在一些不同，但是其想要表达的基本内涵是一致的。产品内分工这一概念一般包括三个方面的内容：（1）参与产品内分工的商品要保证有不少于两个的连续生产阶段（包括两个）；（2）产品内分工过程中要有不少于两个国家或地区参与的商品生产过程，并使商品的价值增值；（3）必须至少有一个国家在产品的生产过程中使用了进口投入品，而生产出的商品除了部分用于国内消费及投资外，需要保证还有一部分商品用于出口其他国家②。

国外最早的关于产品内分工的理论可以追溯至20世纪60年代所提出的阶段生产模型（Staged Production Model）。瓦涅克（Vanek）等通过研究两阶段生产模型首次探讨产品内分工的概念。在瓦涅克等人研究的基础上迪克西和格罗斯曼对生产模型进一步扩展，将生产模型延伸为多阶段生产模型（Multi-stage Production）③。20世纪90年代以后，国外学者对产品内分工理论愈发关注，克鲁格曼提出了分割价值链的概念来进一步阐述产品内分工，他认为对产品的生产区段进行分割和全球分工是一个双向获利的途径④。阿恩特和科尔兹科维斯基对20世纪90年代关于产品

① 张磊、徐琳：《全球价值链分工下国际贸易统计研究》，《世界经济研究》2013年第2期。

② 徐颖清：《基于全球价值链理论的我国产业升级研究综述》，《江西行政学报》2011年第2期。

③ Dixit Avinash K，Grossman Gene M. Trade and protection with multistage production. *The Review of Economic Studies*，1982.

④ Krugman. *Scale Economies*，*Product Differentiation the Pattern of Trade*，1980，A.E.R.

内分工理论的研究成果进行收集与整理，并编著于《零散化：世界经济中的新模式》一书中，为之后产品内分工理论的发展提供重要依据①。在李嘉图框架和 H-O 框架下，迪尔多夫深入研究了产品内分工理论，得出了各国要素非均等化的结论②。进入 21 世纪后，格鲁斯曼和赫尔普曼构建了全球生产组织理论范式③，在产品内分工理论中引入了新制度经济学中的制度分析和不完全契约理论，该理论范式从微观视角上奠定了国际贸易理论的基础，并指明了产品内分工理论未来的发展方向。

而国内学者对产品内分工理论的研究也不甘落后，在现今网络经济的背景下，庄尚文通过对产品内分工驱动机制的探讨认为，产品生产过程的可分割性和比较优势是产品内分工的内在原因，而交易成本和运输成本的降低则是产品内分工的外因④。卢锋在产品内分工概念的基础上对产品的定义进行界定，并对产品类型进行分类，分析和比较了产品内分工与其他常用分工概念的联系和区别，以产品内分工为核心的分析框架得以初步建立⑤。

---

① Arndt, Sven W. and Kierzkowski, Henryk. *Fragmentation: New Production Patterns in the World Economy*. Oxford University Press, 2001.

② Deardorff, Alan V. Fragmentation in Simple Trade Models. *North American Journal of Economics and Finance*, 2001, 12:121—137.

③ Grossman, Helpman. Integration Versus Outsourcing in Industry Equilibrium. *Quarterly Journal of Economics*, 2002, Feb, Vol.117:85—120.

④ 庄尚文：《网络经济条件下的产品内分工与模块化生产》，《南京财经大学学报》2005 年第 4 期。

⑤ 卢锋：《产品内分工——一个理论分析框架》，CCER, Working Paper Series, No. C2004005, 2004:1—63。

4.2.2 价值链分工

不同生产环节的价值创造随着科技的快速发展和市场规模的不断扩大发生了变化，原先处于绝对支配地位的生产环节不断受到削弱，而在新的市场环境下，服务环节的价值创造能力反而呈现上升的趋势，这些现象使得价值链分工理论在跨国研发分工体系中愈发受到重视①。价值链是指企业生产过程中各项活动的集合，比如产品的设计、生产、销售、物流等②。企业若想要提高自身的市场竞争优势，必须通过提供更具竞争力的价值给客户，因此就需要对价值链中的各个环节的价值增值情况进行严谨的预估。在价值链分工的模式下，生产链条的节点价值由其创造的价值量来决定，而某区段生产过程的复杂程度和资本占用程度和中间商品市场的规模都不能完全代表该环节的在整个价值链中的重要性③。

全球价值链理论是由商品链理论与价值链理论演化而来。沃勒斯坦在其所著的《世界体系论Ⅰ》对16世纪以来资本主义经济体系进程进行分析，并且提出了农业商品链的概念④；在此基础上，霍普金斯和沃勒

① 华德亚、董有德：《跨国公司产品内分工与我国的产业升级》，《安徽大学学报（哲学社会科学版）》2007年第6期。

② 任金玲：《价值链分割生产、不完全转移与我国的产业转移》，《中国科技论坛》2011年第10期。

③ 沈桂龙：《跨国公司价值模块分工与利益实现机制》，《上海经济研究》2009年第5期。

④ Wallerstein, I. The Modern World-System I: Capitalist Agriculture and the Origins of the European World-Economy in the Sixteenth Century, University of California Press, 1974.

斯坦提出了商品链的概念，他们认为因劳动分工所产生的一系列生产过程所组成生产链条就是商品链[①]。波特认为企业的基本活动和辅助活动共同组成了企业价值链，而其中基本活动包括从研发到销售等不同价值增值环节，而辅助活动则为基本活动提供其所必要的服务支持[②]。格雷费等结合上述研究成果，在商品链和价值链概念的基础上，提出全球商品链这一新的概念，全球商品链是指在由产品的设计、生产和营销等行为所构成的商品链中，全球不同企业在不同环节开展合作，这一概念将企业价值链的企业层面扩展到了不同企业参与的产业层面上[③]。而后，格雷费等又在全球商品链的分析框架基础上，提出了侧重于价值链内部的价值生产与不平衡分配方面的全球价值链理论[④]。在进入21世纪后，施米茨[⑤]、格雷费[⑥]等在全球商品链理论体系的基础上，对全球价值链的基本研究框架进行建立，该研究框架主要包括全球价值链的驱动类型、价值链升级和治理模式等。

---

① Hopkins T, Wallerstein I. Patterns of development of the modern world-system. *Review*, 1977, 1(2):11—145.

② （美）迈克尔·波特著，陈小悦等译：《竞争优势》华夏出版社1997年版。

③ Gereffi G. and Korzeniewicz M. Commodity Chains and Global Capitalism. *Westport*, Praeger. 1994.

④ Gereffi G. *A Commodity Chains Framework for Analyzing Global Industries*. Duke University Working Paper, 1999.

⑤ Hubert Schmitz. Global Competition and Local Cooperation: Success and Failure in the Sinos Valley, Brazil. *World Development*, 1999(9):1627—1650.

⑥ Gary Gereffi, John Humphrey, Timothy Sturgeon. The governance of global value chains. *Review of International Political Economy*, 2005(12):78—104.

表 4-2 全球价值链的研究框架与发展

价值链理论	商品链	价值链	全球商品链	全球价值链
理论基础	世界体系理论	国际商业研究	组织社会学	国际商业研究，全球商品链
研究对象	全球资本主义经济体系	企业内组织	全球尺度产业、企业间网络组织	全球尺度产业的区段组织
相关概念	国际劳动分工；核心—边缘—半边缘；不平等贸易	竞争优势；价值增值	产业结构；治理；产业学习与升级	价值增值；治理模式；产业升级
主要文献	霍普金斯和沃勒斯坦（Hopkins & Wallerstein，1977，1986）	波特（Porter，1985）；科古特（Kogut，1985）	格雷费（Gereffi，1999）；格雷费和贝尔（Gereffi & Bair，2001）	汉姆夫里和施米茨（Humphrey & Schmitz，2000）；格雷费（Gereffi，2005）

从市场化的角度出发，跨国公司为实现利润的最大化，利用价值链分工分析每个生产环节的价值增值过程，进而决定一个企业应该将哪项生产活动放在哪个国家或哪个地区。从价值链的角度对生产活动和其他功能性活动进行更加专业化的细分，使跨国研发分工体系由最终产品分工向价值增值全过程分工转移①。随着跨国公司规模的扩大和研发网络国际化的发展，跨国公司越来越注重从全球角度出发来布局经营和生产。跨国公司为了获得市场竞争优势，需要根据不同地区的要素特征在全球范围内做最优的要素配置，其产品可能包含许多国家生产的零部件，而设计、生产、组装以及销售的过程则分布在不同国家和地区，在促进了

① 陈永志、吴盛汉：《当代国际分工的变化及其对国际价值的影响与启示》，《当代经济研究》2013 年第 11 期。

不同区域间资源、信息、技术等方面共享的同时，建立全球性质的产销网络[①]。因此，位于价值链两端的研发和服务环节的重要性随着其价值增值的不断提升而日益提高，而价值链中间环节的地位则不断削弱，这就是所谓的“微笑曲线”（图 4-1）。

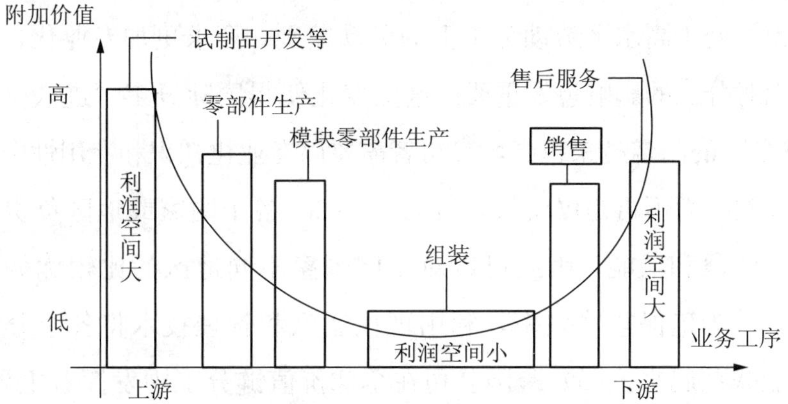

图 4-1　“微笑曲线”示意图

在跨国公司把整个世界都视为自己的生产车间与销售市场并追求最大利润时，跨国公司在价值链上所处的位置决定了其在整个生产过程中的相对优势，而一个国家或地区在其产业链条或产品工序所处的地位及增值能力决定了其国际分工的地位[②]。生产环节又可继续细分，像电脑中的芯片、微波炉的磁控管等关键零部件的生产即为上游生产，而终端的加工组装为下游生产。越接近上游的生产，技术含量越高，则附加值越大，越接近下游的生产，对知识技能的要求越低，附加值

①② 范云芳：《论价值链国际分工》，《中国流通经济》2008 年第 3 期。

也越小①。

随着全球价值链分工方式的不断发展，该种分工方式逐渐显现出一些新的发展特征：（1）随着国际劳动分工不平衡的现象愈加显著，全球价值链分工在纵向上分离出不同的层次：一是全球价值链分工减小了低水平劳动分工上的劳动横向差别，资产专用性逐渐转变为通用性；二是这种分工模式扩大了处于高水平劳动分工上的劳动差别，要求更加专业化，因此专业化知识对分工的影响愈发重要。这些变化使得国际分工“进入壁垒”和“退出壁垒”的门槛越来越高，参与者需要以专业化知识和专用性资产来参与国际分配，而不再是仅仅依靠劳动②。（2）各个国家或地区负责生产过程的不同阶段和功能，因此可以对不同国家不同地区的比较优势进行充分利用，并为确保整体效率，利用现代通讯和管理技术将各个分散的阶段和功能联系起来。（3）跨国公司在全球价值链分工中发挥着主导作用。（4）全球价值链分工的提出是由于规模经济和比较优势的存在，而全球价值链分工得以实现的前提条件是技术进步所导致的交易成本的降低③。

4.2.3 价值模块分工

技术的进一步发展使得产品的复杂性大大提升，尤其是在信息技术

---

① 秦岩：《跨国公司在华 R&D 机构功能演化机制研究》，华东师范大学 2008 年博士学位论文。

② 靳明：《劳动分工对经济增长促进机制的分析》，首都经济贸易大学 2007 年博士学位论文。

③ 洪伟华：《从价值链高环介入提升 AB 外贸公司的核心竞争力》，厦门大学 2009 年博士学位论文。

领域，单纯的生产迂回已经不能满足消费者越来越高的产品规模化和柔性化要求。由于产品的生产过程被分割产生了大量的中间单元，产品逐渐成为各个模块单元的集合。模块化的生产方式推动了从产品工艺分工进一步向产品功能分工的演变，也使得最终产品逐渐向模块集成产品转变，而这种模块化的生产方式也得到普遍实行①。最初国外学者西蒙提出了模块化的概念，后又有大量的日本学者在网络、汽车和工业领域对模块化这一概念开展了广泛的研究，之后又通过外国学者鲍德温和克拉克将这一概念引申到股票、证券等金融领域。青木昌彦认为模块化是一个半自律性的子系统与其他同样的子系统，按照一定的规则相互联系进而形成的更加复杂的系统或过程②。模块化促进了分工方式由单一的劳动分工逐渐转向劳动与知识分工并重，同时也有助于解决复杂产品所面临的生产问题。产品或业务的模块化使得企业能力和企业价值也发生了模块化的转变，而价值模块的研发和整合也推动着传统价值链的分解和重建③。模块和模块化生产方式的兴起，不仅有助于更深入地研究在模块网络中企业的地位以及模块价值的实现，同时也对信息经济时代如何提高企业和国家竞争力提供了重要的路径分析。

---

① 颜安：《虚拟整合：理论维度与整合绩效研究》，西南财经大学 2010 年博士学位论文。

② 沈桂龙：《跨国公司价值模块分工与利益实现机制》，《上海经济研究》2009 年第 5 期。

③ 陈新有：《基于价值链的中国发电设备制造业企业产业创新研究》，电子科技大学 2009 年博士学位论文。

4.3 利益实现与等级分工

4.3.1 利益实现

跨国公司利润实现机制由跨国公司在价值模块分工中的特点决定：在产品生产和国际贸易中，跨国公司扮演着标准制订者和系统集成商的角色，通过独占技术获得垄断利润，或者通过全球要素资源配置利用价值模块网络的外部性和差异化，以保证其利润的最大化和持续性，进而实现全球研发网络中跨国公司的利益①。

第一，跨国公司通过制订统一的标准和系统集成来获取高额的利润。跨国公司作为模块系统的集成商，主要是通过分割价值模块和制订界面的接口标准，将价值模块进行外包，并允许其他企业在相同功能模块上进行竞争。为了获得更高的利润回报，跨国公司一般选择对非核心的价值模块进行外包，而将具有核心技术且附加价值较高的核心模块留存下来进行研发②。由于掌握核心技术，跨国公司拥有制定标准的权利，不仅在市场上处于支配地位，在利益收割上也是最主要的胜利者。比如在DVD行业中，飞利浦、松下、东芝等跨国公司是行业标准的制订者，它

① 沈桂龙：《跨国公司价值模块分工与利益实现机制》，《上海经济研究》2009年第5期。

② 阳梦华：《技术标准影响跨国公司在华利益的机理与实证研究》，湖南大学2015年博士学位论文。

们将技术含量较低的碟机生产模块外包给中国企业，并通过收取专利费来获利。中国出口一台碟机价格一般在 30 美元至 40 美元，而上述跨国公司的专利联盟费就可达到 24.5 美元[①]。后来随着蓝光时代逐渐取缔碟机和光盘时代，日本大量的电子公司如索尼等跨国公司联盟组成创始人组织，再次利用蓝光专利池的专利授权获取新的收益。

斯特金提出的“能力聚集效应”（capacity pooling effect）理论[②]是指在国际市场上具有竞争优势的模块系统集成商更有可能去挑选并获得优质的模块供应商，反之模块供应商也会选择具有品牌优势和市场竞争力的模块系统集成商进行合作，这种具有优势的双向合作更有利于模块系统集成商和模块供应商得到较高的产业组织利润[③]。例如在笔记本行业中，戴尔、惠普等跨国公司并不依赖自身生产芯片和主板，但这些公司凭借自身具有的品牌知名度和强大的整合能力可以选择优秀的模块供应商，生产出具有市场竞争力的产品，进而获得较大的市场占有率和较大的利润回报。同样在汽车生产行业，各知名跨国公司凭借自身的整合能力和品牌优势，与优秀的汽车零部件企业建立密切的合作联盟，由此生产出具有市场竞争优势的高科技汽车。比如日本丰田公司作为汽车行业典型的系统集成商，它在与少数具有竞争实力的大型零部件企业建立合

① 佚名：《中国蓝光高清格式 CBHD 获华纳兄弟支持》，《实用影音技术》2009 年第 4 期。

② Sturgeon J. T. Modular Production Networks: A New American Model of Industrial Organization. *Industrial and Corporate Change*, 2002, 11(3): 451—496.

③ 刘茂松、曹虹剑：《信息经济时代产业组织模块化与垄断结构》，《中国工业经济》2005 年第 8 期。

作关系的同时，还和上百家一级供应商和几千家二级供应商建立了紧密的与产品相关的配套联系①，这也是丰田公司在进行跨国投资时常常引发大量中小企业跟进投资的原因之一。

第二，跨国公司通过独占核心技术模块获得垄断利润。掌握模块化与模块化生产技术是跨国公司在进行跨国投资和国际贸易中发挥资本优势和技术优势的前提条件，也是其在模块分工中占据有利地位的重要原因。跨国公司往往会将具有明显技术溢出效应和引发激烈竞争的价值模块进行外包或者直接放弃，而对于价值模块网络中技术门槛较高、难以被其他公司复制的价值模块大量投入，进而通过在这种模块产业上占有独家优势和较高市场份额来谋取垄断利润。例如，英特尔公司本身不负责计算机的生产，但它通过提供核心模块芯片实现了高额的利润，英特尔公司通过形成较高的专利门槛对其他大多数公司争抢市场份额形成阻碍，从而获取高额垄断利润②。由此可见，模块分割式的经营模式通过独占并升级核心技术，更有利于跨国公司获得更多的垄断利润。对核心模块的分割推动了价值模块网络分工的进一步深化和市场范围的进一步开拓，从而避免了监管者对跨国公司市场支配地位的明显判断，同时也避免跨国公司滥用市场支配地位，确保在维持良好的市场秩序的基础上更长久地获取利润。

模块移植也为跨国公司研发和享有独占技术提供了重要途径，跨国

① 沈桂龙：《跨国公司价值模块分工与利益实现机制》，《上海经济研究》2009 年第 5 期。

② 卡丽斯·鲍德温、金·克拉克：《设计规则——模块化的力量》，中信出版社 2006 年版。

公司在进行模块分割的同时也会进行模块迁移和重组。然而，这种新技术的组合更有利于降低用户成本，或为用户提供更高效的功能。但是由于跨国公司往往是标准制定者和核心模块技术的垄断者，所以这种移植一般只能由跨国公司来完成。例如，作为芯片生产的垄断者，英特尔能够生产出更好的芯片主板，因为芯片存在隐藏的内部知识，通过这种方式既避免了与其他主板制造商的竞争，又可以吸引并利用优秀供应商提供的显卡乃至声卡，使其能够研发出独家技术，既增强了自身的竞争力，扩大了市场份额，也获得了高于一般制造商的利润。

第三，价值模块网络的外部性和差异化是跨国公司获得持续扩张利润的来源。在整个价值模块网络中，作为制订标准的“旗舰企业”，跨国公司一方面通过与其他模块供应商组成生产网络，允许模块供应商参与同一功能模块的竞争，进一步通过模块竞争扩大模块生产网络；另一方面，跨国公司通过与消费者所组成消费网络，将最终集成产品通过市场交易传递到消费者手中，并利用品牌效应扩大消费网络。在新经济条件下，产品网络的外部性会产生“锁定”效应，在边际成本较小的情况下，跨国公司的市场占有率将会不断提高，从而获得持续的利润扩张①。比如在计算机行业中，虽然软件用户数量会在一定程度上对消费者的判断产生影响，但硬件用户的数量也同样会对消费者产生重要影响，使用同类模块集成的电脑会使消费者在使用和维修电脑时更加方便，因此更多的人会选择使用 WINDOWS 操作系统，这样用户在降低新产品学习成本

① 曹虹剑：《网络经济时代模块化组织运行与治理机制研究》，湖南大学 2008 年博士学位论文。

的同时，也能获得更多软件使用方面的便利。

跨国公司在价值模块网络中发挥着主导作用，作为标准制订者和核心生产模块的垄断者，跨国公司具有更强的能力推行差异化战略以满足消费者不同需求。一方面，跨国公司通过对技术研发进行大量投入以不断实现技术突破，促进产品的升级换代，由此获得产品差异化生产所带来的超额利润；另一方面，跨国公司通过垄断核心模块的生产具备了较强的柔性生产能力，因此可以通过升级模块的“隐形设计规则”来实现产品模块的升级，从而通过产品的差异化获得持续的利润。跨国公司通过消费者驱动的反馈和需求、技术开发和创新以及垄断优势实现差异化其价值模块的能力，以获得持续的垄断利润。跨国公司还可以大幅提升差异化能力，通过价值模块网络中杠杆作用的方式，以获取更多并更为长久的利润。在这种竞争条件下，市场优胜劣汰的规则会使一部分公司的价值模块淘汰出局，而成功保留下的价值模块将会获得风险收益，这又进一步加大了模块创新的动力。因此，作为标准制定者，跨国公司不仅可以享受源于模块化网络创新的利益，还可以利用其在核心价值模块领域中的地位获得价值模块网络扩张的利益。

第四，跨国公司通过要素的全球配置实现价值模块的利润最大化。在全球范围内实现要素的最优配置是跨国公司追求利润最大化的重要途径。随着全球经济一体化进程的不断发展，跨国公司的在全球范围内进行分工和要素配置的现象愈发常见，这也使得全球范围内跨国公司间的竞争愈发激烈。S.H.海默认为，跨国公司如果想要在东道国市场上占据竞争优势，就需要提供东道国企业所缺少的优势，来抵消本身薄弱环节所带来的劣势。[①]跨国公司的垄断优势具体表现在以下五个方面：技术优势、雄厚的资金实力、灵通的信息、全球销售网络和规模经济优势[②]。对于跨国公司的全球要素资源配置来说，模块化和模块化方式的兴起为跨国公司充分利用其资本和技术优势提供了更为有利的条件。在模块化方式下，通过对模块进行细分，为跨国公司提供了"具有选择权的投资组合"，由此跨国公司可以将最终产品转变为更加模块化的组合，将大部分非核心模块的生产转移到具有相对比较优势的东道国，实现跨国公司与东道国垄断优势的结合。同时，跨国公司还可以吸纳东道国完全自主的模块生产，使之成为跨国公司全球分工和模块网络中的一部分。在上述的全球资源配置下，跨国公司可以充分发挥其在垄断和竞争上的优势，最大化各价值模块的利润。

中国是发展中国家里最大的国际直接投资接受国，是公认的"世界工厂"，但中国不具备最终产品的所有模块的制造能力，这一点和其他发展中国家一样，特别是不能自主生产高科技产品的核心模块。例如由中国的计算机制造商制造的计算机，其存储器和芯片的核心模块均进口自海外跨国公司；而在汽车行业中，最重要的引擎模块也大都依赖于海外跨国公司。尽管拥有巨大的生产规模和能力，但中国制造的产品总体较为低端，获取的利润较为微薄，这反映出中国在全球模块生产网络中居于次要地位，这也从侧面反映出跨国公司在全球资源配置中的核心地位和获取利润最大化的能力。

---

① Stephen H. Hymer. *The International Operations of National Firms: A Study of Direct Foreign Investment*. Cambrige: MIT Press, 1960.

② 傅文娟：《FDI 对中国西部经济影响的研究》，复旦大学 2009 年博士学位论文。

4.3.2 等级分工

要研究全球研发网络等级分工的形成，有必要打破传统理论上的国际分工边界，以单个研发环节为切入点，对全球研发网络等级分工的结构进行深入分析。到目前为止，国内外学者研究了传统全球研发网络内部等级划分的价值和权利结构特征①，许多研究均强调全球化研发网络的内部分工遵循着严格的价值等级体系，跨国公司遍布全球研发网络的不同领域，处于全球研发网络分工不同区域的跨国公司时刻演绎着嵌入和反嵌入以及升级和反升级竞争②。然而，这些研究使用传统的产品链接作为国际网络划分的研究对象，而当国际分工逐渐打破传统边际界限并深入到单个研发环节内部时，国内外学者对国家间的依附与被依附关系对全球研发网络分工的影响却缺乏足够的关注。目前还没有学者从国家竞争优势重构的角度，论述发达国家企业全球研发网络构建的动力基础。

实际上，在传统的国际价值等级分工中，发达国家主要通过控制产品的生产研发和营销环节来实现对全球生产的控制，这与价值控制链条

① 高菠阳、刘卫东、杜超：《国际贸易壁垒对全球生产网络的影响——以中加自行车贸易为例》，《地理学报》2011 年第 4 期。Henderson J, Dicken P, Hess M, et al. Global production networks and the analysis of economic development. *Review of International Political Economy*, 2002, 3:436—464.

② 李健：《从全球生产网络到大都市区生产空间组织》，华东师范大学 2008 年博士学位论文。

的建立与研发、组装、营销等所构成的相对独立的国际分工格局是分不开的。在由新兴研发与传统产品之间的劳动分工组成的复杂的国际分工中，如果发达国家的跨国公司在发展中国家布局外围组件研发，他们仍然可以让发展中国家在创新分工中依附于发达国家，因此发达国家的研发投资活动不会削弱自身的核心竞争力。但在新的国际竞争格局中，发达国家希望通过转移研究，实现利用和整合新型科技国家的研发和创新要素，进一步巩固其在国际分工体系中的控制地位。从发展中国家的角度来看，虽然很多学者指出，为了提高与发达国家抗衡的竞争力，发展中国家应该顺应深化国际研发发展的需求，积极开展国际研发投资转移，积极参与在国际研发部门系统内①。但在新的国际分工格局中，发达国家按照研发价值的等级分工正试图减弱其在全球化生产中的控制权，增强其在产品核心技术研发环节上的控制力，这一战略意图同样需要发展中国家注意。

随着国际分工的不断演变，全球研发网络分工的边界正在从产品链接层面扩展到单一的研发增值环节。国际研发网络分工的发展趋势逐渐从以产业产品的技术研发、加工组装和销售为主要环节的“微笑曲线”组合，向以产业产品的核心技术研发、外围技术研发、加工组装和销售为主要环节的“微笑曲线”转变②。

---

① Dunning J.H., Lundan S. The internationalization of corporate R&D: A review of the evidence and some policy implications for home countries. *Review of Policy Research*, 2009, 26 (12):13—33.

② 张战仁、占正云：《全球研发网络等级分工的形成——基于发达国家对全球生产的控制转移视角》，《科学学研究》2016 年第 4 期。

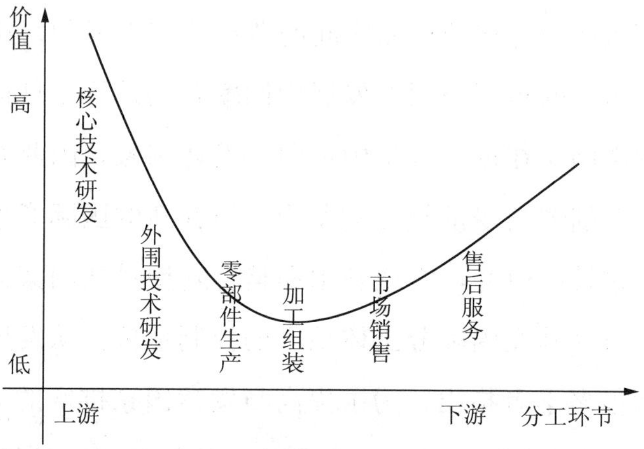

图 4-2　加入全球研发分工环节的微笑曲线组合

微笑曲线的组合表明，发达国家正在根据全球研发网络等级分工的分解进一步缩小业务领域，其重点是全球研发网络中的高端链接，这些现象都表明了发达国家跨国公司的核心技术和系统整合的能力足以使其占领国际研发部门的主导地位，并继续发挥标准制定者的作用。同时它也表明，尽管面对着新兴国家（包括地区）的挑战，发达国家仍处于国际研发部门的主导地位，发达国家对发展中国家的研发投入并没有削弱其自主创新的基础和控制全球生产的能力。随着全球研发网络分工的深入，传统的国际分工体系中包含的研发、装配和流通的主要环节正在被最近的全球研发网络部门打破和深化。在新形势下，如果发展中国家希望提高自身竞争力，加强对全球生产的控制，就需要借鉴发达国家跨国公司的有益经验，构建核心技术研发环节以及产品外围技术全球范围内的研究与开发（张占仁和杜德斌，2017）。由于科技研发资源的匮乏，中国等发展中国家需要整合和利用全球科技研发资源来实现建立新的国际价值水平分工体系的目标。

4.4　空间特征

4.4.1　空间组织类型

在全球化背景下，全球研发网络主要体现在两个层面上：一是全球研发网络组织结构的变化；二是在国家或地区层面上全球研发网络的表现、特点和发展趋势。通过对跨国公司研发组织发展过程的研究可以发现，跨国公司的研发区位经历了从地区到全球、由集中向分散的发展过程，这正是其展现出来的与研发组织结构相对应的空间分布特征。空间形态及其空间联系的强度变化均体现了全球研发网络空间组织类型的不断调整，进而推动了跨国公司的空间组织类型从单中心、多中心模式逐渐演变为网络型发展模式。①根据不同跨国公司空间组织类型的地理特征和空间关联性，本书将全球研发网络的空间组织类型分为以下五种空间形态类型（图 4-3）：

① 祝影：《全球研发网络：跨国公司研发全球化的空间结构研究》，华东师范大学 2005 年博士学位论文。杜德斌：《跨国公司 R&D 全球化：地理学的视角》，《世界地理研究》2007 年第4 期。

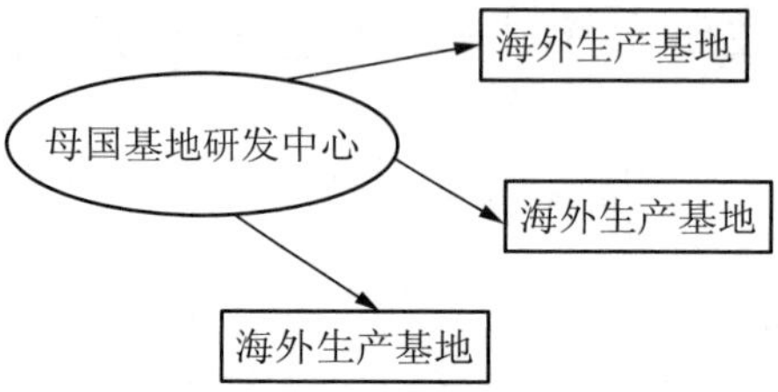

特征：孤岛式中心布局，单向控制，缺乏跨国合作和交流。

a 孤岛中心型研发空间形态

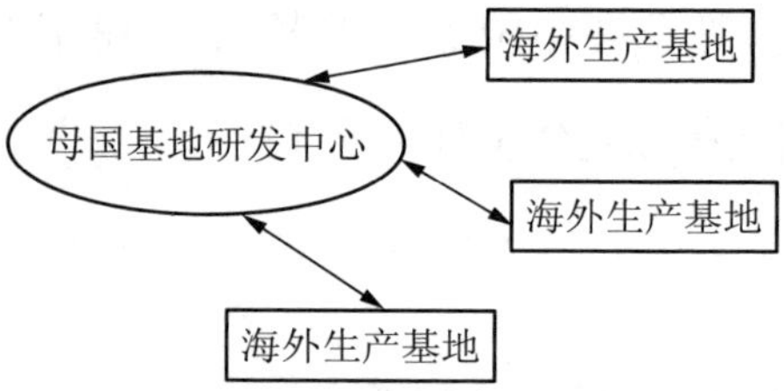

特征：开放式中心布局，存在信息交换、人员流动等跨国空间联系。

b 开放中心型研发空间形态

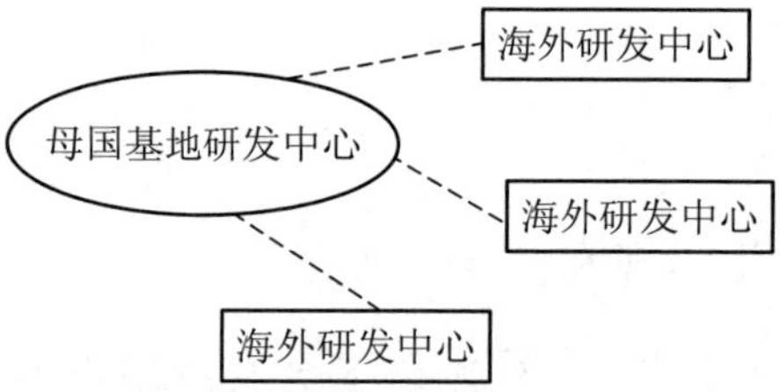

特征：独立的跨国界点状分布形态，彼此之间很少协调和交流。

c 多心分散型研发空间形态

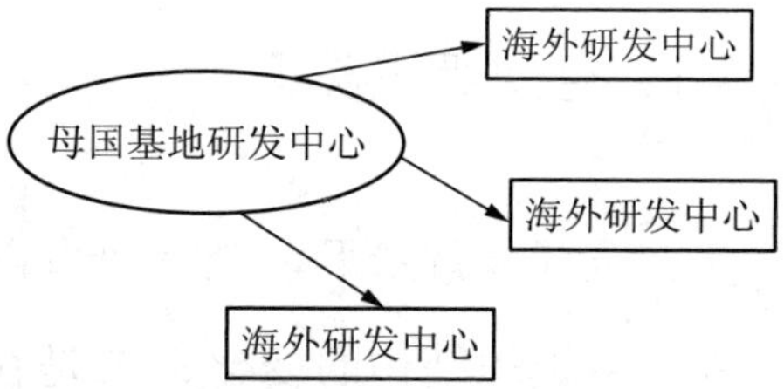

特征：中心—边缘节点结构，母国中心控制下的全球研发协调。

d 中心边缘型研发空间形态

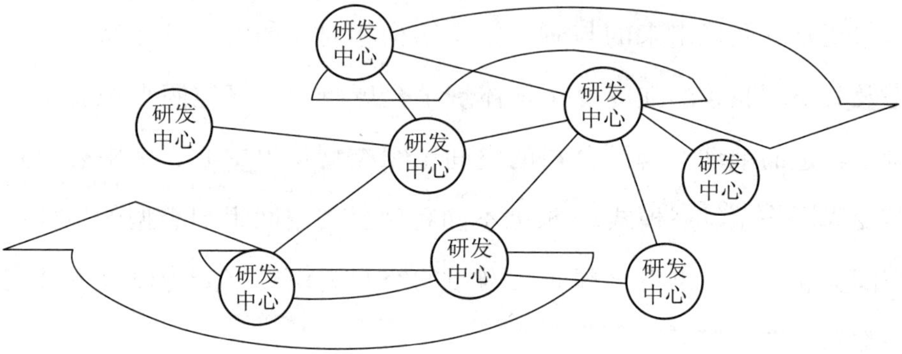

特征：全球协同的网络结构形态，研发密集区域成为全球研发格局中的地理重心和中心，各节点之间空间关联紧密，能量交换频繁。

e 网络协同型研发空间形态

图 4-3　跨国公司 R&D 全球化的空间组织类型

资料来源：祝影：《全球研发网络：跨国公司研发全球化的空间结构研究》，华东师范大学博士学位论文，2005 年。

一是孤岛中心型。母国绝对集中式的研发组织形式的特点是，跨国公司将所有的研发活动都集中在该国国内完成，而海外的研发基地不参与研发活动。这种地理层面上的内向性在空间上表现为母国研发基地呈现为封闭并且孤立的点状分布格局，与其他跨国公司几乎无进行信息交流，与此同时地理距离和组织障碍也限制了该国与其他国家之间的研发交流与合作，这种研发空间形态使得本国研发基地逐渐发展为全球研发网络中的一个单一封闭的岛屿。孤岛中心型的研发空间形态在重工业领域中极为普遍，特别是在一些钢铁公司，这些公司将其研发中心都设立在本国，负责核心技术的研发。例如，神户钢铁株式会社成立于 1905 年，其核心研发机构是日本西部兵库县神户制造株式会社的研究实验室，它由材料研究实验室、机械动力研究实验室、化学和环境技术实验室以及电子研究实验室等组成。虽然神户钢铁株式会社公司已经在美国、新加坡、中国等地设立了海外办事处，但是该公司仍然只在日本本土开展研究活动①。

二是开放中心型。母国相对集中的研发模式的特点是大部分的研发活动仍然主要集中在本国内进行，但在地理层面上已经逐渐呈现出外向性的趋势。通过与其他国家或地区联系，打破了孤岛式绝对集中的研发地域格局。该种研发模式虽然在地理层面上主要呈现出点状集中分布态势，但是各种“流”的互动与积累逐渐打破了孤岛式的地域边界。研发

① 祝影、杜德斌：《跨国公司研发全球化的空间组织研究》，《经济地理》2005 年第 5 期。

人员在全球范围内的流动、国际技术信息的收集汇总以及及时反馈市场偏好，均促进了母国研发基地由原来孤立的单一节点逐渐发展成为在全球范围内信息、技术、资源的开放式聚集地。例如，日本尼桑公司共有五个研发中心，其中有三个研究中心设立在日本国内，其中的两个研发中心位于日本神奈川县，它们主要负责汽车技术的基础研究和新车型的设计开发，北海道的测试基地从事新开发车型的测试和检查；另外两个研究中心分别位于美国和英国，主要负责项目工作室的职能，包括技术监督和市场反馈以及在当地高速公路和道路上进行产品测试，将相关的需求信息不断提供给日本的当地研发中心。正是由于日本与欧洲及美国在信息、技术和资源上的互动，才能及时获取最新的国际科技信息和市场信息，从而成功开发出适合欧美市场的车型，进一步增强自身的国际竞争力。

三是多心分散型。多心分散型研发组织的空间形态是跨国公司从集中式研发向分散式研发演变的实现，该种研发空间形态具体表现为：包含多个并行、各自独立、各自为营的研发活动中心，各个研发中心之间不存在控制或被控制的关系。其地理特征主要表现为：各个研发中心的空间分布更为分散，且存在多个地位平等的研发中心，即在母国研发基地之外其他地区也会出现多点状集聚的情况。这些地位平等的研发中心大多是独立的研发实体，每个实体各自进行本地化的内部运作，空间相关性较弱，因此不同的研发中心之间缺乏信息上的交流与沟通，并且与母国研发中心的信息沟通也十分有限。在20世纪70年代和80年代，这种空间组织类型常见于欧洲跨国公司的海外研发活动，现在这种模式正在不断消亡。以壳牌石油公司为例，其研发活动的空间形态就属于典型的多中心分散型研发，该公司在荷兰、日本、英国等国共开发了 12 个研发机构，每个海外研发机构各自负责本地的石油和天然气的勘探、生产等工作和研究，集团内所有的海外研发实验室都是相互独立、各自为营并直接向总部集团报告工作的，由总部集团负责协调和规划各个海外机构的研发活动。

四是中心边缘型。中心边缘型研发空间形态的特点是由母国的研发中心统一协调其在海外分散的研发机构，因此在地理层面上将会同时呈现出集聚与扩散的情况，表现为不平等的点状分布，因此空间格局将呈现出中心—边缘的空间类型。在该种研发空间形态中，母国研发中心与海外研发机构之间存在着等级差距（规模、能级）；在空间相关性方面，母国研发中心对海外研发机构的沟通协调和信息交流进行控制，由此形成的“连接轴”不仅连接起母国研发中心与其分支机构，还通过密集的通信渠道促进彼此之间的信息交流。奔驰公司、丰田公司等都是这种研发模式的典型。以丰田公司为例，丰田公司分别于日本、欧洲和北美共设立了 10 个独立的研发中心，其中日本国内的技术中心负责新车型的设计与制造、产品技术改进和性能优化、汽车和发动机技术、安全以及环境技术等研究，而分设在欧洲（英国、比利时、法国、德国）和美洲（美国、加拿大）的技术中心则负责车辆的开发与改进、技术信息搜集、提供技术支持以及外观设计等工作。Head Office Technical Center 于 1945 年建立，是丰田汽车公司的核心研发机构，而在欧洲和北美所建立的其他研发中心也通过创建并提供符合当地市场需求的模型来满足消费者，进一步扩大海外市场。

五是网络协同型。网络协同型的研发组织形式在企业间、地域内跨越了多重限制，这样不仅有利于母国研发中心对海外分散的研发机构进行统一的组织和协调，还加强了与国内外其他研发单位的沟通合作。这种组织形态的基础不再是一种层级结构，而是一个更为开放和平等的系统。随着跨国公司研发活动全球化的不断发展，网络协同型的研发模式已日趋成熟。在地理层面上，不同的跨国公司在全球研发网络中呈现出区域层面上的网状叠加，进而在地域上形成了不同程度的研发密集带，这些密集带又逐渐演变为全球研发活动的地理重心和中心，各种能量流通过正式的研发联盟和非正式的学习交流所搭建的网络通道，在不同公司和国家之间频繁进行交换。自 20 世纪 60 年代以来，飞利浦公司一直是全球技术的引领者，除了其在荷兰设立的全球实验室以外还在比利时、美国、法国、德国、英国、中国大陆和中国台湾都设有区域性研发实验室，逐渐构成了涵盖欧、亚、美三个研发密集地带的一体化研发网络。该网络不仅推动了跨学科、跨地区的合作，还与索尼、IBM、意法半导体、摩托罗拉、松下等知名企业合作开展了许多研究项目。

4.4.2 空间结构

每个区域作为跨国公司全球研发网络的节点都可以算作是一个场，而区域内位势能最高的国家就是该区域的场源。基础研究对科学技术的发展和进步具有较大的意义，因此我们认为，研究活动越密集的区域位势能越高①。随着跨国公司研发活动全球化的发展，全球研发网络的空间特征逐渐呈现出“大三角”格局——美国、欧洲和日本，这些区域的研发投入比例较高，几乎覆盖全部的全球研发投资。但是，随着研发活动全球化的迅速发展，为了进一步对全球的科技资源充分利用，提高企业的竞争力，跨国公司在发展中国家和地区建设的研发机构数量也正在不断增加。中国、印度和巴西等发展中国家所具有的巨大的市场潜力和廉价的人力资源吸引了越来越多的跨国公司在此设立海外研发机构，开展地域更为广泛、层次更加深入的研发活动②。

特利斯通过研究世界财富 500 强企业研发机构在境内投资（Inbound Investment）和境外投资（Outbound Investment）的状况发现，虽然美国、日本、法国、英国和德国的境内研发机构和海外研发机构数量在全球都占有很大比例，但从外部净收益的角度来看，中国、印度和巴西则位于全球价值链的前三名，呈现出明显的上升态势，而瑞典、德国、韩国、美国、荷兰、瑞士、法国和日本的外部净收益机构数量却少于境内研发机构数量，处于相对下降趋势（表 4-3）③。

① 祝影：《全球研发网络：跨国公司研发全球化的空间结构研究》，华东师范大学 2005 年博士学位论文。

② 张永凯：《全球 R&D 活动的空间分异与新兴研发经济体的崛起》，华东师范大学 2010 年博士学位论文。

③ Gerard J. Tellis. Competing for the Future：Patterns in the Global Location of R&D Centers by the World's Largest Firms. ISBM Report 06，Institute for the Study of Business Markets The Pennsylvania State University，2008.

表 4-3 全球价值链的研究框架与发展[①]

排名	国家和地区	境内研发机构	境外研发机构	净受益数量
1	中 国	7	73	66
2	印 度	0	57	57
3	巴 西	0	23	23
4	英 国	51	72	21
5	爱尔兰	0	19	19
6	澳大利亚	0	18	18
7	意大利	5	16	11
8	波 兰	0	11	11
9	加拿大	30	37	7
10	以色列	0	7	7
11	新加坡	5	11	6
12	南 非	0	6	6
13	中国台湾	4	6	2
14	瑞 典	25	16	－9
15	德 国	82	72	－10
16	韩 国	24	10	－14
17	美 国	249	227	－22
18	荷 兰	43	16	－27
19	瑞 士	38	9	－29
20	法 国	103	34	－69
21	日 本	116	42	－74

① 净受益机构数量为境外机构数量减去境内机构数量，排名以净受益机构数量为准。

根据以上统计数据我们认为，美洲地区、欧洲地区和亚太地区的研发中心和场源分别位于美国、日本和德国。我们根据每个国家和地区研发活动的强度以及辐射场的范围将各个国家和地区划分到不同级别的圈层，由此各个区域逐渐形成由从场源、一级圈层、二级圈层、三级圈层和四级圈层的场域，位势能由强至弱①。为了更深入地探讨全球研发网络的空间特点，本书将进一步对美洲地区、欧洲地区和亚太地区各自场域内部的空间结构进行分析。

第一，美洲地区。美洲地区以美国为中心场源，其中包括美国、乌拉圭、委内瑞拉、古巴、玻利维亚、厄瓜多尔、墨西哥、阿根廷、智利、秘鲁、哥伦比亚、特立尼达和多巴哥、巴拿马、加拿大、牙买加、萨尔瓦多、巴西、巴拉圭、尼加拉瓜、危地马拉共二十个国家。美国既是美洲地区跨国公司全球研发网络的核心区域，同时又是美洲区域研发网络的中心和场源；加拿大作为跨国研发活动的高密度国家，本书将其划分到美洲区域研发网络的一级圈层，同时它也是受美国研发活动辐射和作用最大的国家，与美国之间存在着大量的信息流动和紧密的空间联系；巴西、阿根廷和墨西哥属于新兴市场型国家，跨国公司在这些国家的海外研发机构数量较多，因此将其归为美洲区域的第二级圈层，他们同样受到美国跨国研发活动的辐射和带动，强度较强，它们与外界跨国公司的互动联系主要以内向流形式为主；智利、古巴、牙买加、萨尔瓦多、玻利维亚、乌拉圭、委内瑞拉、巴拿马、秘鲁、哥伦比亚、特立尼达和

① 祝影、杜德斌：《跨国公司研发全球化的空间组织研究——基于因子分析结果》，《世界地理研究》2008年第1期。

多巴哥这十一个国家在美洲区域的跨国研发网络中处于较低水平，虽然也有一定数量的跨国研发活动，但在空间层面上分散且不成规模，因此处于美洲区域研发网络的三级圈层，受到美国的场源辐射力较弱；厄瓜多尔、尼加拉瓜、巴拉圭、危地马拉所组成的最外围圈层相较于第三级圈层的国家，跨国研发活动更少，与外界的空间关联性更小。

第二，欧洲地区。欧洲地区国家大致可以分为传统欧洲资本主义国家和经济政治转型国家。其中，德国、法国、英国、卢森堡、挪威、比利时、西班牙、冰岛、奥地利、爱尔兰、丹麦、葡萄牙、希腊、瑞典、瑞士、意大利、荷兰、芬兰这十八个国家属于传统欧洲资本主义国家；而俄罗斯、斯洛文尼亚、匈牙利、塞浦路斯、爱沙尼亚、乌克兰、斯洛伐克、立陶宛、克罗地亚、拉脱维亚、白俄罗斯、波兰、捷克、保加利亚、罗马尼亚、亚美尼亚、摩尔多瓦这十七个国家则属于经济政治转型国家①。

德国是欧洲地区跨国研发网络中表现最为突出的国家，无论是海外跨国公司在其国内的研发活动还是本国企业在海外的研发活动都十分活跃；英国等其他欧洲国家相较于德国的全球研发水平偏低，处于欧洲地区的一级圈层，该圈层是欧洲地区跨国公司研发全球化的重点区域，它们彼此之间内在联系密切，对外交流也颇为频繁，其中俄罗斯是转型国家，凭借本国自身的科技实力基础在这一圈层占了一席之地，该圈层共包括英国、法国、瑞典、荷兰、俄罗斯、瑞士、丹麦、冰岛、芬兰、挪威、意大利、卢森堡、比利时共 13 个国家；西班牙、奥地利、爱尔兰、

① 祝影：《全球研发网络：跨国公司研发全球化的空间结构研究》，华东师范大学 2005 年博士学位论文。

葡萄牙、斯洛文尼亚、希腊、波兰、捷克、匈牙利、塞浦路斯、爱沙尼亚、乌克兰、斯洛伐克组成了欧洲场域的二级圈层，立陶宛、克罗地亚、拉脱维亚、白俄罗斯、保加利亚、罗马尼亚、亚美尼亚是欧洲场域的三级圈层，由摩尔多瓦单独成为欧洲场域的四级圈层，在这三个圈层中，除了西班牙、奥地利、爱尔兰、葡萄牙、希腊这五个综合实力较弱的传统欧洲国家外，其余国家均为东欧的转型国家，虽然这些国家的经济形势正在逐步好转，但是目前仍处于跨国公司全球研发网络的主要视野之外。

第三，亚太地区。亚太地区一般意义上是指环太平洋地区，广义上的亚太地区则是指太平洋沿岸的北美、南美、东亚、南亚以及大洋洲各地区。本书将日本、中国、中国台湾、新加坡、印度、土耳其、菲律宾、伊朗、阿塞拜疆、越南、吉尔吉斯斯坦、叙利亚、以色列、新西兰、澳大利亚、韩国、马来西亚、巴基斯坦、印度尼西亚、泰国、哈萨克斯坦、斯里兰卡这二十二个国家及地区作为研究对象，对亚太区域的跨国研发活动的空间特征进行分析。

日本是亚太地区全球研发网络的中心和场源，它不仅是亚太地区外商投资研发机构的聚集地，也是亚太地区重要的研发投资来源地之一。[①]因此，将其作为亚太地区跨国研发网络的场源。中国、中国台湾、澳大利亚、韩国、新加坡和印度是亚太地区内跨国研发活动的高密国家或地区，它们共同构成了亚太区域的一级圈层，承接了大部分的跨国公司的研发活动，但它们的外向流动较弱；亚太区域的二级圈层由以色列、新西兰和马来西亚组成，该圈层内国家的海外研发活动具有一定的规模，

① 祝影、路光耀、叶明确：《跨国公司研发全球化的空间演变与重心迁移》，《经济地理》2016 年第 9 期。

但是相比之下，海外跨国公司研发对这一圈层国家的重视程度弱于第一圈层；土耳其、菲律宾、阿塞拜疆、伊朗、哈萨克斯坦、印度尼西亚和泰国处于亚太地区跨国公司研发场域的第三圈层，这些国家具有参与研发活动全球化的意愿，但是研发能力较为薄弱；越南、吉尔吉斯斯坦、巴基斯坦、斯里兰卡和叙利亚位于亚太区域的最外围圈层，即四级圈层，由于经济和政治发展水平相对较低，这些国家本身参与研发活动的全球化程度很低，因此在跨国公司的全球化进程中处于弱势地位，属于明显的边缘化群体①。

第四，其他地区。就上述未涉及的地区而言，非洲地区的研发活动全球化水平相对偏低，参与全球研发活动较少，区域集团尚未形成。本书选取的样本国家中仅包含七个非洲国家，即南非、突尼斯、赞比亚、毛里求斯、埃及、马达加斯加和乌干达。其中，南非在跨国公司全球研发网络中的地位比其他非洲国家更为突出，处于全球跨国研发活动的中等水平，特别是美国对南非一直持有一定比例的研发投入，且欧洲的跨国公司在非洲建立研究机构时一般都会选择南非，比如雀巢和西门子；毛里求斯、埃及和突尼斯因为地处于地中海沿岸，临近欧洲国家，可以接受到来自欧洲场域的微弱辐射，因此这些国家在跨国公司全球研发网络中属于低密度国家②；而赞比亚、乌干达、马达加斯加以及其他非洲国家很难受到跨国公司全球研发网络的影响，属于全球研发网络的弱势区域，参与的跨国公司的研发活动少之又少。

---

① 祝影、包慧：《跨国公司亚太地区研发空间结构研究——兼谈中国在其中的地位》，《亚太经济》2008 年第 1 期。

② 祝影：《全球研发网络：跨国公司研发全球化的空间结构研究》，华东师范大学 2005 年博士学位论文。

第5章　全球研发网络屏蔽效应与锁定风险

全球研发网络是继营销和生产全球化后，跨国公司全球化发展的又一重大举措。尽管研发全球化远远低于生产和营销水平，但近几年来发展速度迅猛。尤其20世纪90年代末以来，全球研发投资的速度和规模不断上升，在企业全球化的战略地位不断凸显。如今，跨国公司研发机构更大功能是成为海外子公司和母公司的一个联系节点，与母国的研发结构分工合作，形成全球研发网络，而不仅局限于为公司海外产品提供本地化技术服务的功能。由于国际网络分工已深入单个研发增值环节，跨国公司投资的东道国不仅要努力实现生产网络成功升级，同时要大力吸引研发价值链条上的高端投资，加强与其他跨国公司的联系，以提高其在全球研发网络中所处的位置。那么，与全球生产网络一样，当全球网络分工深入到单个研发增值环节时，这一网络分工内部是否也会存在嵌入障碍、升级困境等类似问题？现有研究对全球研发网络的分析还主要停留在全球生产网络领域，还尚未在单个研发增值环节进行深入研究，当下跨国公司海外研发投资行为需要打破传统的研究视角重新解读。

本章基于全球研发网络及其内部分工的形成过程，引出发展中国家嵌入全球研发网络面临的障碍和困境，内容主要为：全球研发网络的网络屏蔽效应；全球研发网络低端锁定风险。发达国家构建全球研发网络是为进一步增强其国际竞争力的又一战略手段，在科学技术日益复杂化和国际劳动分工片断化的格局下，及时嵌入全球研发网络的国家，有利于优先获取先进技术，但也要注意发达国家对东道国企业的控制和“技术封锁”，避免网络屏蔽效应的产生，并规避可能存在的研发“低端锁定”陷阱。

5.1 网络屏蔽效应

5.1.1 概念界定

在传统的国际竞争中，研发活动作为全球价值链中一个单一的环节，已经成为国家维持国际竞争优势的核心力量。发达国家为巩固本国的国际技术领先地位，将研发活动布置在母国。直到20世纪80年代，全球网络分工格局被经济全球化以及科技的迅速发展所改变，发达国家研发活动开始出现全球化的趋势。尤其在20世纪90年代以后，部分发展中国家加入发达国家跨国公司的研发创新体系，全球研发网络的节点变得更加多元，发达国家在海外设立研发机构以作为联系节点，从而逐渐构建起跨国公司主导的全球研发网络。

顾名思义，“屏蔽”（shield）内含隔离、阻挡、防止等意。网络屏蔽效应是指以发达国家跨国公司为规避先进研发技术可能外泄的风险，维持竞争领先优势，将参与全球研发网络的东道国部分企业阻隔在网络外部的现象，表现为跨国公司对东道国企业的“技术封锁”。因此，以中国企业为代表的发展中国家应高度重视嵌入全球研发网络存在的屏蔽效应。

5.1.2　产生原因

(1) 全球研发网络带动企业创新能力提升

技术创新能力的提升是企业乃至国家蓬勃发展的生命力所在，发展中国家嵌入全球研发网络最主要的动机就在于提升本国技术创新能力。大多数企业主要依赖于企业自身及附属企业的创新资源，认为依靠企业内部资源独立创新是企业稳定发展的主要途径。此后，新兴企业为实现赶超技术纷纷跟踪国外先进技术，打开了企业创新的大门，积极吸收外部技术。随着经济全球化的发展，企业技术研发日益复杂，仅仅依靠本国企业的技术已经不能满足企业和国家的发展，国内外企业和研发机构联合攻关已成为当下的潮流趋势。企业技术创新愈加开放，国内外企业对合作研发的呼声越来越高，尤其是发展中国家。

国内外已有学者对跨国公司海外研发投资的溢出效应给予了关注，并对发展中国家参与全球研发网络促进企业研发创新能力达成了共识。国外学者邓宁和伦丹认为发达国家跨国公司海外机构的设立有助于东道国技术创新能力的提升。[①]胡和杰弗森的研究表明，跨国公司研发投资对东道国新产品开发有积极的正向促进作用。[②]托多和米亚莫托运用印度尼西亚企业层面的数据，证明了跨国公司研发活动能促进东道国科技进步。[③]盛垒基于中国省域面板数据（1998～2006年）和SFA研究方法，考察技术效率的空间溢出效应，研究发现跨国公司研发投资对中国省区技术效率提升有着显著的空间溢出效应。[④]张振刚和胡琪玲运用面板数据模型考察了国内高技术产业，认为跨国公司的研发活动对本土企业技术创新产出具有明显的空间溢出效应。[⑤]然而，企业嵌入全球研发网络虽然能够带动企业创新能力的提升，但是跨国公司是否能完全接纳东道国企业的存在和发展还需要进一步分析。

(2) 发达国家对全球生产的控制战略

面对发达国家研发活动全球化的快速发展，发展中国家纷纷提出本国引资策略以吸引更多高质量的研发投资。但是，研发大门的打开并不

---

① Dunning J.H, Lundan S. The internationalization of corporate R&D: A review of the evidence and some policy implications for home countries. *Review of Policy Research*, 2009: 26(12):13—33.

② Hu A.G.Z, Jefferson G.H. FDI impact and spillover: Evidence from China's electronic and textile industries. *World Economy*, 2010, 25(8):1063—1076.

③ Todo Y, Miyamoto K. Knowledge spillovers from foreign direct investment and the role of local R&D activities: Evidence from Indonesia. *Economic Development & Cultural Change*, 2006, 55(1):173—200.

④ 盛垒:《跨国公司在华R&D投资的溢出效应研究——基于随机前沿分析方法(SFA)的检验》,《世界经济研究》2010年第6期。

⑤ 张振刚、胡琪玲:《外资研发与本地高技术企业创新能力间的关系——基于技术溢出的视角》,《技术经济》2012年第8期。

意味着发达国家完全接受发展中国家参与到研发网络的核心环节，还需要认真审视发达国家对全球生产的控制战略。

发达国家将发展中国家纳入全球研发网络的目的：一是吸收东道国资源，增强其企业的国际竞争力。随着国际竞争日益加剧，以美国为首的发达国家虽然长期保持研发创新技术的优势，但各发达国家间的技术差距日益缩短。本国资源短缺阻碍了发达国家的加速发展，而东道国丰富而高质量的智力资源以及物质资源、市场环境能够弥补跨国公司的资源短缺要素。二是为了规避风险。追求利润最大化是跨国公司作为企业经济人的最终目标。研发投资需要大量投入资本、技术资源，具有高风险、高产出和不确定的特征。海外研发投资可以分摊风险，保护跨国公司的最大利益。三是产品本地化。海外研发投资可以让跨国公司的产品更加适应东道国市场，有助于跨国公司研发出与当地顾客匹配的新产品和新技术，提高海外市场适应度，这也为进一步占领东道国市场打下基础。四是垄断技术标准。各国优秀的企业均有其先进的技术知识和思想，扩展研发活动可以进一步获取多样化信息和技术。在全球研发网络的大框架下，海外研发成果逐步适应并整合成跨国公司的一套技术标准，这极大提高了全球研发的开发效率，推动了新产品和新技术的全球化，形成了全球行业技术标准。

研发作为发达国家跨国公司国际竞争优势的源泉，掌握研发核心技术，才能屹立于国际分工的最高位置。发达国家以“互利共赢”的合作战略接纳发展中国家参与全球研发网络，但为巩固发达国家在全球生产中的控制地位，发达国家有意识地采取“技术封锁”手段将本土企业屏蔽在全球研发网络外部。一方面，为利用东道国资源，跨国公司以优质的工作环境或高薪吸引当地优秀的研究人员服务于自身的技术研发；另一方面，为保护核心技术，单独投资、自成体系的跨国公司海外研发使得当地企业很难嵌入。这主要表现在发达国家与东道国企业的互动程度上：技术转移类跨国公司通常很少与东道国企业互动交流；为实现产品本地化的研发机构与当地企业交流主要体现在招聘东道国技术人员上；而对于利用东道国技术资源的研发机构，往往通过多种多样的交流媒介与东道国互动。佩勒-哈恩的研究发现，海外研发机构很少与东道国互动，尤其那些由公司总部直接派遣负责人的机构；相比较企业互动，跨国公司更倾向于招聘当地优秀人才以吸收其智力资源。①发达国家对全球生产的控制战略将发展中国家阻隔在研发大门之外，有效维护了跨国公司的核心竞争力，也进一步拉大了两国企业间研发水平差距。

(3) 研发能力差距因素

随着研发全球化的扩大和知识更新周期的日益缩短，跨国公司依靠其强大的科技资源优势吸收全球的先进资源，不断提升研发创新水平。一方面，对发展中国家企业来说，这意味着将面临更为强大的竞争对手，发达国家跨国公司研发水平的提高进一步拉大了两国企业间的研发水平，同时发达国家通过提高技术壁垒阻碍发展中国家企业的嵌入，更是阻碍了发展中国家企业研发能力的提升。另一方面，虽然东道国丰富的资源特别是人力资源为其吸引跨国公司研发投资提供了筹码，但是，面对强大的跨国公司，如果东道国企业研发水平与跨国公司研发水平和专业领

① Penner-Hahn, J. D. Firm and environmental influences on the mode and sequence of foreign research and development activities. *Strategic Management Journal*, 1998, (19):149—168.

域之间的差距过大，东道国弱势企业会因不能有效吸收跨国公司的知识溢出被屏蔽在全球研发网络外部。

从实践来看，跨国公司的研发能力和发展中国家企业的研发能力的差距是东道国（地区）参与全球研发网络被屏蔽在外的重要因素，对于国内（地区）技术储备低的发展中国家更是如此。要实现双方的技术交流，发展中国家（地区）需进一步提高本国（地区）技术创新能力，缩小两国（地区）研发水平的差距。当二者水平相当且专业领域较为接近的情况下，发展中国家和地区更容易突破技术壁垒，参与全球研发活动。例如，中国台湾最具世界技术优势的微电子产业经历了较长的跨国公司研发投资历史，由于其薄弱的研发力量导致技术吸收效果不明显。在台湾当局的适度引导以及“工研院”电子所的强大技术支持下，台湾半导体产业研发能力大幅度提升。直至 21 世纪，越来越多的跨国公司在中国台湾设立了研发机构，加强了与台湾企业的技术交流与互动。

5.1.3　重要影响

全球研发网络屏蔽效应的产生将对东道国及企业产生一系列影响，这主要包括以下几个方面：

一是东道国的技术依赖加剧。在复杂多变的国际市场竞争环境下，跨国公司必须具备良好的知识技术感应系统和高效的知识技术传导机制，而全球研发网络能为其掌握最新的科学知识，吸收先进的研发技术开辟全新高效的途径。跨国公司通过与东道国的大学、研究机构以及企业开展技术合作，某种程度上加剧了东道国对跨国公司的技术依赖和研发资源限制。一方面，跨国公司的技术水平先进，东道国企业在制定技术发展战略时将受到跨国公司技术发展的影响失去主动权；另一方面，跨国公司技术开发的低成本也使东道国企业依赖于跨国公司的技术研发。

二是区域经济发展差距拉大。追求利润最大化是跨国公司海外研发投资的根本动因。显然，东道国国家的经济发展战略目标与跨国公司海外研发投资动因背道而驰。从区位选择看，技术基础较好且科技人才聚集的地区是跨国公司在东道国投资的热点区，其他地区成为跨国公司在东道国投资的冷点区。跨国公司在东道国投资的空间差异性很可能加剧东道国地区之间的贫富差距，不利于东道国经济的可持续发展。

三是关键技术获取难度加大。为保护自身技术优势，技术保密是跨国公司从事海外研发活动一直非常重视的问题。跨国公司仍然掌握着企业的核心技术，仅将部分研发职能向外扩散。东道国企业在利用外资研发技术的过程中障碍重重，东道国企业一般只能掌握整个研发网络的边缘技术或局部零散的技术，获得核心关键技术的难度较大。同时，知识产权保护条款愈加严格，更多跨国公司倾向于建立独立的研发机构，技术扩散渠道更加闭塞，东道国企业对先进技术的获取更加受限制。

尽管全球研发网络的构建为发展中国家提升国际分工地位，参与全球研发活动提供了机会，使得发展中国家企业拥有更好的发展可能。但是，发展中国家参与全球研发网络并未实现本国技术创新能力提升的愿望，发达国家将发展中国家纳入全球研发网络是为了吸收东道国丰富的资源，利用东道国先进的技术，进一步垄断国际市场，巩固国际地位。

因发展中国家研发水平差异以及知识产权保护力度较弱等因素，发展中国家企业被阻隔在全球研发网络外部。当前发展中国家突破网络屏蔽效应的重要战略应聚焦在如何促进跨国研发投资的知识溢出上。东道国应制定政策和激励措施，促进跨国研发分支机构与当地企业之间的合作。东道国除了注重吸收外部知识溢出的能力外，还应努力疏通研发投资公司与当地企业之间的合作溢出渠道，从跨国研发投资中受益。

5.2　低端锁定风险

5.2.1　概念界定

发达国家构建的全球研发网络存在着与全球生产网络分工类似的严格分工结构，即全球研发网络分工，拥有核心能力的跨国公司迫使发展中国家以新的被治理者身份陷入新的研发网络分工低端环节，从而形成“低端锁定”，限制发展中国家企业的知识创造与企业能力的提升。所谓低端锁定是指在跨国公司为媒介和金字塔式分布的全球研发网络中，发达国家往往处于金字塔的顶端，掌握着研发价值链的高端核心环节，而发展中国家大多以非核心技术开发融入全球研发网络，从而形成了发展中国家研发增值的长期锁定链。在低端地位的锁定效应下，跨国公司在很长一段时间内会获得较高的垄断利润，而东道国企业只会获得低端利润。

处在“低端锁定”的东道国企业面临两大困境：第一，跨国公司对东道国企业的“技术锁定”，让东道国企业举步维艰。技术锁定是指拥有产品或服务技术垄断优势的跨国公司，从基础理论、战略规划、研发、产品概念、工艺设计、制造过程、管理技术、质量控制、物流配送、营销网络、售后服务等整个过程中设计一个或多个困难的障碍。东道国很难在产品生产过程中有所突破，也很难实现控制其核心技术的目标。最终的结果是加强东道国对跨国公司技术的依赖，让跨国公司从中获得巨额利润。第二，跨国公司对东道国企业的技术垄断导致东道国企业的竞争处于劣势。跨国公司进行海外投资的目的是追求最大的利益。为了占领海外市场，获取高额利润，他们通常会设置更高的进入壁垒，或者严格控制制定技术标准的权利，以实现技术垄断。

关于全球研发网络低端锁定的风险研究，目前还尚未有学者深入单个研发增值环节进行探索。由于研究起步较晚，目前仍停留在全球研发网络分工的初步探讨，主要包括以下几个方面：首先，从本土企业难以在特定的机制下获取从跨国研发的溢出效应的视角，间接探讨了本土企业进入以跨国公司投资为主的全球研发网络的难度。拉利认为，跨国公司研发机构溢出效应是以与东道国企业以及科研单位的互动是知识溢出为前提的，它取决于与本地企业的一体化程度以及跨国公司研发机构与当地企业整合情况，整合程度越高，溢出效应越大。①然而，为了持续获取研发全球化的垄断优势，防止知识溢出，跨国公司设立独资研发机构，导致本土企业游离在全球研发网络之外。其次，从构建区域研发中心的

① Lall，S. The international allocation of research activity by US multinations. *Oxford Bulletin of Economic and Statistics*，1979(41)：313—331.

角度来看，宏观层面的间接研究强调了全球研发网络存在等级层次结构，而本土企业存在升级难度。迪欧克松和基库基姆重点研究了韩国建设“东北亚研发中心”的发展战略，通过分析韩国跨国公司研发机构的现状和运作以及韩国在吸引跨国公司研发机构方面的低水平职能，提出韩国成为东北亚研发中心的要求是进一步吸引和利用跨国公司的研发机构。① 最后，总结全球研发网络的内涵，强化全球研发网络分工的研究。然而，与全球生产网络相比，相关内容仍然是一个纯粹的概念性讨论。

随着全球网络分工的深化发展，发展中国家参与全球研发网络分工是否获得企业创新能力的提升，以及发达国家将发展中国家纳入全球研发网络是不是发达国家重新巩固对全球生产的又一战略手段，这些问题需要深入单个研发环节内部，从全球研发网络分工的角度作出新的解释。

5.2.2　产生原因

发达国家向全球生产控制的转移战略。国内外学者对全球网络分工中发达国家与发展中国家之间的依赖关系进行了充分的探讨，研究主要聚焦于全球分工体系及其研发、装配、营销等独立环节。许多学者指出，当处于国际网络分工的产品研发、生产和销售时，发展中国家就会吸引外资，其战略目标是在吸收外国在加工和装配方面的投资基础上，通过

① Yim D.S, Kim K.K. Foreign R&D centers in Korea and government policy. *Technology Management for the Global Future*, IEEE, 2006: 187—194.

OEM的方式将其嵌入全球生产系统。发展中国家承担的加工和装配职能使它们难以获得与发达国家相同的发言权。他们认为，尽管许多发展中国家在国际OEM过程中实现了经济起飞，完成了低端阶段的产业化进程，但在高端产业化却出现了国内OEM无法实现的问题。他（她）们指出，发展中国家企业（通常作为治理企业）已经引起了国际学生的兴趣。随着全球研发网络划分的形成，发展中国家不再承担简单的国际合同职能，发达国家为发展中国家制定了新的研发合同职能。那么，发展中国家参与全球研发网络分工是否会影响发达国家对全球生产控制的地位？

事实上，在传统价值分工中，发达国家主要通过控制产品生产的研发或营销环节实现对全球生产的控制。然而，发达国家价值链的建立离不开国际分工，国际分工主要由研发、组装、营销等相对独立的环节组成。目前，研发分工和传统产品生产分工组合形成了新兴的复合分工模式，发达国家通过在发展中国家布局外围组件研发、实验推广等研发的低端环节以保持发达国家研发的竞争力，而发展中国家仍形成对发达国家创新分工依附的局面。相反，在新的国际竞争格局中，发达国家可能希望整合发展中国家的研发创新要素，并基于一些外围产业研发活动的转移，进一步巩固它们在国际分工中的主导地位。对于发展中国家，参与研发网络的全球分工并不会削弱发达国家的竞争力，而会将自身落入研发分工的低端环节。

作为发达国家转移全球生产控制权的战略，全球研发网络中的分工对企业、产业以及国家和世界科技发展进程产生了实质影响。第一，进一步缩小要素禀赋地理意义的差异。在国际分工还未深化到单一的价值环节前，发达国家投资主要基于产品价值分工的转移，通过生产要素在空间布局再次利用发展中国家自然资源禀赋和劳动力资源禀赋，这使得在分工环节中处于较低层次要素（特别是劳动力）的横向差异逐渐缩小，导致要素禀赋的差异失去原有的地理意义。然而，在国际研发分工之前，基于产品增值环节的国际分工仍然保留着较高水平的分工差异。发达国家的许多跨国公司依赖于更高的国际分工进入和退出壁垒，主要以专门的研发技术资产和专门的营销渠道资产参与国际分工。自国际分工深化至单个研发价值环节之后，保留在较高层次的劳动分工差异逐渐被打破。目前，产品价值分工更高层次的研发和创新活动的全球一体化布局可以通过空间技术创新要素的重新分配来实现。在这种背景下，由于发展中国家普遍关注引进国际研发投资，类似于扭曲和低估的低端要素价格损失，发展中国家也应该关注国际研发分工的过度进入，这可能导致国内高端研发要素被外国发达国家廉价使用。

第二，国家竞争力构成的变化与当时的产品或行业划分方法有关。拉利根据生产要素投入的比例，将产品和行业划分为劳动密集型、资本密集型和技术密集型。[①]这种分析方法在国际贸易结构和国家竞争力的分析中得到了广泛的应用。文献强调，技术密集型产业的发展或技术密集型产品的发展一定程度上决定了国家竞争力。然而，当国际分工深化到产品环节，尤其是单个研发价值环节时，许多学者意识到，通过技术是

① Lall, S. The international allocation of research activity by US multinations. *Oxford Bulletin of Economic and Statistics*, 1979(41):313—331.

否在工业（或产品）层面上密集来判断一个国家的竞争力是否有失公允。还有部分学者指出，全球研发网络分工的形成引导了发展中国家更多地参与技术密集型的国际研发活动，如果仍然以技术密集评判国家的竞争力，而不深入技术分工的内部，其结论将与现实情况存在较大出入。全球研发网络中劳动力分工的形成需要在判断一个国家国际竞争力时考虑一个国家在单个研发价值环节中所处的分工位置。

第三，全球出现金字塔层次的等级分工。不同于传统产品环节之间的分工，全球研发网络的形成过程要求发达国家将原有在母国开展的研发创新活动向发展中国家转移，这将打破了原有的产品分工布局，如发达国家承担高附加值环节而发展中国家承担低附加值环节的生产分工结构。然而，在单个的研发价值链中，是否存在类似于产品链中劳动分工的等级层次分工结构，发展中国家是否会陷入类似于全球生产网络的低端锁定陷阱？这在发展中国家也是值得思考的。

5.3 低端锁定的经验证据

5.3.1 基于产业视角：以工厂业为例

信息技术产业又称为 IT 产业。其中，云计算代表着新一代信息技术，不断打破技术锁定效应与传统的垄断体系，逐渐分化重组信息技术产业链与信息技术产业力量。在信息技术产业对原有竞争格局的重构下，美国、日本等传统信息技术产业强国正在重新思考并制定新的信息技术产业竞争战略。通过陈欣鸿收集的调查数据研究发现①，传统的信息技术产业大国正试图对信息技术产业进一步控制并采取以退为进的战略方向，发达国家试图构架新的价值分工体系，从核心产业技术研发到外围产业技术研发，最后到产业加工制造环节。

陈欣鸿选择了三个不同的IT行业层次的国家或地区，即美国、中国台湾、中国大陆，作为实证研究的空间样本。通过对跨国公司不同研发分支机构的研发经理进行问卷调查或访谈，分析了这三个国家或地区在全球研发价值划分中的地位。为了达到判断研发价值划分的目的，其设计问卷的问题包括离岸研发分支机构的研发分工智能、分支机构在跨国公司全球研发分工体系所处的地位。陈欣鸿并非采用经济合作与发展组织将研发分工标准划分为基础研究、应用研究以及使用发展研究三个类型，而是借鉴联合国商品贸易组织的分类标准，将研发分工分为基础研究、概念设计、中期产品研究、中期产品应用开发、短期创新和实用新型设计等类型。陈欣鸿基于邓宁国际生产折中理论，构建分析框架以揭示发达国家的跨国公司在国际研发网络中持续保持竞争力的机制。

调查结果表明，美国、中国台湾和中国大陆已经形成了一个紧密相连、结构明确的信息技术产业研发网络。通过内部化与市场化的多种交易关系，在信息技术产业的研发领域构建基于研发价值链中的垂直研发分工。其中，美国等国家作为传统的信息技术产业大国，其企业掌握的信息技术产业的核心技术和信息技术产业的知名品牌是这些国家获取所

① Shin-Hong Chen. Taiwanese IT firms' offshore R&D in China and the connection with the global innovation network. *Research policy*, 2004(33):337—349.

有权优势的基础。美国等传统信息技术产业强国掌握的核心 IT 技术将影响信息技术产业技术进步的方向，从而有利于发达国家对信息技术产业国际研发分工的管控，保证发达国家信息技术产业的竞争力不会因信息技术产业研发投资的流出而削弱。与此同时，美国国际知名的信息技术产业品牌让美国能够直接进入终端市场，使得美国信息技术产业研发分工利益有了进一步保障。

为进一步强化企业国际研发投资的内部化优势，美国等国家对全球信息技术产业的控制之所以能从一般信息技术产业技术研发领域过渡到核心信息技术产业技术研发领域，还与它们的系统整合能力、产品计划能力、市场进入能力及网络交流能力有关。美国等发达国家依托超强的系统整合能力及网络交流能力，不仅维持了对整个国际研发合作的控制，同时还进一步提升了自身在“加长版”信息技术产业全球价值分工链条（包含了信息技术产业核心技术研发、信息技术产业外围技术研发、信息技术产业产品加工组装、信息技术产业产品销售等环节）中的位置，这是它们作为信息技术产业全球研发价值分工链条第一梯队存在的基础。

中国台湾作为全球信息技术产业研发价值部门的第二梯队，近年来已被中国大陆超越。随着中国台湾产业结构从劳动密集型向资本密集型和技术密集型的转变，它已成为知名 IT 品牌的首选供应商，近几年来太子的 ODM（原设计制造商）承包了大部分发达国家的 IT 品牌公司的新产品开发流程。随着在台跨国公司研发机构的扩大，中国台湾逐渐成为发达国家跨国研发网络的重要一环，而逐步摆脱了代工中心的称号。以中国台湾的电脑生产与研发为例，2005 年中国大陆取代了中国台湾成为笔记本电脑最大生产基地，其主要标志是中国台湾笔记本生产企业的一台代工生产线搬至苏州工业园区。从中国台湾信息技术产业的兴衰可以看出，IT 强国对信息技术产业的控制既是挑战也是机遇。发达国家需要将自身在国际分工中的位置朝研发方向转移，利用控制国际技术方向的能力，将新兴国家或地区纳入研发分工网络中，不断加快研发目标的实现和扩大发展中国家创新要素的利用，以巩固国际分工的主导权。由于中国台湾的原始创新力不足，因此无法主导全球研发网络而出现衰落。然而，中国台湾凭借国家知名 IT 品牌公司的首选供应商，其在产品开发的研发方面仍具有所有权优势。而中国台湾在近几年来加大对中国大陆的研发投资，其主要目的是尝试构架以中国台湾为主导的研发分工体系。由于陈欣鸿的研究时间为 2004 年，此时的中国大陆是被动地纳入全球研发网络，随着中国经济复兴和人才规模的扩大，使其成为发达国家或地区研发投资的热土。

根据问卷的实证结果，陈欣鸿还对美国、日本、中国台湾和中国大陆的 IT 产业全球创新价值链的具体分布进行了探索和判断。根据研发分支机构的经理人对其所在机构承担研发职能的回答可见，国际分工格局出现重构，IT 产业已从最初的研发型成为最终的销售型，并且被分割成产品计划、概念设计、原型设计、设计调整、部件研发、过程确认、规模生产、试验生产、物流管理、市场营销、品牌管理、售后服务等环节。在研发环节分工的空间分布上，欧美日等发达国家主要承担了具有较高研发附加值的环节，如产品计划、概念设计、原型设计、设计调整等；新兴工业化国家或地区则集聚在研发附加值较低的中间环节，如部件研发、过程确认等；中国大陆则集聚在最低的研发附加值环节，如生产研发等（见图 5-1）。

	概念设计	产品计划	设计调整	原型设计	流程确认	关键部件	外围部件	试验生产	建模生产	物流管理	市场营销	售后服务	品牌管理
美国	—	—									—	—	—
日本	—	—	—	—	—	—	—	—		—	—	—	—
中国台湾			—	—	—	—	—	—	—				
中国大陆								—	—				

注："—"表示该研发环节在某类经济体布局。

图 5-1　IT 产业全球研发网络价值链区位分布

资料来源：转引自张战仁、杜德斌：《全球研发网络嵌入障碍及升级困境问题研究述评》，《经济地理》2016 年第 8 期。

从美国、中国大陆、中国台湾的信息技术产业研发分布情况看，国际价值分工朝着研发方向不断深化，形成从核心产业技术研发向外围产业技术研发的新研发分工。受发展中国家或地区崛起的冲击，传统的 IT 产业大国对全球 IT 生产的控制手段发生转变，由依赖研发和流通环节的控制逐步向通过产业核心技术研发影响产业外围技术研发进而影响产业产品加工组装的控制转变。

陈欣鸿利用邓宁的国际生产折衷理论证明，尽管一些发展中国家或地区的崛起一定程度上削弱了传统 IT 强国在国际研发体系中的控制力，但由于自身强大的持续创新基础，传统 IT 产业强国仍然具备影响、干预、控制和主导国际 IT 技术的发展方向。在所有核心研发环节中，传统 IT 产业强国仍然控制着研发产品计划、研发设计调整、对研发概念设计等核心研发环节。通过对这些核心研发环节的控制，把发展中国家或地区纳入传统 IT 产业强国所构建的全球研发网络中，从而达到利用发展中国家创新要素、弱化发展中国家科技创新的目的。这些战略目标符合发达国家控制全球研发网络进而控制国际分工的需要。

总体而言，对 IT 产业研发分工的问卷调查结果显示，随着国际分工的演进，国际分工的边界正从产品环节层面向单个增值环节层面深化。发达国家在对研发价值分工进行分解的基础上，以国家竞争优势的重组为目标，进一步收缩业务领域，专注于研发价值链中的高端环节。发达国家跨国公司所掌握的核心技术、系统整合能力足以维持国际研发领域的研发分工秩序。面对发展中国家（或地区）的挑战，发达国家自身在国际研发分工发挥着主导作用，使其具备控制全球生产从一般产业研发向核心产业研发过渡的理论基础。发达国家对发展中国家研发的投资不会侵蚀发达国家赖以控制全球生产创新基础。在全球研发网络的分工中，发展中国家有可能再次陷入低端锁定的风险，这尤其值得发展中国家和相关企业警惕和重视。

5.3.2　基于产品视角：以 Ipod 为例

为进一步证明发达国家构建全球研发网络有利于自身国际地位的巩固，而发展中国家和地区将遭受研发分工低端锁定的风险，本书用格雷格等收集的 Video Ipod 的利润分配数据进行说明。①Video Ipod 的出现具有典型的国际研发特征，而美国在这款产品的设计中占据主导地位。其中，美国公司设计苹果系统，拥有引领现代技术发展的特点，形成以美国为主导，发达国家控制产品核心技术研发而控制产品生产的国际分工。美国的苹果公司所提出的架构成为引导苹果产品更新、发展的指挥棒。苹果公司的产品部件、外围设备制造商都必须根据苹果公司的研发标准进行设计制造，苹果公司控制着研发环节的衔接以及部件研发与部件加工的衔接，这些研发活动基本上都外包到其他国家和地区的相关公司，苹果公司则控制着概念设计、标准制定等核心研发工作。这使得苹果公司获得高额的垄断利润，也证明了发达国家跨国公司在研发方向上进一步缩小自身的业务范畴，实现利润最大化。

通过格雷格（Greg，2009）等收集的利润分配数据可以发现，与标准化组件全球生产的传统分工不同，虽然苹果公司对 Video Ipod 产品生产控制逐渐从一般产业技术研发领域向核心技术研发领域过渡，美国苹果公司依然支配着这款视频产品利益分配（如表 5-1）。日本的部分公司在其中参与国际研发分工，而不是继续局限于 Video Ipod 组件的加工、生产，Samsung、Toshi-ba 等公司还参与了零部件甚至还包括一些核心零部件的原始研发工作。这都是 Video Ipod 产品的全球研发网络分工形成的主要推动力，但在最终售价 299 美元的视频产品中，美国苹果公司获利高达 80 美元，居于首位。如果产品最终是通过苹果公司销售网站或者

① Greg L., Kenneth L., Kraemer D. J. Who captures value in a global innovation network? The case of Apple's Ipod. *Communications of the ACM*, 2009, 52(3): 140—144.

销售渠道销售，美国苹果公司还可以多获利 45 美元。相应地，其他公司的获利则逊色很多。如表 5-1 和图 5-2 所示，在 Video Ipod 产品的主要核心部件中，Toshiba 研发和生产的硬盘启动器出厂价最贵，可达 73.39 美元，但 Toshiba 公司却仅获利 19.45 美元。如图 5-2 所示，排除销售渠道所获取的利润，美国苹果公司一家获取的利润显著超过日本所有企业利润的总和（据统计，共有 4 家日本企业参与了 Video Ipod 产品部件的研发与生产）。此外，韩国及中国台湾地区企业虽然参与了 Video Ipod 产品的研发与生产，但其获取的利润分别只有 5 美元和 1 美元。

表 5-1　Video Ipod 主要组件供应商赚取的利润

生产和研发组件	生产和研发厂商	公司总部所在地	组件出厂价	按出厂价计组件利润率	厂商赚取利润
硬盘驱动器	Toshiba	日　本	$ 73.39	26.5%	$ 19.45
显示器	Toshiba-Matsushita	日　本	$ 23.27	28.7%	$ 6.68
视频处理器	Broadcom	美　国	$ 8.36	52.5%	$ 4.39
控制器	Portal Player	美　国	$ 4.94	44.8%	$ 2.21
测试和组装	Inventec	中国台湾	$ 3.86	—	$ 3.86
电池组	厂商未明	日　本	$ 2.89	30%	$ 0.87
移动同步存储器	Samsung	韩　国	$ 2.37	28.2%	$ 0.67
后　壳	厂商未明	中国台湾	$ 2.30	30%	$ 0.69
主板 PCB	厂商未明	中国台湾	$ 1.90	30%	$ 0.57
8 字节移动 RAM	Elpida	日　本	$ 1.85	24%	$ 0.46

注：未明厂商的国别（地区）及利润，以苹果公司同类组件生产商为参考确定。

资料来源：转引自张战仁、占正云：《全球研发网络等级分工的形成——基于发达国家对全球生产的控制转移视角》，《科学学研究》2016 年第 4 期。

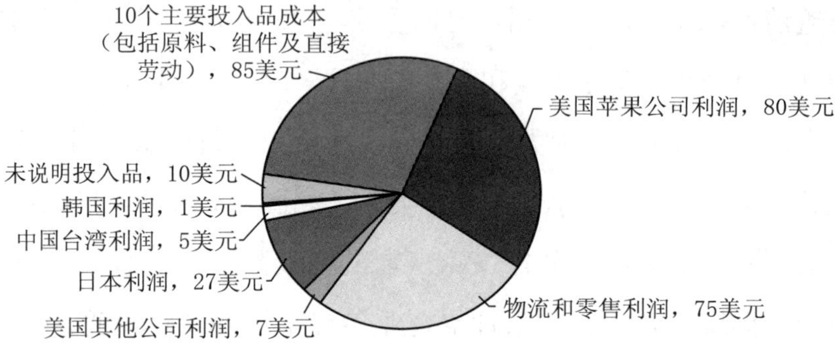

图 5-2　美国苹果公司 Video Ipod 产品的利润分配示意图

资料来源：转引自张战仁、占正云：《全球研发网络等级分工的形成——基于发达国家对全球生产的控制转移视角》，《科学学研究》2016 年第 4 期。

从 IT 产业研发整体在中国台湾、中国大陆和美国的分布以及 Video Ipod 国际分工合作的利润分配结构可以看出：（1）一国或地区企业的竞争优势是动态变化的，随着知识更新周期的不断缩短以及发展中国家或地区的崛起，发达国家凭借不断变化的比较优势不断推出新的全球研发网络分工战略，这反映了其控制转移的战略诉求；（2）发达国家对发展中国家和地区的研发投资无法腐蚀其赖以控制全球生产的创新基础。国家或地区企业竞争力的评估不能仅仅依据某个行业或某个产品的技术含量高低，也不能仅按照国家或地区所承担生产环节的附加值和技术含量，要依据国家或地区在单个研发价值增值环节的分工内部所处位置进行判断；（3）在利益诉求层面，发达国家跨国公司通过抢占研发垄断利润进一步控制全球生产，而且具备了从一般产业研发领域向核心技术研发领域过渡的利润基础；（4）以美国苹果公司为例，发达国家获取的垄断利润为其控制转移战略提供了强大的保障。其主要战略是将发展中国家和地区纳入由自身构建、控制和主导的全球研发网络，以退为进并继续巩固和强化自身的国际研发竞争力。

5.4　中国企业的嵌入障碍

5.4.1　跨国公司的封锁行为

跨国公司构建全球研发网络的目的在于巩固发达国家的国际地位并获取最大利益，这使得跨国公司扩大资源获取范围，从全球范围进行知识、技术等各种资源的整合。跨国公司基于自身先进的科技技术而主导着全球研发网络分工，在整个研发分工中始终控制着企业之间的分工关系，进而把中国企业牢牢地封锁在低端位置。其主要表现为：

第一，跨国公司核心能力控制的强化，在中国企业知识创新上设置障碍。核心能力所具备的知识隐性特征导致中国企业无法在缺乏明确条件引导下学习、吸收技术知识。为了迫使中国企业放弃对先进技术的学习和掌握，达到“技术封锁”和“网络屏蔽”的效果，只强调在研发过程中引入和使用技术和知识，跨国公司将必须转移给子公司的知识物化为设备知识，通过增加知识共享成本等方式提高进入知识壁垒。中国企业不断引进技术，它们依靠跨国公司的能力和知识实现网络分工的升级换代，而跨国公司的目标则是在保持核心能力的前提下牢牢锁定中国企业。例如，中国的一些汽车合资企业基本上不能接触研发技术，而是依赖于不断引进的知识和技术。

第二，跨国公司强化核心能力价值，尽量缩减中国企业利润空间。

作为研发网络分工的主导者，跨国公司通过技术标准、专利等参数来控制研发网络中东道国企业的利润空间，阻碍东道国企业的技术追赶和分工地位的升级。跨国公司的技术优势使得中国企业的依赖性增强，跨国公司的获利空间扩大。据报道，在中国市场生产的罗技无线鼠标，其国际市场的售价为40美元，中国苏州装配厂只能分得3美元，剩下的归罗技公司获得。又如，一件美国纽约名牌衬衣售价120美元，中国企业仅能分得10％的利润。一直以来，中国生产的多数产品的大部分利润付给了发达国家的知识产权费等，因此不得不将计算机售价的30％、国产手机售价的20％、数控机床售价的20％～40％支付给跨国公司，相当于中国企业为跨国公司赚钱。而对跨国公司的依赖性导致中国企业只有通过长期压低国内工人和资源价格等方式降低生产成本，而国内有效需求尤其是高端需求规模难以扩大，还导致资源价格体系扭曲，资源过度消耗，环境污染严重。最终结果就是导致中国企业自主创新能力形成所需的需求市场、资金、资源条件与环境都受到影响。

第三，跨国公司严密的“封锁”，中国企业低端锁定难以“突破”。处于全球研发网络低端位置的中国企业想进入高端市场，必然遭到跨国公司的封锁和拦截。此时，低端“突破”和“不突破”的选择成为中国面临的两难问题。低端锁定的“突破”行为需要通过一系列的科技创新活动来提高本国研发水平，拥有与跨国公司交流的话语权才能攀升到研发的高端环节。但是，低端锁定使得中国企业的突破变得十分艰难，中国企业在提升自主创新能力时就会遇到掌握核心技术如专利和标准体系的跨国公司的“封锁”。

以中国中兴通讯为例，中兴通讯前身是深圳市中兴半导体有限公司，于 1985 年成立并开始自主研发之路。中兴通讯在“七国八制”“围剿”中起步，在技术封锁中诞生。30 年后的今天中兴通讯虽已经是国内第二、全球第四的通信设备供应商。但经过了 30 年的发展，中兴通讯又重新回到了技术封锁原点——仍然被美国芯片、核心零部件卡住了脖子。2018 年 4 月 16 日，美国商务部宣布美国企业 7 年内不得向中兴通讯销售元器件，这一消息无疑是对中兴通讯的沉重打击。“如果核心元器件严重依赖外国，供应链的‘命门’掌握在别人手里，那就好比在别人的墙基上砌房子，再大再漂亮也可能经不起风雨，甚至会不堪一击”，习近平总书记的告诫可谓刻骨铭心。中国企业要想做大做强，关键还在于核心技术的掌握，掌握了核心技术便拥有技术优势，这是中国企业突围跨国公司的封锁实现研发分工升级的重中之重。

5.4.2　融入后的消极影响

嵌入全球研发网络的中国企业弥补了中国研发资金的短缺，尤其是弥补了企业研发资金的不足。他们培养了大量本地高水平研发人才，并从世界各地引进了先进技术和研发管理经验。作为中国技术创新的一个重要来源，它们不仅为新兴产业的出现创造了条件，而且也关注旧企业的升级和改造。更重要的是，跨国公司与中国企业、中国研究中心和研究机构形成了技术联盟。通过相互交流、互动和接触，中国本土企业有可能获得发达企业拥有的专有技术，这对中国企业的技术能力产生了积极影响。实践证明，跨国公司的技术转移以及中国的中心和产业发展整体水平极大地促进了中国高新技术产业的发展，促进了国内产业升级。

但不容忽视的现实是，中国企业嵌入研发网络也带来了一系列的消极影响。

一是跨国公司网络屏蔽的消极影响。跨国公司网络屏蔽效应的产生主要在于，跨国公司一方面吸收中国企业的先进技术和丰富资源尤其是智力资源，另一方面阻碍中国企业技术创新升级，严格控制跨国公司技术溢出，使得中国企业技术创新举步维艰。首先，人才流失从流失到国外变为流失到了国内设立的研发机构，减少了国内人才的出国，减缓了人才流失趋势。国内研发机构提供了非常优越的条件吸引了国内高校和科研机构的骨干，形成了国内人才单向流入跨国公司研发机构的现象。有关统计数据显示，中国有40％最优秀的人才和45.7％的优秀人才流入外资企业，使国内的研究力量遭受严重损失，此外，随着关键人才的流动，国内研究的积累也可能被带入国外公司，对这些国内单位造成一定的影响。另一方面，进入跨国公司研发机构的研究人员将遭受严重的损失。很少有员工回到原来的企业尤其是国有企业，这就增加了中国企业对技术的依赖。

其次，中国企业的逆向技术扩散问题。跨国公司在华研发机构通过高薪和良好的工作环境，吸引了中国大量的高层次科技人才，也从国内企业、高校和研究机构中挖掘了大量人才和技术。这实际上是内资企业或研究机构向跨国公司免费扩散技术，这导致了中国企业技术逆向扩散问题。如果国有企业和科研机构不解决产权制度和科研机制问题，反向技术扩散将越来越严重。这样，我们的市场化技术交换战略不仅不能获得技术，而且在合作中甚至会失去我们自己的技术。再次，技术差距拉大。随着越来越多跨国公司更深层次地参与和涉入中国的技术开发领域，可能会进一步深化中国在技术进步和创新方面的依附关系，从而丧失一些实现自主增长的基本条件。另外，跨国公司倾向于独资开设研发机构，这有利于提高跨国公司的技术水平，但也会进一步拉大中国与发达国家的技术差距。这样，中国在技术开发与创新上会更加受制于发达国家和跨国公司，技术开发的依附性也会进一步提高。最后，跨国公司的技术垄断进一步加强。技术优势是跨国公司经营的基础和生命线，因此跨国公司经常把最新的技术转让给他们的分支机构，把旧的或行将淘汰的技术转让给东道国公司或合资企业。在过去，中外合资企业中的中国员工通过模仿和干中学（learning by doing），可以从中学习和消化吸收跨国公司的先进技术。但随着独立研发机构的建立和自有知识产权的保护，这种技术扩散的渠道就被彻底封堵，从而在很大程度上减少了跨国公司先进技术的溢出效应，限制了国内企业获得先进技术的途径。

二是低端锁定对中国企业的负面影响。中国企业被“低端锁定”主要表现在，跨国公司通过采取技术锁定和技术垄断战略，使中国企业处于研发网络分工的低端地位，限制了中国企业技术创新能力的提高。首先，跨国公司采用的技术锁定战略抑制了中国企业的技术创新。跨国公司在核心技术领域保持垄断优势，从最初的技术封锁和技术垄断逐步形成一套设计精良的技术锁定策略。跨国公司全球研发网络的形成使得跨国公司更加重视技术锁定的应用。特别是在中国这样一个拥有巨大市场的发展中国家，跨国公司一方面将他们的研发部门转移到中国，另一方面牢牢控制核心技术，使中国长期处于研发分工的低端位置，始终保持对跨国公司技术的依赖。这种弱化使得内资企业和机构逐渐丧失自主设计和开发的能力，在技术开发和创新发展上更加依赖于跨国公司。其次，跨国公司对中国的技术垄断导致中国企业的竞争劣势。跨国公司在中国投资的根本目的是为了追求利益的最大化。为了尽可能地占领中国市场，获取高额利润，他们通常会构建更高的行业进入壁垒，或严格控制技术标准制定权，从而实现技术垄断。更重要的是，通过"技术研发分工"战略，跨国公司往往把基础性、原始性的创新研究和关键核心技术开发功能放在母国，确保其始终处于产业链、价值链的上游和高端环节，保持其绝对竞争力。而跨国公司在中国建立的研发中心大多定位于产品的本地化，主要从事适应性、专业性和实验性产品的推广活动。在很大程度上，这些在华研发机构只是扮演了跨国公司先进技术和中国特殊市场需求之间的纽带角色。跨国公司在中国的投资越来越倾向于独资经营，这一方面可以有效封堵对本地企业技术扩散的渠道，减少先进技术和管理知识的转移，维持技术垄断优势；另一方面又有利于跨国公司进行自主知识产权保护，通过专利壁垒或知识产权进一步实施对核心技术的控制。因此，跨国公司能够凭借技术、品牌、规模的先发优势不断降低利润空间，使本国企业在进行自主技术研发时要么所获利润很少要么该技术已被淘汰，从而迫使其放弃研发，始终处于竞争的劣势。

根据之前的分析，跨国公司对中国的投资就像一把双刃剑，既有利也有弊。它既有前进的机遇，也有面临挑战的风险。目前，中国大多数跨国公司的研发机构都在从事针对中国市场的非核心技术研发，研发水平较低。即使有一些高级研发，它在中国设立的目的也是为了加强其企业在中国的技术垄断优势，寻求垄断利润。此外，一些跨国公司在中国使用"研发"这个名称窃取中国的科技秘密，占有中国的基础研究成果。因此，中国政府在制定优惠政策、实施对跨国公司的激励和保障的同时，也要对跨国公司的科技活动进行正确的监督和指导。具体而言，我们应该鼓励跨国公司将其研发资源整合到中国，并使中国企业参与到核心技术和创新技术等高水平和高层次的研发活动中；适当引入和加强竞争，使跨国公司能够在中国上游扩展其研发流程，引入核心技术和先进的研发管理体系和创新体系；进一步完善中国的研发管理体系，加强技术保密建设和知识产权保护机制，防止战略性研发资源进一步流失。此外，中国企业应该把研发战略提升到更高的水平，因为在研发部门的国际竞争中，只有通过自主创新和研发，中国企业才能获得发展的机会和主动性。

第6章　中国企业研发国际化的实践探索

全球研发网络是在研发全球化过程中逐步形成的，当前发达国家跨国公司主导全球研发网络的格局仍未改变，但随着新兴经济体的崛起，跨国公司研发投资的主体都在发生变化，来自发展中国家的跨国公司对全球研发网络的拓展作用开始显现。①企业跨国研发投资不再是单一地在发达国家之间以及发达国家在新型经济体国家之间开展研发活动，而是有越来越多的新兴经济体国家开始在发达国家开展研发活动，新型经济体国家之间的研发投资互动也越来越频繁。

在全球跨国研发投资蓬勃发展的背景下，全球面临国际对外投资模式的重大转变，中国不仅越来越成为跨国公司海外研发投资的东道国，也日渐转型为活跃的海外研发投资母国。随着中国"走出去"战略的深入实施与推进，中国企业融入全球经济的深度和广度不断提升，参与国际竞争的领域和层次也在不断提升。

---

① 张永凯：《我国本土企业嵌入全球研发网络的路径选择》，《甘肃社会科学》2014年第3期。

6.1　发展历程与现状

6.1.1　起步晚，规模小

跨国公司在海外从事研发活动的先行者是美国和西欧的跨国公司，日本企业和韩国企业紧随其后，第三波是中国和印度企业。[①]20 世纪 70 年代以来，国际性的研发活动被许多大型跨国公司所重视并逐渐成为一种普遍的新现象。由于中国政府在相当长的一段时间内把重点放在引进外资以弥补国内资金和技术的缺口，从而使得中国的对外研发投资起步晚，投资规模远低于发达国家。

吕萍、杨震宁和王以华认为，中国企业开展海外研发投资的首次尝试是上海复华实业股份有限公司 1991 年在东京成立的中和软件株式会社东京支社（研发机构），开创了中国企业海外研发投资的先河，这与发达国家 20 世纪 70 年代兴起的研发国际化浪潮相比晚了近 20 年。[②]此后，中国一些实力较强的跨国公司，如海尔、创维、中兴、联想、华为等家电、通信行业开始尝试在美国、日本、德国、韩国等发达国家或某些技术上有一定优势的新兴经济体或发展中国家（如印度、俄罗斯等）设立研发

① 柯银斌、康荣平、沈泱：《中国企业海外研发的功能与定位》，《经济界》2011 年第 11 期。

② 吕萍、杨震宁、王以华：《我国高新技术企业研发国际化的发展与现状》，《中国软科学》2008 年第 4 期。

机构。

在跨国公司相继对中国进行直接投资并设立研发机构的背景下，中国企业研发国际化的早期多以和跨国公司或技术先进的企业建立研发合作关系为主，如华为技术有限公司在1997～2005年间与德州仪器、摩托罗拉、IBM、英特尔、Agere Systems、Altera、Sun Microsystems、Qualcomm、Infineon和微软等企业成立共10所联合研发实验室。

据中国商务部与外汇局统计的数据显示，2016年中国企业对外直接投资额为1 832亿美元，仅次于美国位列世界第二。而从《2017年中国科技统计年鉴》的统计数据显示，2016年中国企业对境外研发机构支出的研发经费为90.72亿元，占对外直接投资额的比重仅为0.73%。美国是跨国公司研发投资最多、研发机构最为集中的国家，考察不同国家在美国设立研发分支机构的数量及运营情况，可以在一定程度上分析比较不同国家的研发国际化水平。①据美国经济统计局对于在美国的外国直接投资的调查统计中可以发现，中国企业在美国设立分支机构的投资规模及创新能力与欧洲国家以及日本、韩国等亚洲发达国家存在着较大差距。2014年，中国企业在美分支机构的研发经费支出为4.97亿美元，位列法国、英国、德国、荷兰、瑞士、日本、韩国等国之后，为第9位，研发人员数为3.8万人，仅为英国、日本跨国公司在美分支机构人数的1/30和1/23，稍多于丹麦、芬兰、沙特阿拉伯及俄罗斯等国（如表6-1所示）。

---

① 黄兆银：《R&D全球化研究》，武汉大学出版社2006年版。

表 6-1　部分国家跨国公司在美国设立子公司的研发信息（2014 年）

国　家	研发支出（亿美元）	研发人员数（万人）
法　国	83.58	59.2
日　本	79.69	90.2
英　国	75.34	113.2
德　国	71.65	69.1
荷　兰	23.62	M
韩　国	12.79	4.7
加拿大	6.57	64.9
瑞　士	6.28	20.6
中　国	4.97	3.8
丹　麦	4.18	3.4
比利时	4.06	15.1
芬　兰	3.17	2.5
沙特阿拉伯	2.01	J
澳大利亚	1.97	10.3
西班牙	1.25	7.5
俄罗斯	0.25	I

注：表中 M 代表 100 000 人以上，J 代表 10 000～24 999 人，I 代表 5 000～9 999 人。

资料来源：美国经济统计局：《2015 Survey of Foreign Direct Investment in the United States，FDIUS》。

目前，除华为、海尔集团、药明康德以及联想集团等少数企业在海外研发投资已超过 10 亿元外，相当数量的对外直接投资是中小企业推动的，缺乏国际运作经验及利用国际资本市场等资金来源，这些企业海外研发投资规模一般较小，多则数千万元，少则几十万元，聘用的研发人员也较少，很少有超过几十人的海外研发机构。从企业海外研发机构的功能来看，发达国家跨国公司海外研发机构从事的研发活动除技术学习外，还主要包括进行向海外（主要是发展中国家市场）技术转移以开拓市场获取利润。而目前大多数中国企业海外研发机构的层次还比较低，仍停留在海外研发办事处、海外研发联络点、技术检测等功能上，主要职能是收集信息和为国内研发中心寻求技术合作伙伴等，研发能力与发达国家跨国公司相比还有很大的差距。

6.1.2 新建海外研发机构发展迅速，以民营企业为主

中国商务部对外投资与国际合作司于1990年开始对境外投资的中国企业进行了备案并登记相关信息，在经营范围的信息中详细描述了境外投资企业具体的经营活动。我们在其中查找与研发相关的信息（如“科学研究”、“研发”、“研究”、“研究与开发”、“技术开发”等），以及与之相对应的一些基本信息，包括投资年份、国内来源地、投资的东道国等，并对这些信息进行了分类整理。这些数据信息成为本研究分析中国企业新建海外研发机构的主要数据来源。

按中国企业海外研发机构数量的变化可将其发展历程划分为三个发展阶段：第一阶段为起步探索阶段。继1991年上海复华实业股份有限公司在东京成立研发公司以来，1994年又在美国成立致力于开发及生产UPS产品的环球控制系统有限公司。1997年，格兰仕集团在美国成立微波炉研究所，通过吸纳其权威技术专家，专门从事家电产品尖端技术及新材料、智能化的应用研究。21世纪初，中国一些实力较强的跨国公司如海尔、创维、中兴、联想、华为等家电、通信行业，开始尝试在美国、

德国、日本、韩国等发达国家或者经济发展水平较高并在某些技术上有一定优势的发展中国家（如印度）设立研发机构。

第二阶段为稳步快速增长阶段。2001 年中国国民经济和社会发展“十五”计划提出“走出去”战略，其中包含鼓励企业利用国外智力资源在国外设立研发和设计中心实现国际化发展。自“走出去”战略实施以来，中国企业研发国际化步伐逐步加快，从 2005 年的 41 家增加至 2010 年的 87 家。

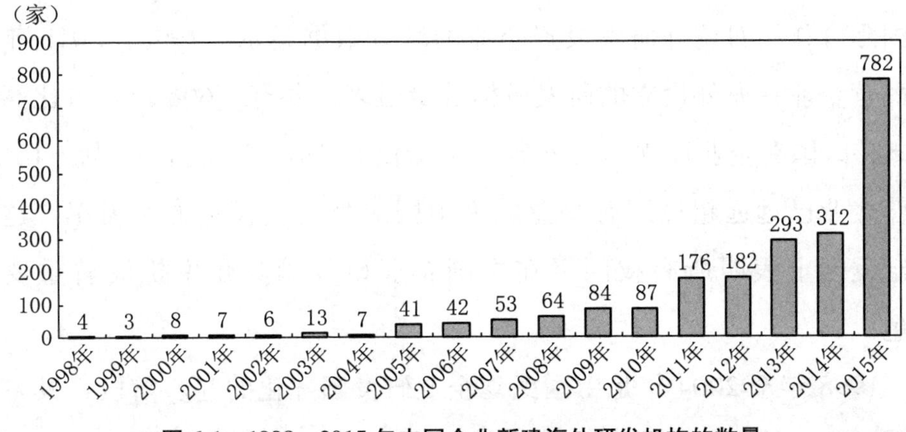

图 6-1　1998—2015 年中国企业新建海外研发机构的数量

资料来源：胡曙虹：《中国企业 R&D 国际化：区位选择与空间组织》，华东师范大学博士学位论文，2018 年，第 54 页。

第三阶段为快速增长阶段。自 2011 年开始中国企业在海外设立研发机构的数量每年都在持续上升，且增长速度不断加快；随着“一带一路”建设的推进实施，丝路基金与亚洲基础设施投资银行的筹备成立，中国企业对外投资规模快速增长，其在海外设立的研发机构从 2014 年的 312 家急剧增长为 2015 年的 782 家。

从参与研发国际化的中国企业类型来看目前已趋向多元化，基本涵盖了国有企业、私营企业、股份制企业、中外合资企业等所有类型的企业。随着中国融入全球经济的不断深入，民营企业“走出去”也面临着难得的发展机遇。为加快实施“走出去”战略，2002 年以来国家商务部与外汇管理局采取简化审批程序、下放权限等措施改革境外投资审批工作，对促进民营企业对外直接投资起到了积极作用，提高了民营企业的海外投资积极性。此外，相关国家政府放宽了外资投资准入限制，便于中国企业“走出去”在海外设立研发机构。根据中国商务部对外投资与国际合作司对境外研发投资企业的统计数据显示，1998～2015 年中国民营企业在海外设立的研发机构数量最多，共有 1 606 家，占比高达 61.53％,国有企业设立的海外研发机构仅有 187 家，占比仅为 7.16％。民营企业已远远超过国有企业成为中国对外研发投资的主力军，这在一定程度上表明所有权因素在中国企业研发国际化中扮演着重要的角色。

1998 年至 2004 年是中国民营企业研发国际化的起步阶段，其主要特点是缺乏体系。华为、海尔、创维等公司率先在境外进行研发投资，形成了一小波民营企业境外研发投资浪潮，并起到了一定的带动和示范作用。2005 年至 2010 年，民营企业海外研发投资呈现出缓慢且稳步增长的态势。2011 年至今，民营企业海外设立研发机构的数量及速度都急剧增加，从 116 家增加至 608 家。2014 年至 2015 年民营企业海外设立的研发机构数量增加了 384 家，增长率高达 171％（如图 6-2 所示）。虽然目前中国民营企业实力还较为弱小，但市场意识敏锐，能迅速适应市场的变化，机制灵活多变，善于捕捉商机并及时做出决策，能充分利用国内外两种市场和资源参与国际竞争。目前，中国民营企业发展的现状主要是资源不足、资金短缺及低水平经营等，其面临的最大短板是技术创新能力不强且缺乏知名的国际品牌，在全球市场的前沿设立海外研发中心是有效弥补中国民营企业自身创新能力不足的有效方式之一。

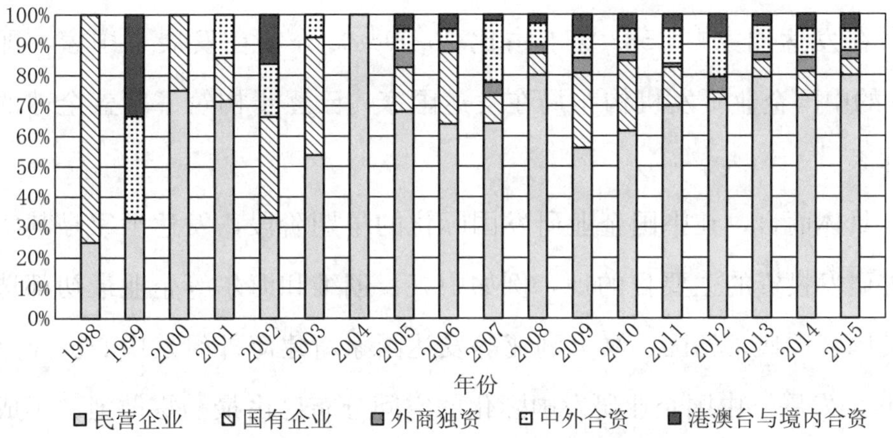

图 6-2　1998—2015 年不同性质的中国企业新建海外研发机构的数量变化

资料来源：根据中国商务部数据整理自绘。

6.1.3　空间布局基本覆盖全球，呈现分散和集聚并存的特征

企业研发国际化实质上是企业组织空间扩张的过程，主要表现形式就是在母国以外的国家或地区从事研发活动。中国商务部对外投资与国际合作司对境外投资的中国企业进行备案登记的信息中也包含了境外投资的东道国，结合经营范围中的研发投资信息可统计出企业所设立的海

外研发机构的空间分布特征。

1998～2015年，中国企业海外研发机构的空间布局已从北美洲、亚洲扩张至在除南极洲之外的其他六大洲，其中北美洲、亚洲和欧洲是中国企业海外研发机构布局的主要区域。从所在东道国的情况来看，截至2015年，中国企业在全球102个国家设立了海外研发机构，覆盖了全球46.7%的国家，新建的2 157家海外研发机构中有1 577家（占比73.01%）分布在发达国家①，583家（占比26.99%）分布在发展中国家，即近1/3的中国企业研发机构布局在发达国家，已逐步构筑了覆盖全球的研发体系。

具体而言，在中国企业研发国际化的早期阶段，发达国家是其实施海外研发投资的主要目的地，例如中兴、创维和海尔等企业最初都选择在美国、瑞典、韩国、澳大利亚等发达国家新建海外研发中心。经过近20年的发展，中国企业研发国际化的空间分布已由最初零散地、不成系统地分布于少数国家迅速扩散至全球。北美、欧洲及亚洲的发达国家是中国企业设立海外研发机构的主要东道国，与中国地理距离较近的东亚、东南亚、南亚的发展中国家基本都有中国企业设立的海外研发机构，撒哈拉以南非洲地区的东、西部及南部是中国企业对非洲进行海外研发投资的主要区域，拉丁美洲虽远离中国，但中国企业海外研发机构也已遍布该区域的大部分国家（如图6-3所示）。

---

① OECD发达国家主要包括美国、加拿大、英国、法国、德国、意大利、瑞士、奥地利、荷兰、比利时、卢森堡、丹麦、瑞典、挪威、芬兰、冰岛、爱尔兰、希腊、葡萄牙、西班牙、澳大利亚、新西兰、韩国、日本、新加坡等，其余为发展中国家。

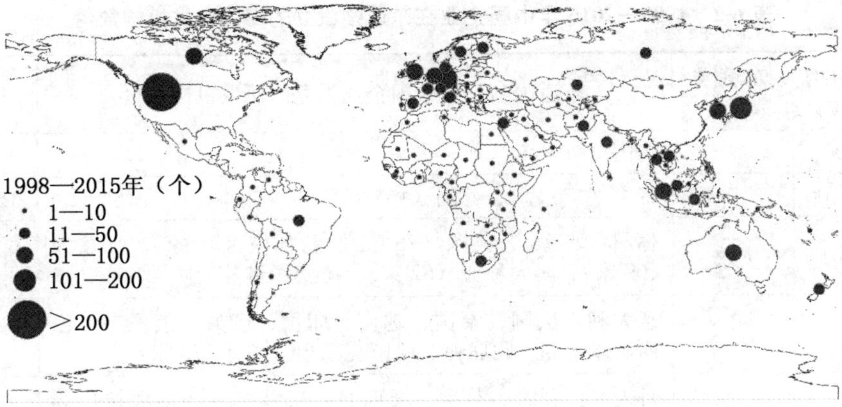

图 6-3　1998—2015 年中国企业海外研发机构的空间分布格局

资料来源：根据中国商务部数据整理自绘。

按照拥有中国企业设立的研发机构数量可将排名前 20 位的东道国分为 5 个层级：第一层级（>200 家）为美国，拥有的中国企业海外研发机构数量为 819 家，占总数的 38.0%；第二层级（100～200 家）为日本和德国，分别拥有中国企业研发机构 176 家和 165 家，共计占总数的 15.8%;第三层级（50～100 家）主要包括韩国、英国、新加坡、加拿大、澳大利亚、荷兰 6 个国家，共计拥有中国企业海外研发机构 431 家，占总数的 20.0%；第四层级（11～50 家）包括意大利、泰国、法国、越南、印度、俄罗斯、瑞典、以色列、巴西、阿联酋、哈萨克斯坦 11 个国家，共计拥有中国企业海外研发机构 270 家，占总数的 12.5%;第五层级（1～10）包括丹麦、比利时、芬兰、墨西哥、柬埔寨、沙特阿拉伯等 82 个国家，共计拥有中国企业研发机构 296 家，占总数的 13.7%。从表 6-2 中可以看出，其中第一至第三层级的东道国全部为发达国家。

表 6-2　1998—2015 年中国企业在东道国设立的海外研发机构数量

研发机构数（家）	东道国数（个）	东道国名称及中国企业设立的研发机构数量	比重
＞200	1	美国（819 家）	38.0%
101—200	2	日本（176 家）、德国（165 家）	15.8%
51—100	6	韩国（95 家）、英国（76 家）、新加坡（75 家）、加拿大（69 家）、澳大利亚（62 家）、荷兰（54 家）	20.0%
11—50	11	意大利、法国、泰国、越南、印度、瑞典、俄罗斯、巴西、以色列、阿联酋、哈萨克斯坦（共计 270 家）	12.5%
1—10	82	丹麦、比利时、芬兰、墨西哥、柬埔寨、沙特阿拉伯等（共计 296 家）	13.7%

资料来源：根据中国商务部数据整理自绘。

美国、日本、欧洲作为世界上技术最先进、研发资源最密集的国家是中国企业最热门的研发投资目的地。美国在中国企业对外研发投资版图中占有相当重要的地位，据美国经济分析局统计数据显示，中国对美国投资额占美国吸收外资总量的比重很小。2014 年中国企业在美国的研发经费支出仅为 4.97 亿美元左右，但美国仍是中国企业设立海外研发机构数量最多的东道国。美国经济分析局根据近 3 年先进制造业部门对美国投资的数量及增长速度预测，中国企业对美国的研发投资正在稳步增长，未来将有越来越多的中国企业通过增加其在美国创新集群的绿地投资以扩展其研发活动。加利福尼亚州是中国对美国投资的首选目的地，集中分布在旧金山市、硅谷地区以及大洛杉矶地区的部分城市。圣塔克拉拉市已吸引了众多中国企业在当地进行研发投资，如中国通信业巨头——华为公司在圣塔克拉拉的硅谷研发中心雇佣了 200 多个本地研发人员，阿里巴巴云计算部门和京东分别在该市设立数据分析中心和新的研发中心，百度在桑尼维尔市成立了人工智能实验室，致力于用计算机模拟人类的大脑。

日本是仅次于美国的中国企业海外研发投资的主要东道国，作为亚洲经济实力最强大的发达国家，日本科学技术的持续发展为中国企业吸收日本技术，制造高端产品提供了机会。此外，日本在地理位置上与中国相邻，文化背景在一定程度上有着相似之处，因而成为中国企业海外研发投资重要的战略基地。但截至 2015 年底，中国企业对日本投资总体规模较小，仅占日本吸引外资的0.5%。①

中国欧盟商会的调研分析发现，约 1/3 中国企业对欧盟 OFDI 的动因是获取东道国的先进技术、知识产权和研发资源、品牌或专业知识及构建制造或研发能力。德国是欧洲最先进制造业领域中的先驱者和领导者，是中国对欧洲研发投资的首选地，根据 2013 年德国联邦外贸与投资署的统计数据，从对德国的投资项目数量上来看，中国位列第 3 位，主要集中在汽车制造、机械工业和电子等行业。据荣鼎咨询机构的统计资料显示，2011 年以来中国企业对德国的年均投资水平不断提高，并稳定维持在 10～20 亿欧元/年，且中国企业对德国绿地投资的一个明显变化趋势是其研发支出在增加。

6.2　在全球研发网络中的角色变迁

在科技全球化的背景下，对中国企业在全球研发网络中的角色变迁

① 参见德勤发布的《中国企业对日投资指南（2016）》。

进行研究，主要是分析中国企业如何通过国际化进行全球知识搜索，获取最有价值的外部知识，并通过与内部知识进行整合实现创新和转型升级。

6.2.1 在全球研发网络中的地位演变

(1) 在全球创新网络中的地位日益凸显，但总体创新能力仍较弱

尽管在全球研发体系中，来自中国企业的研发支出排在世界前列的仍然很少，但其排名正在逐步攀升。在欧盟技术创新中心发布的全球企业研发排行榜中，中国上榜的企业数量从 2004 年的 3 家大幅增长至 2017 年的 316 家，全球排名第 3 位，位列美国、日本之后，已远远超过德国、英国、瑞士、法国、韩国、荷兰、瑞典等国家。从企业平均研发强度来看，中国虽然已从 2004 年的 0.66％增长到 2017 年的 2.84％，但仍低于瑞士、美国、瑞典、德国、荷兰、日本等发达国家企业的研发强度，也未及全球平均水平（2004 年为 3.84％，2017 年为 4.1％）（如表 6-3 所示）。仅有华为、阿里巴巴、中兴通讯、百度等少数企业的研发投入进入全球研发 100 强，研发强度均超过 10.0％。中国企业占全球研发 2 500 强的比重从几乎可以忽略跃迁至 12.64％，这说明中国企业正在逐步重视研发活动。但由于国内各方面环境和条件的制约，中国企业整体研发强度与发达国家跨国公司仍然存在较大差距，这也是中国企业在全球研发网络地位转变中应该高度重视的问题。

表 6-3 2004 年和 2017 年全球研发排行榜 1 000 强企业的国家（地区）分布

2004 年			2017 年		
国家（地区）	数量（个）	平均研发强度（%）	国家（地区）	数量（个）	平均研发强度（%）
美 国	382	4.54	美 国	822	6.21
日 本	193	3.98	日 本	365	3.49
德 国	59	4.17	中 国	316	2.84
英 国	46	2.11	德 国	134	4.31
法 国	41	2.65	英 国	134	2.86
瑞 士	27	6.52	中国台湾	105	2.89
瑞 典	18	4.41	瑞 士	52	7.43
中国台湾	18	2.44	法 国	71	2.60
丹 麦	16	5.24	韩 国	70	3.12
荷 兰	11	7.05	荷 兰	39	4.29
中 国	3	0.66	瑞 典	36	4.55

资料来源：The 2005～2017 EU industrial R&D investment Scoreboard。

（2）以 PCT 专利申请数量衡量的企业研发国际化水平不断提升

随着国家创新驱动发展战略及“走出去”战略的实施和不断深入，越来越多的中国企业开始实施专利申请的国际化。统计数据显示，2006 年参与 PCT 专利申请的中国企业仅有 11 家，2015 年增加至 135 家，从变化趋势上来看经历了缓慢增长到迅速增长的变化，2006～2009 年的年均增长率为 4.10%，2010～2015 年的年均增长率为 41.16%。从企业 PCT 专利申请数量上来看，2006 年至 2010 年中国企业专利申请数量呈现稳步持续上升的趋势，从 2006 年的 845 件增加至 2015 年的 13 354 件，年均增长率为 35.89%，增长势头迅猛（如图 6-4 所示）。由此可见，以参与 PCT 专利申请的企业数及企业 PCT 专利申请总量衡量的中国企业在全球研发网络中的地位正在逐步提升。

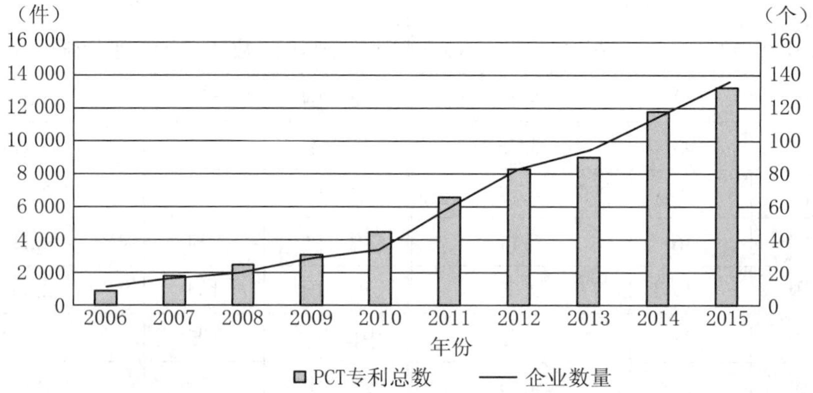

图 6-4　2006～2015 年中国企业 PCT 专利申请数量占总数的比重（前 10 名）

资料来源：世界知识产权组织（WIPO）。

PCT 国际专利申请快速增长的背后是中国企业自主创新能力的大幅提升以及知识产权保护意识的不断提高，这在一定程度上反映了以华为公司、中兴通讯、京东方科技和腾讯等为代表的创新型中国企业为中国科技创新提供了有力支撑，其研发国际化水平达到或已经超过了发达国家跨国公司的研发国际化水平，同时也说明中国企业在走出国门、开拓海外市场的同时，越来越注重利用知识产权参与到市场竞争中。

6.2.2　嵌入全球研发网络的演进过程

作为发展中国家的后发企业，中国企业嵌入全球研发网络的演进过程可以看成是学习型组织的知识获取及积累的过程，具体可以划分为：时间维度上的历时性积累与空间维度上的获取及集聚性积累（包括在企业内部与外部），并在此框架内研究不同知识获取及积累模式影响企业创新能力提升的内在规律①。

(1) 通过“以市场换技术”或与跨国公司合作进入国际技术体系

作为世界先进技术的主要发明者及供应来源，跨国公司通过对外直接投资实现内部化技术转移。科科较早将“溢出效应”引入跨国公司FDI领域，认为这种转移行为通过技术的非自愿扩散对东道国的技术研发水平、自主创新能力有一定的提升作用，即技术溢出。②改革开放以来，通过大规模引进国外技术、设备，中国企业整体的技术水平有所提升。为进一步缩小同发达国家的技术差距，20世纪80年代中国开始实施“引进外资、以市场换技术”的战略，试图通过开放国内市场，引导外资企业向中国技术转移，获取国外先进技术，希望借助溢出效应并通过国内企业的消化、吸收，最终形成本土企业的自主研发能力，从而提升中国整体的技术创新水平。

以大中型工业企业技术获取经费支出为例，1998～2016年中国大中型工业企业的技术来源主要还是依靠国外技术引进，从时间变化上来看对引进购买的技术消化吸收不足的情况仍较为明显，且在2011年后有进一步加剧的趋势（如图6-5所示）。进一步分析中国大中型工业企业技术获取经费支出的变化情况可见，引进技术经费支出表现出持续快速增长—波动下降—相对稳定的变化特征，购买境内技术经费支出表现出持

① 张军、许庆瑞：《提升企业自主创新能力：从哪里出发?》，《清华管理评论》2017年第7期。

② Kokko A. Productivity spillovers from competition between local firms and foreign affiliates. *Journal of international development*, 1996, 8(4):517—530.

续快速增长—短暂下降—持续平稳增长的变化特征，消化吸收经费支出则表现出持续快速上升—波动下降—快速下降的变化历程。

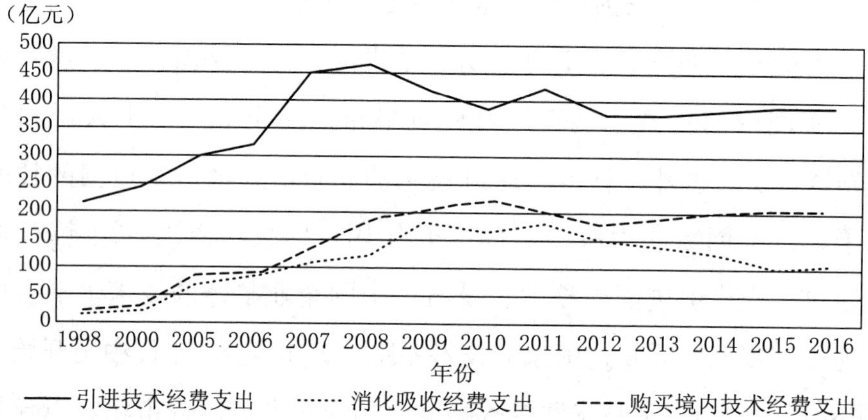

图 6-5　1998～2016 年我国大中型工业企业技术获取经费支出

资料来源：中国科技统计年鉴（1999～2017 年）。

“以市场换技术”的战略实施以来，中国企业在国际技术分工体系中的地位有所改善，逐步培育出一些技术先进且具备国际竞争力的产业和企业。以核电技术为例，根据中国第三代民用核电技术发展的要求，2007 年中国引进美国西屋公司开发的核电市场最具竞争力的技术——AP1000（一种两环路 1000MWe 的非能动压水反应堆核电）。西屋公司与中国合作在为美国创造大量就业岗位的同时也为中国吸收美国的产品、技术和服务出口提供了机会。2008 年，由国家核电牵头联合有关单位开始共同攻关研制出的 CAP1400 型压水堆核电机组则是在消化、吸收、全面掌握中国引进的第三代先进核电 AP1000 非能动技术基础上，通过再创新开发出具有中国自主知识产权、功率更大的非能动大型先进压水堆核电机组。2014 年 CAP1400 示范工程通过审核，2017 年正式开工建设，压水堆重大专项CAP1400示范工程核电站的建成标志着中国已通过自主创新掌握了第三代核电技术。

在研发全球化的背景下，跨国公司对中国的研发投资已成为影响中国国家创新系统和企业研发活动的重要因素。[①]上海、北京等国内很多城市都成为跨国公司全球研发网络的重要节点区域，并且很多跨国公司在华研发机构都与本土企业进行了合作，这一过程中必然存在知识溢出的现象[②]。合作创新已成为中国企业嵌入全球创新网络的重要战略选择，其原因包括：一方面，跨国公司在华研发机构与本土企业日益频繁的人才交流和研发合作成为其知识溢出的重要途径，为中国企业近距离获取先进知识提供了便利；另一方面，中国企业可以从与跨国公司在华研发机构合作创新创造出的新产品或发明专利中继续学习，探究其技术原理，从而提升中国企业的技术创新能力[③]。

但已有国际投资的理论与实践均表明，发达国家对外直接投资本身就带有防止自身垄断技术扩散的目的，跨国公司在中国企业的技术转让和投资过程中对关键技术都相当敏感，因此中国企业也很难通过技术引进的方式吸收国外先进技术。由于技术外溢的局限性导致中国企业长期被锁定在全球价值链的低端环节，中国企业在全球研发网络中技术水平落后的状况并未得到根本的改变。

---

① 薛澜、沈群红、王书贵：《全球化战略下跨国公司在华研发投资布局——基于跨国公司在华独立研发机构行业分布差异的实证分析》，《管理世界》2002年第3期。

② 杨玉秀、杨安宁：《合作创新中知识溢出的双向效应》，《工业技术经济》2008年第8期。

③ 胡曙虹、杜德斌、肖刚等：《跨国公司在华研发对本土创新机构知识溢出效应的实证研究——基于合作创新的视角》，《软科学》2015年第10期。

（2）通过自主创新提升企业在全球创新网络中的位序

后发企业创新能力的构建必须在经过消化吸收再创新建立的创造性模仿能力的基础上，利用已有基础通过自主创新在某些新兴领域实现技术原创。自2006年以来，中国进入“建设自主创新体系与创新型国家”的发展阶段，把增强自主创新能力作为科学技术发展的战略基点，开始探索建立以企业为主体、市场为导向、产学研相结合的技术创新体系，形成自主创新的基本体制框架，企业创新主体的地位进一步确立。

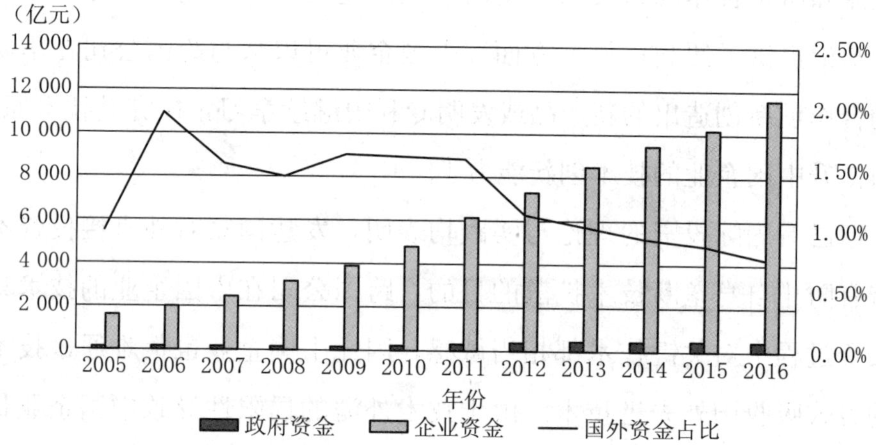

图6-6 2005～2016年中国企业研发经费支出中资金来源构成

资料来源：中国科技统计年鉴（2006～2017年）。

根据《国家创新指数2016～2017》报告显示，2015年中国研发经费投入占全球的15.6%，全球排名第2位，位列美国之后，但与美国的差距进一步缩小。从企业研发经费资金来源构成来看，中国企业研发经费的来源主要是企业资金支出，2005～2016年中国企业研发经费支出中来源于企业的资金由1 527亿元持续快速增长至11 498亿元，占研发经费支出的比重由91.24%增加至94.68%，年均增长率为20.14%。2005～2016年中国企业研发经费支出中来源于政府的资金由76.5亿元增长至449.7亿元，占企业研发经费支出的比重由4.57%下降至3.70%。进一步地，从图6-6中可以看出，中国企业研发经费支出所依赖的国外资金的比重自2006年以来呈现波动下降至持续快速下降的趋势，其中2006～2011年表现为波动下降，2011年以后呈现持续快速下降。国外资金占中国企业研发经费内部支出的比重从2006年的1.96%下降至2016年的0.76%。这在一定程度上说明，从研发经费支出的角度来看，2006年以后中国企业依赖外资的比重在进一步下降，转为通过企业自主创新能力提升企业竞争力。

通过自主创新中国企业的创新实力不断增长，据《国家创新指数2016～2017》报告显示，在一级指标“企业创新”中中国排名第11位，比2014年上升1个位次。中国万名企业研发人员PCT专利申请数由2014年的231件上升至253件，排名位列全球第27位；企业综合技术自主率排名位列全球第6位，比2014年提升3个位次。

企业PCT专利申请是一国PCT专利申请的重要组成部分，其数量的多少在一定程度上反映了企业创新成果融入全球研发网络的程度。据WIPO统计，2015年共有1 914家企业提交了PCT专利申请，其中大部分企业集中在日本、美国、中国、德国等少数几个国家。以2006～2015年PCT专利申请总数衡量的中国企业融入全球研发网络的水平位列日本、美国和德国之后，世界排名第4位（如图6-7所示），10年间中国企业PCT专利申请总量共计61 862件。从具体企业来看，全球PCT专利申请排名前 5 位的企业就有两家来自中国，分别为中兴和华为，其余 3 家分别是美国的高通和英特尔、日本的松下和三菱电机以及韩国的三星电子。

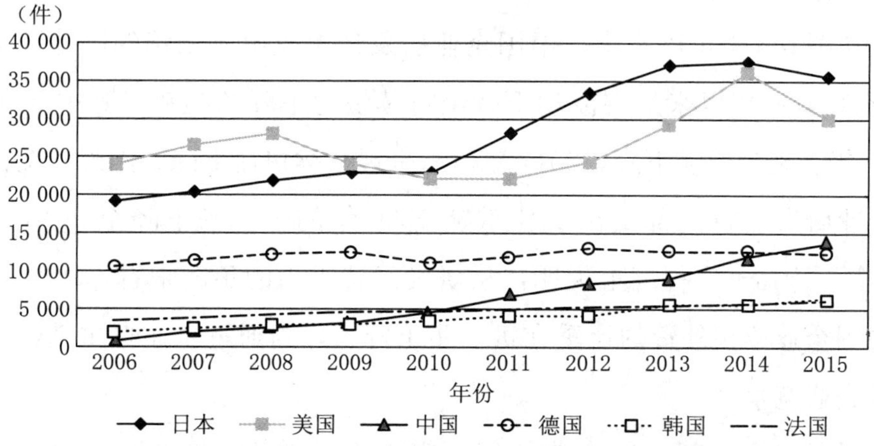

图 6-7　2006～2015 年部分国家企业 PCT 专利申请数

资料来源：世界知识产权组织（WIPO）。

2015 年在全球 PCT 专利申请量排名前 20 位的企业中，中国企业共有 4 家，华为超越美国高通蝉联全球第 1，PCT 专利申请数为 3 898 件，中兴 PCT 专利申请数为 2 155 件，全球排名第 3。作为中国创新型企业的代表，华为和中兴几乎同时启动了“国际化”战略，并已将其作为公司的核心战略之一。尽管中兴和华为两家企业 PCT 专利申请起步较晚，但与全球其他著名跨国公司相比发展速度异常突出，展示出强劲的创新能力与发展势头。

以中车四方为例，2004 年在引进了第一代动车组之后，中车技术人员对国外高铁技术进行了全面的消化吸收，并确立了通过自主创新培育中国高铁技术的发展路径。2006 年，中车四方自主开发出了第二代动车组“和谐号”CRH380 系列。此后相继建成了国家高速动车组总成技术研究中心和高速列车系统集成国家工程实验室等 4 个国家级研发试验平台，搭建了在高铁领域全球领先的 19 个仿真平台和 17 个试验验证平台，同时汇聚了一批自主创新能力强、具有广泛行业影响力的拔尖人才和领军人物。2010 年，中车四方突破了动车组系统集成、铝合金车体和牵引制动等关键技术，设计出时速 380 公里的中国高铁标志性技术装备 CRH380A 动车组。这是世界上速度最快的高速铁路，被誉为中国高端装备制造业自主创新典范，打开了通向世界高铁市场的大门，中车四方也逐渐成长为世界轨道交通装备的龙头企业。2017 年，中车研发的第三代动车组“复兴号”中国标准动车组正式下线，建起了中国标准技术体系，通过自主创新中国高速动车组真正实现了由“技术跟随”到“技术引领”的跨越。

(3) 通过企业研发“走出去”深度融入全球研发网络

OECD 的调查研究表明，在海外设立研发机构是企业进入全球创新体系的一个重要渠道，对其创新具有明显的促进作用。[①]成长中的中国企业开展海外研发投资的首要诉求既非扩大市场亦非降低成本，而是在全球范围内重新构建自己的资源和能力，寻求并获取重要的创造性资产并提高技术竞争力。在当今全球竞争日益激烈的背景下，技术寻求型 OFDI 已成为中国企业获取先进技术、突破产业发展技术瓶颈、实现向全球价值链的高端环节攀升并深度融入全球研发网络的重要手段和现实选择。

① OECD. *Science, Technology and Industry Scoreboard*. Paris, 2001.

根据中国对外直接投资统计公报数据显示，2009～2016年中国对外直接投资流量由565.3亿美元增长至1 961.5亿美元，年均增长率为19.45%；从中国企业研发经费外部支出中对境外机构支出的研发经费情况来看，2009～2016年的研发经费支出额由55.8亿元增加至90.7亿元，年均增长率为7.19%（如图6-8所示）。

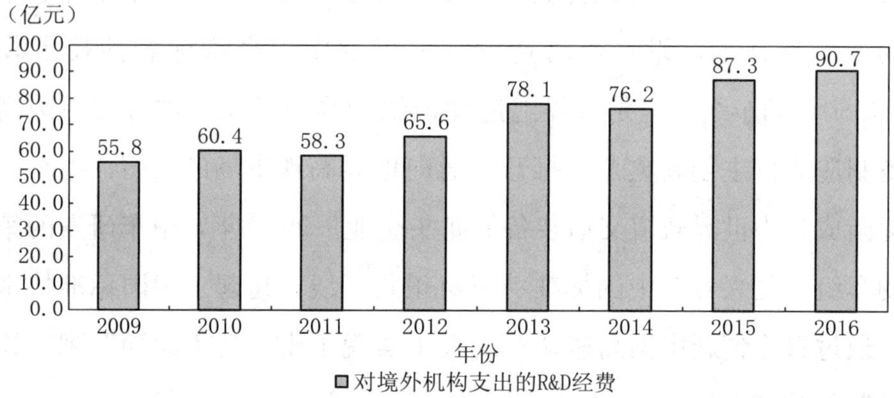

图6-8　2009～2016年中国企业研发经费外部支出中对境外机构支出的研发经费

资料来源：中国科技统计年鉴（2010～2017年）。

相较而言，中国企业对外研发投资额在中国对外直接投资额中的比重还很低，2009年仅为1.4%，至2016年这一比重并未上升还呈现出了下降的趋势，为0.68%。这说明现阶段中国企业对外研发投资还处于起步阶段，投资的规模很小，仅有部分创新能力较强的企业在逐步实施研发国际化战略。但随着中国科技水平的不断提高，在国际经济中的地位和介入国际经济的水平不断加强，必然会出现企业从产品国际化过渡到研发国际化并逐步深度融入全球研发网络中的现象。

中国企业探索研发“走出去”始于20世纪90年代初，近30年的发展历程中大致经历了“探索阶段—深入阶段—全面融入阶段”的发展历程，并遵循着后发国家企业“嵌入全球研发网络—全球创新资源及知识获取—国际化成长”的演进路径，但同时也呈现出与发达国家跨国公司不一样的研发国际化模式。谢伟和王展硕将中国企业研发国际化的角色类型分为四种，即母国市场扩张者、母国能力提升者、海外市场扩张者和全球资源融通者。①

第一，探索阶段。东道国集中在发达国家，以技术获取为主。在中国企业海外设立研发机构的探索阶段，亚洲及北美洲的发达国家成为其布局的重点区域。作为中国企业海外投资的先驱，上海中和软件有限公司于 1991 年将其海外研发机构布局在日本。据商务部统计数据显示，1998～1999 年间，中兴、华为、创维、海尔等企业在海外共设立了 7 家研发机构，其中 6 家布局在美国，另外 1 家是华为 1999 年设立的印度研发中心。进入 21 世纪以来，中国企业除进一步在亚洲和北美洲设立海外研发机构外，开始向欧洲扩张，2003 年欧洲发达国家成为中国企业海外研发投资的主要东道国，新成立的 12 家海外研发机构中有 8 家位于欧洲。

第二，深入阶段。东道国扩散至新兴经济体及发展中国家，以技术开发为主。随着中国对非洲直接投资流量的加快，为支持当地生产和销售，2005 年中国企业开始在非洲设立研发机构，把中国企业的成熟技术、产品和管理经验运用于非洲市场，对非洲的研发投资战略是拓展中

① 谢伟、王展硕：《中国企业研发国际化的角色和演进研究——基于国际化和技术驱动的视角》，《科学学与科学技术管理》2017 年第 11 期。

国企业对外开放广度和深度的客观需要。中国对拉丁美洲的研发投资起步时间稍晚，2006年久达汽车零部件制造（上海）有限公司在巴西成立仁新巴西商业机械零配件有限公司，成为中国企业进军拉丁美洲的先锋，主要从事工业设备、汽车配件的开发等工作。

第三，全面融入阶段。东道国基本覆盖全球，某些创新领域及技术占据全球研发网络的核心地位。从中国企业海外研发机构所在东道国的空间布局来看，据商务部对外投资合作司的统计数据显示，截至2015年中国企业在全球102个国家设立了海外研发机构，覆盖了全球46.7%的国家，在全球研发网络中的地位经历了从全球价值链的低端环节向中高端环节攀升的转换。例如，在成功研制第三代动车组核心技术之后，2010年中车四方股份将创新的触角伸向海外，相继建立了“中德轨道交通技术联合研发中心”“中泰高铁联合研究中心”“中英轨道交通技术联合研发中心”等海外研发中心，目的是面向全球整合创新资源，开展持续的科技创新并全力打造全球框架下的创新体系。

6.2.3 构建全球研发网络的驱动因素

作为研发全球化的后发者，中国企业构建全球研发网络的主要目的是谋划、组织并在最大限度上利用全球创新资源，全面提升其在全球研发网络中的位势。开放式创新理论认为，企业知识不仅源于企业自身，更多来自外部与之相关联的主体，[①]因此中国企业构建全球研发网络的驱

---

① Chesbroughh. The era of open innovation. *MIT Sloan Management Review*, 2003, 44(3):34—41.

动因素也可认为是外部因素与企业内部因素的结合。例如，范黎波和吴易明通过分析中国企业PCT专利申请的趋势和数量变化认为，中国企业融入全球研发体系是受企业自身创新能力与政府对创新的重视和支持两方面因素影响的，即宏观层面的国家制度和微观层面的企业创新能力共同作用的结果。①

一、创新资源在全球研发体系中快速流动

创新资源属于企业战略诸多要素中最为重要的一种，随着全球经济一体化程度不断加深和价值链的快速分解，人才、技术、资金、信息等创新资源在全球范围内快速流动和重组，②同时还建立了技术创新、研发的全球化体系。科技全球化推动着全球创新资源跨国界转移飞速发展，嵌入全球研发体系对发展中国家的技术进步而言至关重要。由于技术知识在空间分布上的不均衡性和分散性的特点，决定了企业必须在全球范围内主动寻求创新资源，并进行消化、吸收和运用。从全球范围内获取并配置战略资源有助于后发企业实现“弯道超车”，是后发企业形成并维持世界范围内的持续竞争优势，也是企业创新国际化的主要动力之一。③

在经济全球化背景下，技术正在以前所未有的速度发展，中国企业

① 范黎波、吴易明：《PCT国际专利申请、技术缺口及对策研究》，《国际经贸探索》2009年第5期。

② 薛澜、王建民：《知识经济与R&D全球化：中国面对的机遇和挑战》，《国际经济评论》1999年第2期。杜德斌：《跨国公司R&D全球化：地理学的视角》，《世界地理研究》2007年第4期。

③ UNCTAD. *World Investment Report 2005*. Geneva，2006.

需要积极主动融入全球技术研发体系，获取先进技术，从而建立使自己能够参与并融入全球创新网络的能力，更好地服务于自主创新，以维持国际竞争力的可持续发展。企业“走出去”从事对外研发投资等行为是企业创新发展的高级阶段，在不同的国家设立研发机构有利于企业获得多样性的研发投入并发现新颖的科技组合，有利于跨界异质性知识资源的获取和整合。因此，原始技术创新能力不足的发展中国家及新兴经济体国家企业可以通过在全球范围内搜索知识，获取所需的创新资源，通过内部消化吸收进行二次创新或与已有技术结合实现原始创新。

二、国家政策支持中国企业加快融入全球研发网络

根据《国家创新指数2016～2017》报告的研究结果显示，相较而言中国政府对创新的支持力度仍位居世界前列。自1997年国家明确提出实施“走出去”战略以来，越来越多的中国企业走出国门开拓国际市场，参与全球资源配置。

2007年党的十七大提出“充分利用国际科技资源”及“创新对外投资和合作方式，支持企业在研发、生产、销售等方面开展国际化经营，加快培育我国的跨国公司和国际知名品牌”，这是对现阶段中国企业实施研发国际化最有力的政策指导。

2012年党的十八大明确提出“实施创新驱动发展战略”，要“以全球视野谋划和推动创新”，并逐步提高对外投资优势与效益，鼓励企业利用国外智力资源，在境外设立研究开发机构和设计中心，增强企业国际化经营能力，培育一批世界水平的跨国公司。2013年习近平总书记提出的“一带一路”倡议顺应了中国要素流动新趋势，是中国新一轮对外开放和“走出去”的战略重点。实施“一带一路”倡议为中国企业“走出去”创造了新的宏观架构，企业提升国际竞争力和“走出去”的内生动力持续增强，为中国企业境外直接投资带来前所未有的战略机遇。

2017 年党的十九大报告提出要“加快建设创新型国家”，当今世界创新是引领发展的第一动力，中国要建设创新型国家必须“要瞄准世界科技前沿，在基础研究领域做出重大突破”，“创新对外投资方式”是在全球新一轮科技革命和产业变革形式下，提升中国企业核心竞争力的有效途径。

纵观国家推行的一系列政策，其中不乏对于中国企业融入全球创新体系的表述。已有政策在强调“创新驱动”“科技强国”等战略的同时，也强调应当积极主动“走出去”开展技术获取型对外直接投资，以充分获取发达国家技术集聚地的知识溢出，并将海外研发机构的研究成果运用于国内，实现“研发在外、应用在内”的创新及生产格局，这表明了政府对企业通过融入全球研发网络提升企业核心竞争力进而提高国家创新能力的重视和支持。

三、企业提升自主创新能力及核心竞争力的现实需求

在研发全球化的背景下，与新兴经济体跨国公司相比，中国企业优势明显，但与发达国家跨国公司相比，中国企业仍呈现出“大而不强”的特点，其存在的差距主要表现在由于缺乏核心竞争力而导致的技术水平低下。在汤森路透评选出的《2015 全球创新企业百强》榜单中，中国企业无一家入围，日本和美国分别拥有 40 家和 35 家，位居全球前列。有学者认为，目前中国大部分企业仍处于技术模仿阶段，技术创新能力

仍居于全球产业分工的低端，在很多技术领域仍不能自主地开发出引导市场需求、领先于同行业的核心技术和产品。①

知识经济时代，技术创新能力是衡量一个国家综合实力的重要指标，而企业是一国技术创新中最重要的实体。已有研究证明，跨国公司在技术转让和对外投资过程中对关键技术都相当敏感，来自跨国公司的技术外溢多停留在外形设计等肤浅的层面，因此“以市场换技术”大规模引进外资并没有从根本上加强中国自主创新的能力。

企业实现技术进步的途径包括内源式技术进步和外源式技术进步，其中内源式进步主要依靠企业进行自主创新获取核心技术，但投入成本大、周期长且风险大；外源式技术进步是指企业依靠国际技术转移实现技术进步，但有可能陷入技术依赖，不能形成自身的核心竞争力。在经济全球化的背景下，任何一个国家都不可能在所有领域都具备战略资源并独立地开展技术研发活动，企业仅仅依靠自身力量进行自主创新是不可取的，尤其是对技术处于劣势的中国企业而言。基于技术扩散的角度，马亚明和张岩贵②论证了技术落后的厂商 OFDI 可能是为了在地理上靠近技术领先的厂商以分享技术溢出的好处，并非是利用其已有的优势，这在理论上阐述了发展中国家进行 OFDI 的可行性。积极主动地开展对外

---

① 李珮璘：《中外跨国公司国际竞争力的比较研究》，《世界经济研究》2015 年第 4 期。赵晶、王根蓓：《创新能力、所有权优势与中国企业海外市场进入模式选择》，《经济理论与经济管理》2013 年第 2 期。

② 马亚明、张岩贵：《策略竞争与发展中国家的对外直接投资》，《南开经济研究》2000 年第 4 期。《技术优势与对外直接投资：一个关于技术扩散的分析框架》，《南开经济研究》2003 年第 4 期。

研发投资融入全球研发网络及时跟踪全球技术发展的动态及发展趋势，与技术创新领先的知识和技术源头形成互动，消化吸收先进技术，并在全球范围内配置研发资源和力量，是提升企业研发创新能力的内生需求和最直接途径①。

6.3 中国企业的实践与模式

战略导向是指企业为了实现更优绩效所实施的一种引导并影响企业活动的战略方向。②已有发达国家跨国公司通常是以生产和销售网络为重要载体逐步构建全球研发体系的，其主要目的是根据当地需求设计开发适合当地市场的产品以拓展市场空间，或跟踪和监视本行业科技发展的新动向，并期望从竞争对手的技术外溢中获益。③大部分发达国家企业的国际研发活动是市场驱动导向型或技术开发导向型。④而对于现阶段的中国企业而言，与发达国家跨国公司相比普遍缺乏两种重要的资源，即领

① 郑霄鹏：《中国企业技术寻求型OFDI战略与绩效研究》，南开大学2014年博士学位论文。

② Gao G Y, Zhou K Z, Yim C K B. On what should firms focus in transitional economics? A study of the contigent value of strategic orientations in China. *International Journal of Research in Marketing*, 2007, 24(1):3—15.

③ 杜德斌：《跨国公司海外R&D的投资动机及其区位选择》，《科学学研究》2005年第2期。

④ Gerybadze A, Reger G. Globalization of R&D: recent changes in the management of innovation in transnational corporations. *Research policy*, 1999, 28(2):251—274.

先的市场地位和技术创新,①因此寻求外部创新资源是中国企业进行海外研发投资的主要考量因素。

6.3.1 华为

一、华为研发国际化积累自主创新能力的过程

华为技术有限公司（以下简称华为）于 1987 年正式注册成立，是一家生产销售通信设备的民营通信科技公司，总部位于中国深圳市龙岗区，目前已成为全球领先的信息与通信技术（ICT）解决方案供应商。华为的发展主要经历了以下三个阶段：

代工阶段。1988 年华为的主要业务还只是为一家港资企业代理交换机。1990 年华为研制出首台小容量交换机 BH03，该交换机主要运用于中低档宾馆。通过代工业务，华为获得了最初与国际先进技术接触的机会，在完成原始资本积累的同时学习到了国际上先进的企业管理经验。

自主创新阶段。尽管技术转让是创新发展最为便捷的方式之一，但华为在早期并没有采取这一创新发展策略，而是通过自主创新并不断消化吸收新技术。1992 年华为开始研发并推出农村数字交换解决方案，依靠自主创新研制出了首个自主产品—HJD48 小型模拟空分式用户交换机，并将积累的利润全部投入到大容量数字程控交换机的自主研发上。

① Von Zedtwitz M, Gassmann O. Market versus technology drive in R&D internationalization: four different patterns of managing research and development. *Research policy*, 2002, 31(4):569—588.

1994年华为研制出了著名的“C&C08”大型万门程控交换机，该交换机成为华为占领市场的主导机型，并在首届中国国际电信设备展览会上取得成功。华为因此成为了中国具有自主知识产权最大的程控交换机厂家，同时也实现了从代理到自主创新阶段的蜕变与演化。1992～1998年间，华为处在自主创新探索阶段，研发管理模式较为松散。1998年开始，华为全面推行从IBM引进的集成产品研发管理IPD，其研发体系从松散阶段过渡到规范化管理阶段。

研发国际化阶段。经历了近10年的自主创新积累，华为已经成长为具有核心竞争力的科技创新型企业，具备了厚实的技术和资金基础，并逐步建立起了完善的自主创新体系。1998年，华为开始把触角探向世界的核心市场欧美，1999年华为在印度班加罗尔和俄罗斯莫斯科设立研发中心，开始了其通过研发国际化提升企业创新能力的发展历程。此后通过新建海外研发中心、建立跨国研发联盟、与国内外高校及科研院所机构合作等形式逐步构建其全球研发网络。

二、华为全球研发网络的空间结构和功能特征

（1）建立海外研发中心的战略动机及功能定位

大多数研究表明，跨国公司在不同发展阶段设立海外研发中心的战略动机会有所不同，但基本离不开市场、资源及技术等方面。具体而言，华为海外研发中心通常布局在战略决策制定的地方，其主要功能定位是在世界范围内追踪通信技术的最新进展和研究成果，并随着公司的发展保护其开发出来的技术，确保在关键技术和市场发展领域占有一席之地，总体上与其全球实践相符合。

1999～2016年，华为在俄罗斯、印度、瑞典、美国、德国、法国、

印度尼西亚、加拿大、比利时、土耳其、日本、巴西、芬兰、英国、爱尔兰、意大利、匈牙利、南非 18 个国家设立了 34 个海外研发中心，主要聚焦 ICT 领域的关键技术、架构、标准等方面持续进行研发投入。依据华为设立海外研发中心的动机及各海外研发中心的功能定位，可以将华为的海外研发中心分成 3 类，分别为基础研究型、技术开发型、技术转移型（如图 6-9 所示）。

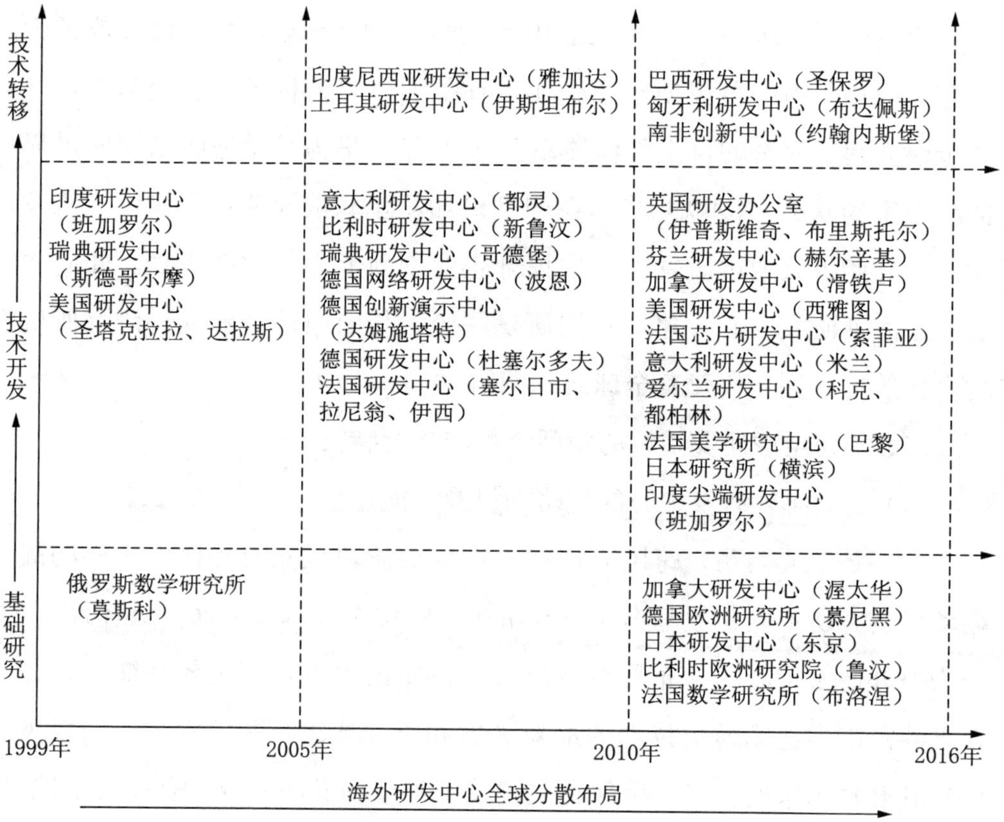

图 6-9　华为海外研发中心的功能分类（1999～2016 年）

资料来源：根据华为年报、官方网站及其他网站资料整理归纳所得。

第一，技术开发型。在华为研发国际化初期的战略重点是技术监测与开发，通过在海外设立研发中心获取当地技术及人才从事技术开发以弥补技术缺口，同时可以利用地理邻近的优势获取知识溢出。在不同东道国从事技术开发的目的主要是服务于不同类型的市场，具体而言华为海外研发中心技术开发的市场定位经历了从服务母国市场到服务东道国或区域市场再到服务全球市场的变化过程。

从数量上看，从事技术开发型的海外研发中心占华为海外研发中心的比例最大，从 1999～2016 年共有 25 家，分布于欧洲的就有 18 家，其中主要在德国和法国。截至 2016 年，华为在法国成立了 5 个研发中心从事技术开发，位居欧洲及全球各国之首，分别设立在塞日尔市、拉尼翁市、伊西市、索菲亚科技园、巴黎市，其从事的研发工作包括无线技术、固定宽带、移动宽带、芯片设计和嵌入式电子设备等技术的研发，在巴黎的美学研究中心致力于通过时尚与艺术研究，使美学理论与尖端技术相结合，以引领华为产品的设计方向。华为设立的首个海外研发中心是印度研发中心，主要战略动机是充分利用班加罗尔大量优秀的软件工程师进行技术开发。随着华为研发国际化战略动机的变化，印度班加罗尔研发中心的功能定位也在不断发展并升级，2015 年华为对印度研发中心进行扩建，新成立华为印度尖端研发中心，该中心承担着华为核心软件平台产品的开发工作且在全球研发体系的管理中发挥着标杆的作用。

第二，基础研究型。为了达到全球领先跨国公司的技术水平，华为也尤其重视基础研究，倾向于引进或使用尖端新技术、新产品或创新的战略方向。华为分别于 1999 年在俄罗斯莫斯科成立数学研究所，致力于吸引当地顶尖的数学家从事基础研究；2008 年在加拿大渥太华成立研发中心，该中心在5G移动通信及光通信技术领域具有世界级的研发能力；2008年在慕尼黑成立的欧洲研究所定位于基础研究和核心技术；2015在比利时鲁汶成立的欧洲研究院也主要聚焦5G技术研究；2016年在日本东京成立研发中心设立面向尖端技术研究开发基地，与日本的企业和科研机构共同研发物联网和5G通信技术；2016年华为在法国布洛涅市成立数学研究所，旨在挖掘法国基础数学资源，致力于网络层、分布式并行计算、通信物理层、数据压缩存储等基础算法的研究，聚焦5G技术完成分布式算法全局架构设计。通过在具有基础研究优势的国家利用顶尖科学家从事基础研究，进行新知识新技术的探索，从而实现在下一代技术出现之前更为迅速地赶超，折射出其设立海外研发机构战略动机主要是为了服务全球及技术升级。

第三，技术转移型。在创新能力积累到一定程度时，华为开始向某些发展中国家实施技术转移及市场扩张战略。2008年华为在印度尼西亚雅加达成立印尼研发中心，主要针对印尼市场的客户开发应用软件，同时致力于培训和共享当地的工程师；横跨欧亚两大洲的土耳其是一个正在急剧扩张的市场，2009年华为在土耳其伊斯坦布尔成立研发中心，致力于提供软件产品和业务、无线技术、全IP融合技术；2011年华为在巴西圣保罗堪比纳斯市成立研发和培训中心，主要目的是开发适用于巴西当地的电信类软件、云计算业务和产品；2015年华为扩建了其在匈牙利布达佩斯的研发中心，主要是为沃达丰提供4G网络技术支持等；2016年在约翰内斯堡成立南非创新中心，目的是将先进的信息通信技术和设备引进非洲，以帮助当地消除数字鸿沟。在这些国家设立研发机构的主要功能就是将华为的技术转移至信息通信技术落后的地区，实施本地化经营开展研发活动以加深对当地市场的了解并进一步开拓市场。

（2）构建全球研发联盟提升竞争优势

作为通信设备行业的后发企业，通过自主创新华为积累了原始的创新能力，进一步缩小了与同行业领导者之间的技术差距，也具备了获得技术诀窍、技能和经验等隐性知识的能力。通过构建跨国研发战略联盟，华为从联盟伙伴处获取了要素市场不存在或难以获取的创造性资产，塑造了企业核心技术能力，同时也可以同联盟伙伴合作开发新的创造性资产，构建联盟共同的创造性资产。通过成立全球研发联盟向其他跨国公司学习并积累经验，快速提高技术能力，从而带动整个公司的国际化，这与同行业的其他发达国家跨国公司如西门子、思科等有所不同。

充分利用合资企业和战略合作伙伴关系已经成为华为成长和学习的主要驱动力，1997～2016 年与华为建立全球研发联盟的企业达 20 多家，所涉足的技术研究领域从最初的无线接入扩展到网络通信技术、业务支撑系统、能源、云计算等行业解决方案（如表 6-4 所示）。在不同的技术层面上华为采取了不同的国际研发联盟形式：

表 6-4　华为全球研发联盟成立的时间、联盟伙伴及合作形式与内容

成立时间	联盟伙伴	主要合作形式、内容
1997 年	德州仪器、摩托罗拉、IBM、英特尔、Agere Systems、Altera、Sun Microsystems、Qualcomm、Infineon 和微软等	成立共 10 所联合研发实验室，主要涉及合作和技术资源共享等关键领域
2002 年	NEC、松下	合资成立了宇梦公司，研发 3G 手机技术
2003 年	3COM	以合资形式合作，专注于企业数据网络解决方案和 TD -SCDMA 移动通信技术的研究

续表

成立时间	联盟伙伴	主要合作形式、内容
2004 年	西门子	以合资形式合作，专注于 TD-SCDMA 移动通信技术的研究
2007 年	赛门铁克、Global Marine	成立合资公司，分别提供开发存储和安全产品和海缆端到端网络解决方案
2016 年	爱立信	续签全球专利交叉许可协议，双方都许可对方在全球范围内使用自身持有的标准专利技术

资料来源：根据华为年报、官方网站及其他网站资料整理归纳所得。

一是作为某些领域的后发者，通过联合实验室向先行者学习，稳固其在本国市场的优势地位。例如，1997 年华为与美国德州仪器的数字信号处理联合实验室成立，联合开发研究相关通信产品的数字信号处理（DSP）硬件与软件，提高华为公司开发工程师对数字信号处理芯片的开发应用能力，快速催生了华为在多媒体领域里的新技术应用。

二是作为某些技术领域的赶超者，通过与同行共建合资研发企业强化自身技术研发优势，逐渐延伸其在多国市场（主要是发展中国家市场）的优势地位。2003 年华为与 3Com 公司合资成立华为 3Com 有限公司，基于华为和 3Com 在网络市场的既有优势，华为 3Com 公司将致力于数据通信产品的研究、开发和生产，向用户提供从核心骨干网到桌面终端的全系列 IP 产品和解决方案。华为 3Com 公司的核心发展战略为根植中国、面向全球，凭借强大的产品研发、技术、服务和战略合作，将华为 3Com 的产品推向世界每一个角落。

三是作为某些技术领域的领先者，通过与同行巨头间的专利许可和交叉授权，最终进入发达国家市场，在全球市场占据优势地位。例如，在CDMA和3G领域，华为通过与高通的合作购买高通的协议专利，实现了技术的快速突破并迅速占领全球市场。2016年，华为与爱立信续签全球专利交叉许可协议，根据协议双方都许可对方在全球范围内使用自身持有的标准专利技术，这进一步巩固了华为在全球市场的地位。

(3) 与国内外高校、科研院所、企业等进行研发合作

除在海外设立研发机构及建立全球研发联盟以获取海外创新资源外，华为的全球研发网络体系也高度重视通过与国内外大学、科研机构的产学研合作来获得和创造知识。

从与国内大学合作来看，华为的窄带CDMA技术、SDH光网络技术、智能网技术等都得益于与清华大学、北京大学、上海交通大学、中国科技大学、北京邮电大学、电子科技大学等高校的合作。从国际合作来看，2005～2016年华为与国内外高校、科研机构及企业合作申请PCT专利总数为467件，总体呈现快速上升的变化趋势，主要合作机构包括爱立信、NEC公司、西门子、Nortel有限公司、德国弗劳恩霍弗应用研究促进协会、加州大学洛杉矶分校、圣塔克拉拉大学、美国Futurewei、多伦多大学、剑桥大学、新加坡国立大学等20多家国内外高校、科研院所及企业（如表6-5所示）。华为与海外大学和科研机构的合作申请PCT专利的主要形式包括：来自大学和科研机构的科学家或工程师撰写专利报告由华为递交申请；双方共同负责专利报告的撰写、申请等工作；合作双方申请联合专利。①通过与国际、区域一流的理工科大学或

① 司月芳、陈思雨、曾刚：《中资企业研发国际化研究——基于华为WIPO专利分析》，《地理研究》2016年第10期。

科研院所的产学研合作能帮助华为最大限度地利用外部资源，促进创新的产生。

表 6-5　2005～2016 年华为与国内外机构合作申请 PCT 专利情况

年份	合作 PCT 专利数（件）	合　作　机　构
2005	4	爱立信、NEC 公司、Nortel 有限公司、西门子
2006	4	爱立信、NEC 公司、Nortel 有限公司、西门子
2008	1	华为瑞典分公司
2009	1	弗劳恩霍弗应用研究促进协会
2010	1	德国格廷根大学
2011	2	弗劳恩霍弗应用研究促进协会
2012	3	弗劳恩霍弗应用研究促进协会
2013	53	新加坡科技研究局、韩国电子通信研究院、美国 Futurewei、加州大学洛杉矶分校
2014	123	弗劳恩霍弗应用研究促进协会、美国 Furturewei、圣塔克拉拉大学、多伦多大学
2015	135	新日铁住金、早稻田大学、弗劳恩霍弗应用研究促进协会、美国宽带移动技术公司、剑桥大学、圣塔克拉拉大学、剑桥创业有限公司
2016	140	弗劳恩霍弗应用研究促进协会、美国 Furturewei、新加坡国立大学、埃尔朗根—纽伦堡大学、剑桥大学、圣塔克拉拉大学、美国宽带移动技术公司

资料来源：世界知识产权组织（WIPO）。

（4）全球研发网络特征——空间分散、功能协同

发达国家跨国公司实施研发全球化通常是在自身拥有技术优势的前

提下进行以控制全球市场及获取专有资产为目的的全球扩张，①但这一模式并不适用于华为这样一个通信设备制造业的后发者。按照“与全球著名的跨国公司成立技术联盟——设立海外研发机构——定位全球市场”的三步走战略，②自 1999～2016 年华为建立起了包括全球研发联盟、分布在国内和海外的研发分支机构、与国内外高校及科研院所的合作等的多维度、多形式全球研发网络（如图 6-10 所示）。

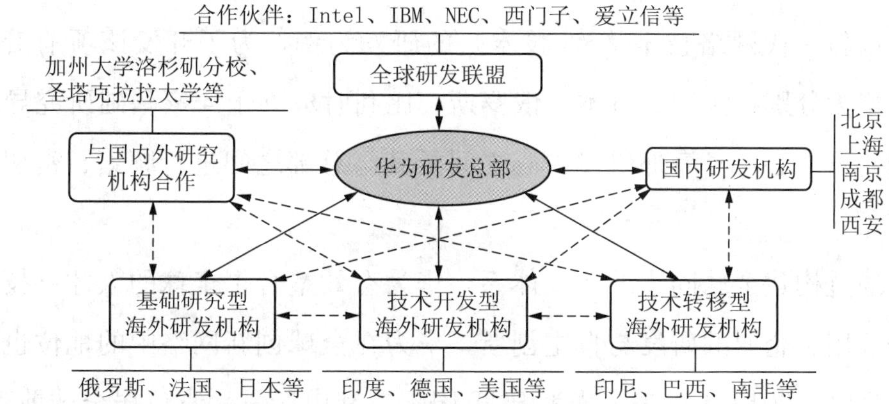

图 6-10　华为全球研发网络的组织模式

资料来源：根据华为年报、官方网站及其他网站资料整理归纳所得。

华为研发网络的空间组织形式呈现出全球分散的特点，构建企业全

① Makino S, Lau C M, Yeh R S. Asset-exploitation versus asset-seeking: Implications for location choice of foreign direct investment from newly industrialized economies. *Journal of nternational business studies*, 2002, 33(3):403—421. Anwar S T. CFIUS, Chinese MNC's Outward FDI, and Globalization of Business. J. *World Trade*, 2010, 44: 419—466.

② Jin Chen, Liang Tong. R&D internationalization and the reformation of Chinese S&T system. *Manuscript*, Zhejiang University School of Management, Zhejiang, 2003.

球研发组织网络并不能单纯地着眼于内部和外部两个角度，而应体现出企业创新区位选择上的全球性，汉森（Hansen）等认为地理上分散的研发活动有利于企业接近更为广泛的知识创新源。①从研发功能的实现来看，华为的深圳总部处于空间组织结构的核心地位，具有绝对的统筹、协调及分配权力，深圳总部根据技术发展趋势及企业发展的战略将研发任务分配给各海外研发中心，并与海外研发中心所在地的高校及科研机构保持密切的联系，资金、人员和信息等创新要素在研发网络中自由流动。以新一代网络技术（5G 技术）的研发为例，为了开发该项前沿技术，华为分别在法国、日本、俄罗斯、比利时成立了 4 家基础研究导向型的研发中心，各海外研发中心之间及其与总部之间进行频繁、密切的交流。

通过构建全球同步的研发体系，华为有效整合了全球的人才、技术与经验用于企业的研发与自主创新，华为在全球创新网络中的地位也在逐步升级。2010 年以来，华为 PCT 国际专利申请量一直位居全球前列，并在 170 多个国际标准组织和开源组织中担任核心职位。2013 年华为销售额超过爱立信，此后保持持续快速增长，拉开了与全球通信设备制造商的差距。2015 年爱立信和诺基亚的销售额分别为 2 046 亿元和 2 021 亿元，而华为销售额已高达 3 950 亿元，已远超爱立信和诺基亚，成为全球通信设备制造商中的领头羊。2017 年《财富》世界 500 强排行榜中，华为跻身全球第 83 名，持续站稳全球第一大电信设备制造商的高位。从

① Hansen M.T，Mors M.L，Lovas B. Knowledge sharing in organizations：Multiple networks，multiple phases. *Academy of Management Journal*，2005，48(5)：776—793.

前沿领域的技术创新来看，华为已经是 5G 技术领域的领跑者，在通信技术由 4G 向 5G 演进的激烈竞争中，华为持续增加研发投入，进一步巩固并提高华为在全球市场尤其是先进运营商市场上技术创新能力的地位。

6.3.2　海尔集团

一、海尔集团创新能力概况

海尔集团 1984 年创立于青岛，是全球大型家电品牌。2016 年海尔集团白色家电的营业收入为 1 200 亿元，位居中国白色家电第 2 位，与美的集团、格力电器共同位列中国白色家电品牌的第一阵营。目前，海尔已进入影响集团及行业发展的关键技术领域，开展了以 CFC 替代、节能、静音化、数字化、信息、生物工程、高分子材料等为主的多方面超前研究。在互联网时代，海尔致力于成为互联网企业，以颠覆传统企业自成体系的封闭系统，目前已从传统制造家电产品的企业转型为面向全社会孵化创客的平台。

自 1998 年开始，海尔集团开始实施其国际化发展战略，在进行国际化拓展过程中提出“三步走”战略：在发达国家建立自己的品牌——采用一定的方式进入发展中国家——形成“三位一体”的本土化模式。20 世纪 90 年代海尔实施对开放创新模式的探索，成立了中央研究院，进一步加强与外部的创新合作。目前，海尔已在全球建立了 29 个制造基地，5 个研发机构，6 个设计中心，19 个技术研发合作伙伴，19 个海外贸易公司，全球员工总数超过 7.3 万人。

二、海尔集团全球研发网络的空间结构及功能特征

（1）多主体全球互通的创新生态圈

互联网时代由于时空距离的缩短，很多原有的创新模式无法适应新的环境，创新的推进取决于对市场和客户需求的精准把握和引导，而不是来自企业内部的跟风式创新。海尔一直坚持“世界就是我的研发部”的理念，通过整合全球的资源和创客，实现用户需求和资源的零距离对接，开始探索开放创新模式。

目前，海尔全球研发网络中的组织包括开放式创新平台 HOPE、线下研发网络由国内外研发中心和全球技术联盟组成（如图 6-11 所示）。其中，国内研发中心包括中央研究院及其下属研发分支机构。迄今为止，海尔已在中国、欧洲、美国、日本、新西兰建立了 5 大研发中心。将研

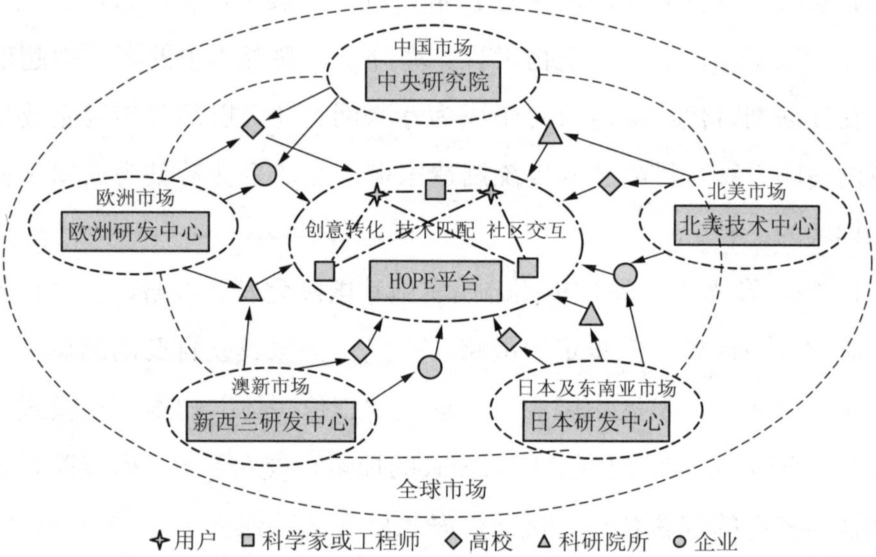

图 6-11 海尔集团全球研发网络的组织模式

资料来源：根据海尔官网、调研资料及相关媒体报道进行整理。

发中心设在全球不同的区域，研发人员可以通过互联网等信息化工具实现便捷的合作研究，全球研发活动呈现出无缝连接，研发机构可以实现24小时的不间断研发，从而降低企业创新成本，提高企业创新效率。

由海尔开放式创新中心开发并运营的开放创新平台——HOPE（Haier Open Partnership Ecosystem）是致力于打造智慧家庭的全球最大技术创新入口和交互的线上平台，平台宗旨是通过整合全球智慧，服务于全球的创新者，实现创新的产生和创新的转化。在开放的平台下，HOPE集结了大量跨领域的专家和创新者，或以技术专家的身份参与产品的研发创新，或以渠道专家的身份推荐相关技术专家参与海尔的技术咨询项目、研发项目，其共同目标是通过平台集聚的全球资源实现HOPE上的技术创新需求。

海尔以五大研发中心、全球技术联盟和HOPE开放式创新平台为载体，实现了线上线下的协同创新，为海尔白色家电的研发和技术攻关提供了坚实的技术支撑，海尔与全球著名家电跨国公司的技术差距也在逐步缩小。依托自身强大的研发网络，海尔为全球的创新者提供给养和资源，用自己的平台优势打造了全球最大的创新生态圈。

(2) 线下——国内外研发中心和全球技术联盟

海尔中央研究院。海尔的国内研发中心即中央研究院于1998年在青岛成立，是海尔的核心研发机构。2010年，海尔集团中央研究院建成为全球最大成套白家电研发基地，总面积为4万平方米，研发人员为4 000多人。该基地拥有全球一流全系白家电设计开发和工业设计能力，是全球领先智慧家居解决方案平台和最大科技资源交互平台。在此基础上，2014年海尔新白家电研发大楼落成，总面积扩大到4.8万平方米，作为亚洲最大白家电超前技术研发基地，该中心拥有冷热技术联合实验室、高精度风量测试实验室、空调舒适性评价实验室、外部环境模拟实验室、CAT声学震动实验室以及用户体验创新技术联合实验室等超前技术研发平台。

欧洲研发中心。2010年海尔集团以新建研发机构的形式在德国纽伦堡设立欧洲创新中心，该研发中心最早致力于洗碗机的研发，后逐步演变为欧洲研发中心。纽伦堡中心设立的主要目的是整合欧洲前沿技术和研发资源，密切与当地检测机构联系，从而使海尔快速响应欧洲地区用户需求的承诺变成现实。

日本研发基地。2013年位于京都和东京的洗衣机、冰箱研发中心合并搬迁至熊谷市成立家电创新中心，研发人员从最初的100多人增加至700多人，成为日本最先进的家电产品研发基地，主要从事白电产品的基础研究，加强以冰箱研发为主的家电研发体系，全面承担海尔白色家电在日本及东南亚地区的技术开发与销售。该研发中心拥有世界一流冰箱洗衣机实验室、外观设计实验室等，研发领域集中于噪音、振动及可靠性分析等。海尔集团以首都圈为中心，与日本几十所高校和科研机构及上百家科技公司合作或成立技术联盟，在电子电器、新材料，智能传感、图像识别、语音和手势控制方面聚集了大量全球一流资源。

新西兰研发中心。2012年，海尔收购斐雪派克（Fisher&Paykel）以获取其在高端家电领域拥有的多项专利技术，并成立达尼丁厨电和洗碗机研发中心；2014年，海尔在奥克兰成立海尔—斐雪派克新家电研发中心，为全球最大高端厨电研发基地，依托斐雪派克80多年高端白家电设计开发经验，该研发中心在电机技术、压缩机技术和抽屉式洗涤技术等方面具备了全球一流的创新能力。同时，该研发中心与澳大利亚—新西兰地区16所顶级大型和8家技术孵化器开展合作并成立了技术联盟。

北美技术中心。2012年，海尔在南卡罗来纳州卡姆登市成立研发中心，2015年该研发中心搬迁至印第安纳州埃文斯维尔市成立新家电研发中心。该中心也是海尔北美技术中心，研发人员从2012年的50多人增加至150多人。海尔北美技术中心拥有世界一流创客实验室，致力于智能家电和新型制冷技术开发，从事样机快速试制、安全性和可靠性分析等，它拥有全球一流技术解决方案过滤平台，重点支持并开拓海尔在北美的市场。该研发中心同北美地区21个高校和科研机构、3个大型孵化器、7个投资机构、4个虚网创新媒介构建技术联盟从事创新合作。

全球技术联盟。除设立研发中心外，海尔还积极与国内外著名的高校、科研机构及企业等合作，合作的主要形式包括新产业孵化、创新联盟、合作开发、共建实验室、专利池合作等，主要目的是提升自主创新能力和对海外市场的适应能力（如表6-6所示）。例如，2010年海尔集团推出全球首台“无尾”电视。这款产品是海尔采用了麻省理工学院发明的无线电力传输技术开发出的无线电视，即能够在不借助电线的情况下利用“磁耦合共振”原理实现远距离高效无线供电，这是无线电力传输技术首次成功应用于电视接收终端；马里兰大学孵化出的P公司拥有固态制冷技术模块顶尖技术，海尔参与该公司前期孵化，帮助其融资及促进技术转化。

表 6-6　海尔集团全球技术联盟部分案例

联盟对象	合作形式	合作成果
MIT、马里兰大学	学校成果孵化合作形成新产业	开发出无线供电及固态制冷产品
上海交大、同济大学	合作解决设计难题	制冷空调设计仿真系统开发
华中科技大学	联合重点实验室	家电模具国家工程技术研究中心
浙江大学	创新联盟	智能家电产业技术创新战略联盟
DOW、利兹大学	共建专利池	提供核心净水模块技术

资料来源：根据对海尔的调研资料归纳整理所得。

海尔中央研究院承担着海外全球核心技术的研发并对全球供应链提供技术支持，海外研发中心主要从事市场导向型和技术导向型研发活动，在区位选择上通常接近主要海外市场；主要功能定位为跟踪海外技术，并针对海外市场和客户研发新产品，提供个性化的设计以满足当地客户的需求。为更好地服务东道国或区域市场，海尔总部采用了分散化的权力设计体系，给予了各海外研发中心高度的自治权和研发的独立性与自主性。同时，海尔各大研发中心保持着紧密的联系，通过每周例会商讨海尔国际化经营中的相关事务，共同分享科技发展趋势和产品及技术流程进展。各研发中心同时对接了当地的创新资源，与当地企业、高校及科研院所等建立技术联盟，形成了以各研发中心为链接枢纽、联动各种创新要素且遍布全球的研发网络。

(3) 线上——HOPE 开放式创新平台

基于互联网和大数据技术应用的虚拟实验室的出现改变了传统的研发模式和资源交换方式，整合全球资源而形成的创新网络将进一步促进研发机构之间的协作。开放式创新平台 HOPE 就是海尔与全球用户、企业、高校、科研院所等创新个体及主体交互创新需求、寻求最优解决方案的网络平台。HOPE 平台已成为亚洲最大的创新资源配置平台，面向全球建立了超过 200 万家一流资源的创新网络，彻底打破了用户和创新资源资金的障碍。

HOPE 平台包括创意转化、技术匹配和社区交互三大版块，主要核心功能包括捕捉行业发展最新动态、建立专业的交互圈子、持续产出颠覆性创意并孵化、快速精准配置全流程创新资源、全程支持创意转化等。

在 HOPE 平台上，不同的创新机构相互吸引，协同创新，通过用户与合作伙伴间的交互持续不断产生引领的创新成果和颠覆式的用户体验。以代表行业顶尖技术的海尔全空间保鲜冰箱为例，在与用户的交互过程中，海尔发现用户对冰箱储存果蔬时易脱水、保鲜期短有很大的“抱怨”，随后海尔将“让菠菜保鲜 7 天”的技术需求发到了 HOPE 平台上公开寻源。这一诉求快速得到国内外多家资源的响应，经过筛选最终锁定 2 家国外知名资源进行合作。经历了数百次的仿真模拟和实验试验，最终发布了全球唯一的“精控干湿分储技术”，终结了冰箱冷藏室保湿不保干的百年难题。这是海尔利用 HOPE 平台实现协同创新的一个典型成果，它不仅调动了全平台资源，同时也形成了资源与用户的高效交互，把用户这一起决定性作用的因素加入协同创新过程中，使创新能够直达用户痛点，实现高效率、高技术含量的创新协同。这一模式为全球树立了标杆，也为推进行业技术迭代升级和全球科技创新协同贡献了“海尔智慧”。

6.3.3 长安汽车

一、长安汽车创新能力概况

长安汽车即重庆长安汽车股份有限公司，1996年成立于重庆市，为中国长安汽车集团股份有限公司旗下的核心整车企业。在历经了“技术引进、消化吸收、联合开发”的历程后，长安汽车最终选择了自主创新的发展模式，于2000年真正建立自主研发体系，并把自主开发作为企业根本。目前长安汽车已拥有新技术开发流程（CA-TDS）、产品开发流程（CA-PDS）、平台开发流程（CA-PAS）、产品导入流程（CA-PIS）四大研发流程体系。在造型、碰撞安全、NVH（噪声、振动与声振粗糙度）等技术领域在国内取得领先水平，目前正在向智能汽车转型，以逐步实现汽车从单一智能到全自动驾驶。这是加入国际最高水准智能汽车联盟——美国MTC（The Mobility Transformation Center，由美国交通运输部、密歇根州交通运输部联合密歇根大学以及通用、福特、丰田等主机厂、供应商、通讯数据公司、保险公司、金融企业和大学建立的一个科研联盟组织）的唯一中国品牌。

但长安汽车同发达国家汽车跨国公司相比存在着巨大的技术鸿沟，目前其市场范围集中在中国及少数发展中国家，不仅国外市场占有率极低，国内市场占有率的优势也不明显。长安汽车集团2016年年报统计数据显示，2016年长安汽车乘用车营业收入为785亿元，仅为上汽集团的10%。根据欧盟下属研究机构IRI的统计，2015年长安汽车的研发经费投入仅为2.54亿欧元，相当于大众汽车的1/50，丰田汽车的1/20，上汽集团的 1/3。从技术水平和研发投入来看，长安汽车目前还属于汽车行业中技术落后的后发追随者，与全球著名的汽车跨国公司相比还有很大的差距。

二、长安汽车全球研发网络的空间结构和功能特征

为打造自主知识产权，构建自身核心竞争力，长安汽车自 2003 年开始实施其研发国际化战略，至今已在意大利都灵、日本横滨、英国诺丁汉、美国底特律 4 地设立了研发中心，与位于重庆、上海、北京、哈尔滨、江西的 5 所研究院组建起了立足国内外重要汽车技术中心城市，形成了多技术模块聚合全球创新资源并将其汇聚至国内总部的全球研发网络（如图 6-12 所示）。

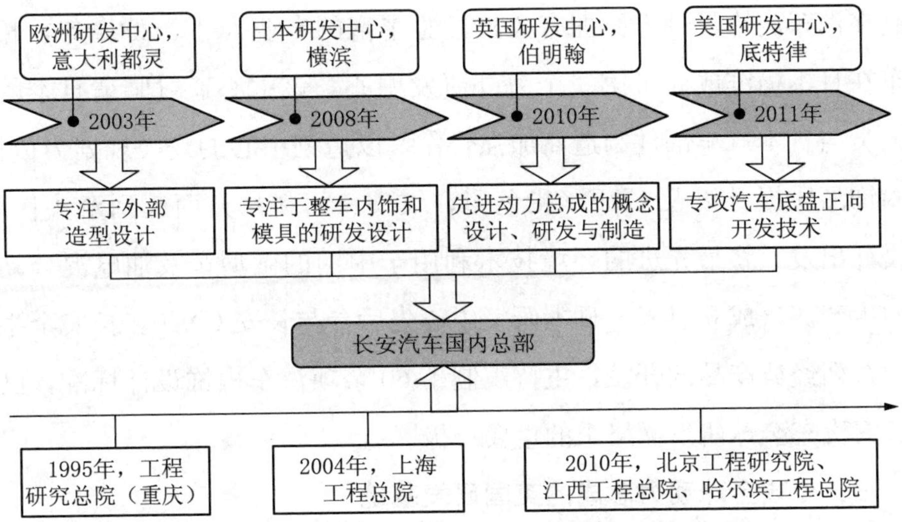

图 6-12　长安汽车全球研发网络的组织模式

资料来源：根据长安汽车官网、年报、调研资料及相关网络报道整理所得。

（1）专攻外部造型设计的欧洲研发中心

意大利都灵是欧洲重要的工业基地，拥有辉煌的汽车工业历史文化及雄厚的汽车设计开发实力，被誉为汽车设计的“摇篮”。2003年，长安汽车在此建立欧洲研发中心，主要目的是通过靠近菲亚特、蓝旗亚等著名汽车企业的设计中心，获取并吸收汽车设计前沿的最新成果，在此还可以吸引来自知名车企的具有丰富设计经验的研发人员服务于长安汽车。欧洲研发中心目前已具备总布置设计、创意设计、数字化设计、软硬脂模型制作及模型后期加工等多项能力，涵盖了汽车造型设计全过程，拥有6个模型制作平台以及木工机械加工间、喷漆间等配套设施。

（2）专攻汽车内外饰和模具开发的日本研发中心

日本的汽车产业非常发达，拥有汽车研发与生产所需要的各项资源，尤其在汽车内饰设计方面拥有大批经验丰富的专业人才。2008年，长安汽车在日本横滨成立了第二个海外研发中心，该中心通过聘请日本的技术人员与日本汽车部件制造商加强合作。以造型中心的发展规划为依托，在内饰品质提升以及CTF（指色彩、纹理、面料）方面起到牵头作用。从设计出发，将最先进的环境技术利用于中国的微型车及油电混合动力车的生产。自成立以来，日本研发中心先后参与长安CX20、长安金牛星等一系列经典产品的开发，主持编制了60余项汽车内饰设计标准，已成为长安汽车全球研发网络中的重要一极。

三、专攻全球动力总成的英国研发基地

英国汽车行业的强项主要是发动机及变速器的研发和制造，伯明翰是英国汽车企业最密集的城市，各大汽车企业研发中心和零部件公司都集聚在此。2010年，长安汽车在英国诺丁汉设立动力系统开发中心，

2015 年搬迁至伯明翰，并在此建立了永久性基地，预计 2020 年该研发中心的工程师将达到 250 人。成立英国研发基地的主要目的是为了吸引本地工程师，利用英国在发动机和变速器方面的开发优势瞄准最前沿的产品，进行先进动力总成的概念设计，快速提升公司动力总成设计开发能力；同时利用地理邻近性的优势加强与其他企业、高校及供应商的合作。

四、专攻底盘技术开发的美国研发中心

世界三大汽车巨头（福特、通用、克莱斯勒）的总部——美国底特律大都市圈是全球汽车工业的核心基地，世界知名汽车企业（例如丰田、日产、三菱、现代等）都在此设立了分支机构或技术中心，该区域拥有的汽车研发中心超过 375 家。2011 年长安汽车在大底特律都市区的普利茅斯镇设立了美国研发中心，利用该地区大量汽车底盘技术开发领域的工程技术和研究人才，以及与集聚在此的大量汽车零部件供应商和 300 多家汽车技术服务公司合作，专攻汽车底盘正向开发技术，包括底盘性能开发、底盘工程化设计、底盘技术研究以及底盘制造工艺研究等，2015 年又增加了智能驾驶及智能网联技术的工作。目前，长安美国研发中心的技术能力已覆盖底盘开发的四大领域，掌握了 26 项关键技术，包括底盘正向开发、目标定义与分解、系统方案设计、性能匹配和可靠性耐久分析 5 项核心技术。

作为全球汽车企业的后发追随者，长安汽车在自主研发方面的核心战略之一是以全球化研发中心为平台，借助海外研发中心所在地的资源优势，快速获取海外工程团队所能提供的研发体系、技术能力和产品开发经验，逐渐整合全球创新资源并将其汇聚至国内总部，构建自身的核心竞争力，以服务国内市场。总体而言，目前长安汽车 4 个海外研发中心所拥有的创新资源和技术优势均高于国内总部，各研发中心根据当地技术优势负责汽车产业链中不同技术模块的开发工作，形成了“互有分工，各有侧重”、数据及技术实时共享的合作模式。长安汽车国内总部对分散在海外的研发中心进行统一协调，定期举行相关项目进展及技术前沿监测的电视电话会议，或由总部派遣相关人员到各海外研发中心跟踪项目或者学习技术。

构建全球研发网络已成为中国企业实现创新国际化以提升核心竞争力的必要途径和形式，中国在构建和发展国际网络的过程中要关注国际化知识的获取和积累。由于网络演进具有路径依赖性，企业要根据研发国际化战略定位及技术基础选择适当的研发网络演进路径；在企业推进研发国际化的过程中，需要根据不同的研发国际化阶段选择合适的研发网络构建策略。

综上所述，中国企业构建全球研发网络的实践探索模式存在着一定的差异，并表现出同发达国家跨国公司不同的研发国际化路径与组织形态，其主要影响因素包括企业自身技术水平在全球研发网络中的地位以及企业研发国际化的战略动机等。随着中国科技创新已步入跟踪和并跑、领跑并存的新阶段，在全球研发网络中中国企业的技术水平也对应于全球技术领先、国内技术领先及技术后发追随3类。在此背景下，不同技术水平的中国企业通过构建差异化的全球研发网络组织来获取与配置全球资源，以提升并巩固企业在全球研发网络中的位序。

对于企业技术水平处于全球领跑阶段的企业而言，由于在研发国际化的早期阶段企业已建立起了极具竞争力的自主核心技术，其中代表性的企业包括来自高铁行业的中国中车、通信设备制造业的华为以及无人机行业的大疆等。这类企业研发国际化的主要动机一方面包括提高企业在全球市场的占有率，但更为重要的是占领相关技术领域的全球制高点，试图从中国企业研发走出去上升至“中国标准”走出去，并提高企业在全球市场的占有率。其在全球研发网络中的组织类型既包括利用发达国家及拥有特定优势的其他国家的相关技术、知识、人才等创新资源从事的基础研究、技术开发，同时也包括对发展中国家的技术转移以扩大市场。

对于企业技术水平处于全球并跑阶段的企业而言（例如联想集团、海尔集团等），其产品国际化通常先于研发国际化，但由于企业自身技术能力与东道国同行业全球跨国公司相比较弱，导致企业在东道国的品牌优势不明显，其研发国际化的主要动机是在东道国设立海外中心来提升自身创新能力支撑东道国或区域生产以获取更广阔的市场。

对于企业技术水平不具备绝对竞争优势且仍处于跟跑阶段的大部分中国企业而言，由于在国内无法获取某些领域的创新人力资源及先进技术，而不同东道国在某些领域拥有各自的资源禀赋和独特优势，出于对构建核心竞争力以提升自身创新能力的迫切需求，这类企业则通过建立全球研发网络在全球范围内寻找相关创新资源并将其聚合为企业所用。

6.4　本章小结

中国企业研发国际化始于 20 世纪 90 年代初，与发达国家相比呈现出起步晚、投资规模小等特征，其从事研发国际化的方式包括新建立全球研发联盟、建立海外研发机构、技术获取型跨国并购等。

基于中国商务部对外投资与合作司公布的统计数据，本章对企业新建海外研发机构的相关数据进行分析，发现自“走出去”战略实施以来，中国企业研发国际化步伐逐步加快，参与研发国际化的中国企业类型已趋向多元化，基本涵盖了所有类型的企业，民营企业已远远超过国有企业成为中国对外研发投资的主力军，这在一定程度上表明所有权因素在中国企业研发国际化中扮演着重要的角色。中国企业海外研发机构的空间布局已基本覆盖全球，呈现集聚布局在美国、日本、德国等发达国家及分散布局在发展中国家的特征。

从中国企业在全球研发网络中的角色变迁来看，以企业 PCT 专利申请数量衡量的企业研发国际化水平不断提升，中国在全球创新网络中的地位日益凸显，但总体创新能力仍较弱。从时间上看，中国企业研发国际化的演进过程主要分为通过“以市场换技术”或与跨国公司合作进入国际技术体系——通过自主创新提升企业在全球创新网络中的位序——通过企业研发“走出去”深度融入全球研发网络等阶段。从企业研发国际化的驱动因素来看，主要包括创新资源在全球研发体系中快速流动，国家政策支持中国企业加快快速融入全球研发网络，企业提升自主创新能力及核心竞争力的现实需求等。

本章进一步以华为、海尔和长安汽车为代表，分析了处于不同技术水平的中国企业通过构建差异化的全球研发网络组织以获取与配置全球资源以提升并巩固企业在全球研发网络中位序的实践探索。具体而言，作为全球领先的 ICT 基础设施和智能终端提供商，为实现其全球化的战略布局，华为目前已构建起了空间布局分散、功能实现协同的全球研发网络组织；海尔和长安汽车的全球研发网络分别呈现出空间布局分散、功能实现协同的特征，集团在设立海外研发中心的同时利用互联网构建起了线上线下协同的开放式创新网络，主要目的是整合全球的资源和创客，实现用户需求和资源的零距离对接，探索开放创新的研发网络模式；作为全球汽车行业的技术跟跑者，长安汽车为提升自主创新能力，利用全球不同汽车技术中心所具备的技术及资源优势，搭建了多技术模块聚合全球创新资源并汇聚至国内总部的全球研发网络。这在一定程度上对目前正在走出去或想要走出去的中国企业提供了一定的启示，即企业应根据自身的技术水平明确目前其在全球研发网络中的地位，进而根据企业的战略动机布局研发全球化的网络模式。

第7章　提升中国分工地位的路径及对策

总的来看，中国企业的创新能力发展与发达国家跨国公司还存在很大差距。目前，中国本土企业在融入跨国公司主导的全球价值链的过程中面临着重重困境，关键领域核心技术受制于人的格局还没有根本改观。影响中国企业在全球研发网络中的升级困境主要来源于中国企业自身创新能力不足，缺乏海外研发投资经验，以及东道国及跨国公司对中国企业实行技术封锁及堵截等外部因素。提升中国企业在全球研发分工网络中地位的主要对策包括国家宏观层面的政策支持、企业自身核心竞争力构建等方面。

7.1　升级困境

7.1.1　技术创新能力不足

一、技术消化吸收能力不足导致严重的技术依赖

由于技术消化吸收能力不足所导致的技术依赖是阻碍中国企业在全

球研发网络升级的主要原因之一。通过“以市场换技术”战略使得中国改革开放初期的技术发展瓶颈得到极大的缓解，这在一定程度上提升了中国企业的技术水平，但大规模引进外资并没有从根本上改变中国技术落后的状况（陈静和卢进勇，2015），也并未加强中国自主创新的能力。在外资企业获得了巨大市场份额甚至垄断中国某些产业的同时，国内企业自主研发和创新能力的提高却进展缓慢，甚至在一些产业内形成了严重的技术依赖，陷入引进、落后、再引进、再落后的技术升级困境。随着中国融入全球研发网络的步伐不断加快，以引进、模仿为主的技术进步模式的负面影响逐步凸显，甚至成为中国企业提升自主创新能力和在全球研发分工网络中实现地位升级的禁锢。例如，20世纪80年代中国汽车产业逐渐开放，并开始引进海外资本，但技术创新能力并未得到明显提高，时至今日国内产量几乎全部由大众、通用、本田等几家跨国公司投资企业的产量组成，汽车领域的关键核心技术与装备基本依赖国外，导致中国汽车企业缺乏国际竞争力。

李梅认为对外直接投资对中国全要素生产率的提升有显著的促进作用，但国内企业的研发吸收能力是制约逆向技术溢出实现的主要因素之一。[①]企业研发能力的强弱决定了对引进技术消化吸收能力的大小，进而影响了企业对引进技术消化吸收的热情。企业对引进技术消化吸收不足是导致企业研发能力提升缓慢的主要因素，1998年中国企业引进技术经费支出与消化吸收经费支出的比重为1∶0.07，尽管这一比例在2009年

① 李梅：《人力资本、研发投入与对外直接投资的逆向技术溢出》，《世界经济研究》2010年第10期。

大幅增加至了 1∶0.43，但同发达国家相比仍然存在较大的差距，日韩等国用于技术引进和消化吸收的经费支出比例约为 1∶3，在某些重点领域甚至高达 1∶7。此外，中国企业在技术引进过程中，忽视技术专利和专有技术的引进，缺乏对引进技术的系统集成和综合创新，过于注重将主要资金和精力用于硬件设备和生产线的进口，这也是导致技术依赖的重要原因之一。技术吸收能力的不足导致中国企业在高端制造领域还存在严重的技术依赖，例如中国几乎全部的光纤制造装备、医疗装备的 95%、集成电路制造装备的 85%、石油化工制造装备的 80%、数控机床的 70% 都依赖进口。①

二、研发投入不足导致创新成果层次低

从企业研发强度来看，《2017 年中国科技统计年鉴》数据显示，2016 年中国企业研发经费内部支出占主营业务收入的比重为 0.94%，而主要发达国家企业这一比重已达到 3%。在欧盟技术创新中心发布的全球企业研发排行榜中，2017 年中国企业平均研发强度为 2.84%，远低于瑞士、美国、瑞典、德国、荷兰、日本等发达国家企业的研发强度，也未及全球平均水平（为 4.1%）。以汽车行业为例，2015 年大众汽车研发经费投入为 131.2 亿欧元，世界排名第 1 位，研发强度为 6.7%，而中国研发经费投入最多的上汽集团仅为 9.2 亿欧元，位列世界第 19 位，研发强度仅为 1.1%。从家电行业来看，2015 年韩国三星电机、德国西门子的研发密度分别为 7.9%、6.1%，而海尔集团仅为 0.5%。通过对比可

① 陈劲、王方瑞：《中国本土企业自主创新的路径模式探讨》，《自然辩证法通讯》2007 年第 3 期。

以发现，中国企业整体研发强度与发达国家跨国公司相比还存在着较大差距，由于研发投入的不足导致关键技术领域还并未形成自己的竞争优势。

从基础研究研发经费支出来看，2016年中国基础研究研发经费投入占GDP的比例为0.11%，而2015年美国、日本这一比例分别为0.48%和0.42%。2016年中国规模以上工业企业的基础研究研发经费支出占企业研发经费内部支出的比重仅为0.17%，应用研究研发经费支出占比为2.53%，试验发展研发经费支出占比为92.3%；另据对中国企业500强的调查，也仅有10.45%的企业进行过原始创新。由此可见企业基础研究的研发经费投入不足，这说明中国对企业技术创新缺乏明确的战略引导，使得在技术创新发展路径上存在一定的随意性。

从企业开展研发活动和研发项目数量来看，2016年中国有研发机构的企业数量占总数的23%，承担的研发项目课题数量占全国总量的25.54%。而据相关资料统计，在发达国家90%的跨国公司把自主创新作为企业战略的主体内容，其中80%建立了研发中心，大多数企业至少把销售额的5%投入研究开发中。[①]究其原因，主要是中国企业目前在国家创新体系中的主体地位不突出，因而造成了企业自主创新活动的匮乏。

从创新成果来看，首先由于中国在科研方面的原创性成果较少，基础研究依然相对薄弱，使得中国企业原始技术储备不足，而成为全球价

① 何骏：《自主创新——中国企业对外直接投资的动力来源》，《经济体制改革》2008年第2期。

值链中研发规则的接受者和关键部件的购买者①。例如，汽油发动机作为一种非常成熟的汽车模块，中国企业在技术积累和研发水平上都远远落后于欧美企业，实现高质量创新的难度非常大，因而只能依靠进口。其次，尽管中国企业专利申请和授权数量都呈现出快速增长的趋势，但由于中国企业的研发活动多集中于实验发展环节，而对基础研究的投入不足往往导致在企业创新成果中很难出现颠覆性的技术突破，从而难以引领行业发展和引导用户需求。

7.1.2 发达国家的技术封锁

跨国公司研发机构进入中国与本土企业合作是中国企业通过知识溢出实现升级的方式之一，但目前跨国公司与中国企业建立的技术联盟也不多，中国企业要么很难进入，要么只能进入其中技术含量和附加值低的研发环节。②发达国家作为全球创新网络中的主导者会设计各种参数来控制参与其创新体系的中国企业的技术赶超过程，进而迫使中国企业被"锁定"于低端的研发设计环节。③为维持自己的优势地位，发达国家跨国公司常常会对后进入网络的其他企业设置不同程度的进入壁垒。例如

① 宋磊：《中国版模块化陷阱的起源、形态与企业能力的持续提升》，《学术月刊》2008年第2期。

② 张战仁、杜德斌：《全球研发网络嵌入障碍及升级困境问题研究述评》，《经济地理》2016年第8期。

③ 刘志彪、张杰：《从融入全球价值链到构建国家价值链：中国产业升级的战略思想》，《学术月刊》2014年第9期。

凭借战略隔绝等手段增强其在设计、研发等高附加值战略环节的国际市场势力，阻碍发展中国家企业在全球研发网络中的技术升级。也有跨国公司通过提高并获取已有核心技术专利授权费，提高关键生产环节的核心零部件的价格以实现对后进国家代工企业的利润压榨，并阻碍其实现技术升级①。又如跨国公司通常把需要转移的技术以隐性知识的形式输出，并尽可能物化在设备中，提高掌握新知识的壁垒，增加中国企业对关键知识与能力学习的难度并迫使其放弃。

尽管有研究显示发达国家跨国公司在中国设立研发机构并在与本土企业的合作过程中带来了一定的技术外溢，但跨国公司逐利的本质决定其只会根据自身利益需要向中国转让有关技术。②因此，发达国家跨国公司不会在获取了中国市场的同时主动转移其核心技术，而是将其非核心的二流技术甚至三流技术转移至中国。同时为了防止技术溢出，发达国家跨国公司还常常通过国际专利申请的布局在最大程度上限制发展中国家企业的模仿，这使主要通过模仿而实现创新的东道国企业在生存发展上步履维艰。因此，由于外资企业对转让先进技术的严格控制导致技术溢出效应非常有限。

来自全球研发网络中的主导者对中国企业技术升级的封锁和堵截不

① Gereffi G. International trade and industrial upgrading in the apparel commodity chain. *Journal of International Economics*, 1999, 48(1):37—70. Kaplinsky R. Spreading the gains from globalization: What can be learned from value chain analysis. *Journal of Development Studies*, 2000, 37(2):117—146.

② Henry Chesbrough, Feng Liang. Return to R&D Investment and Spillovers in the Chinese Semiconductor Industry: A Tale of Two Segments . *Industry Studies*, Alfred P. Sloan Foundation Annual Conference, April 9, 2008.

仅体现在进入中国市场与本土企业的合作过程中，还存在于中国企业对外研发投资的环节中。作为中国创新型企业的代表，华为和中兴两家企业在技术升级过程中一直受到来自美国等发达国家的技术封锁及堵截。其中，思科对华为技术能力升级的阻碍是全球研发网络中主导者对中国企业技术升级进行堵截的最直接案例之一。成立于1984年的美国思科公司一直是核心路由器和交换市场的霸主，占有全球核心路由器市场近八成份额。随着自主创新能力的增强，2002年在全球电信基础设施投资下降了50%的情况下，华为经历了一个比较明显的爆发式海外市场扩张过程。2003年华为与3Com合作成立合资公司，专注于企业数据网络解决方案的研究。但就在同一年，思科对华为提出起诉，指控华为侵犯部分思科技术专利，最终思科撤回了诉状，并承认华为没有侵权行为。2012年华为被美国联邦政府认定威胁美国国家安全，几乎所有的通信设备都无法进入美国。很快思科又将2003年的案件翻出，重新指控华为抄袭思科的代码，试图制造“抄袭门”以质疑和阻碍华为的自主创新，更向其客户散发7页文件名为“华为和国家安全”的文件。尽管如此，由于华为一直专注自主创新能力的构建，直至2017年在服务供应商路由器和电信以太网交换机市场中，华为首次超越长期霸占核心路由器市场全球首位的思科。

随着中国企业在创新领域的突飞猛进，美国加大了对中国高端产业和技术创新的遏制。2018年3月以来，美国对中国发起单边主义色彩浓厚的“301调查”，对中国进口的商品加征关税，肆意挑起中美经贸摩擦，并编造中国“强制技术转让”理由，对中国实施技术封锁，并限制中国高技术产品对美出口，试图遏制中国高端产业发展和创新的脚步。

来自美国等发达国家的技术封锁和遏制，将在某种程度上对中国企业的研发国际化发展、全球研发网络的建设以及技术创新能力的提升造成一定的阻滞。

7.1.3　海外研发经验缺乏

发达国家跨国公司海外研发投资的显著特点之一是具有明确的战略规划，其设立的海外研发中心功能定位较为清晰，即为了开拓东道国市场或是为了获取东道国的研发资源等，因此在产业和区位选择等方面都有与投资目的相匹配的标准。而中国企业在这一方面还很欠缺，由于缺乏明确的对外研发投资战略目标，往往会导致母公司对海外研发中心所要从事的工作定位也不明确，从而导致对海外研发中心的考核机制存在偏差。例如，部分民营企业斥巨资在海外设立的研发中心仅仅是为母公司收集东道国市场信息，充当海外信息窗口的功能，甚至仅仅作为母公司在海外的接待站。作为研发全球化的后发者，当前中国企业通过对外研发投资嵌入全球研发网络的主要目的是获取先进的技术，而非获取经济效益。但据有关调研显示，目前很多企业在对其海外研发分支机构进行考核时，重点关注的是经营规模及上缴利润，而对于产品研发、技术创新等方面的考核重视不够。这对于倚重技术研发而实施对外投资的企业来说显然是不利于其技术升级的，也会影响企业发展的长期利益。

研发国际化经验不足的主要原因之一是缺乏高素质技术及运营管理人才，导致获取逆向知识溢出不足。对于致力于通过海外研发投资获取技术来提升竞争优势的中国企业而言，其必备工作就是培养一大批熟悉国际惯例和规则同时又拥有丰富国际市场运作经验的国际化人才。但从现状来看，中国企业中熟悉国内外技术发展又兼具国际化经营才能的人才极为稀缺。中国企业海外研发投资所要获得的领先的技术水平和科学的管理方法都掌握在国外企业的关键人才手中，对于管理海外研发机构中欧洲、日本及美国等外籍人士的经验还相当不足，这在很大程度上限制了海外研发机构的逆向知识溢出。

7.2 思路与对策

7.2.1 国家层面的整体谋划与推动

一、立足全球视野，构建多模式并存的全球创新网络格局

随着创新资源在全球范围内的快速流动，企业创新能力的提升主要取决于其整合资源的能力而非拥有资源的数量，开放式创新模式已是跨国公司的普遍选择。中国要从国家层面长远谋划并以全球视野确立中国企业构建全球研发网络的战略规划，明晰目前中国企业的自身实力及其在全球创新网络中的位序，并在此基础上布局中国企业的全球研发网络。同时要加强产业投资领域的引导，着眼于投资代表未来发展方向的战略性新兴产业，优化创新网络的空间布局，提升海外研发投资的产业和空间集聚水平。以完善的全球研发网络为平台，在最大程度上整合全球创新资源和创新要素，通过利用全球资源知识、人才和先进管理，强化海外研发投资的整体协调能力，实现内、外集成的高起点技术升级跨越式发展。

要进一步鼓励国内有实力的企业加快建立海外研发中心，合理规划不同技术水平产业在全球研发网络中的目标定位，基于企业或行业自身实力构建差异化的全球研发网络。对于行业领域内的全球技术领先企业，应进一步扩大其在基础科学和前沿理论领域的研发投资，利用外部优势提升内部核心能力与技术以追踪世界最新的技术进展，提高在关键核心技术领域的话语权，主动占据全球研发网络的高端环节进而成为全球研发网络中的主导者。由于企业所具备的技术知识资源是竞争优势的重要来源，因此对于技术后发追随者的大部分中国企业而言，应明确自身技术劣势，通过建立海外研发机构或并购海外企业的研发机构，直接获得分散在全球的创新资源，主动嵌入全球研发网络并使技术知识逆向溢出至母公司以弥补技术短板，从而提升企业的国际竞争力。

二、营造有利于企业提升自主创新能力的环境

首先，政府应转变在创新体系中的角色。在迈向创新驱动的经济发展阶段后，政府在国家创新系统框架下的角色应由资源配置的主导者转向为企业创新能力提升的服务者，由直接干预创新行为向间接培育创新企业转变。激励创新资本在市场力量下实现供需自由匹配，创造有利于知识和信息交换的平台，营造良好的创新环境鼓励企业积极开展创新活动，激发创新活力并诱发出新知识。

其次，应加强知识产权保护。从技术溢出角度看，由于发达国家对中国的投资伴随着一定程度上的技术转移，加强知识产权的保护力度能够消除外商对投资中技术转移的顾虑。从企业自主创新能力提升方面看，从发达国家企业创新能力构建的过程不难发现知识产权保护是企业自主创新能力形成的重要制度保障。而目前中国企业创新成果得以顺利转化和有效保障的相关制度尚显滞后，这直接影响了企业从事创新活动的积极性，从而决定了中国企业无法在研究以及设计等方面与跨国公司进行正面较量①。

三、完善支持企业海外研发投资的相关政策

国家政策导向对企业实施研发国际化融入全球创新网络具有显著的影响，随着中国企业对外投资步伐不断加快，通过实施有效的政策手段和体制机制改革提升企业在全球研发分工中的地位变得愈发重要。从宏观层面来看，政府应该根据国家经济发展总体需求、科技及贸易战略部署等，为实施研发国际化的中国企业在国内和国外制定有倾斜性的投资促进政策。例如进一步鼓励企业研发“走出去”，扩大企业对外研发投资自主权，通过加强国际科技合作为企业在海外获取创新资源提供更多平台；利用中国驻外机构及在海外的华人专业组织，或聘请海外专业咨询机构，加强对东道国投资环境和风险进行分析。在商务部现有的关于中国对外投资促进国别和地区报告中，应进一步增加不同东道国在创新资源、技术优势、企业经营管理、制度差距等方面的研究，为中国企业对外研发投资提供有针对性的信息和技术咨询服务，以降低对外研发投资中存在的风险等。

此外，促进企业海外研发投资的具体措施还包括：第一，简化企业

① 李美娟：《中国企业突破全球价值链低端锁定的路径选择》，《现代经济探讨》2010年第1期。

对外研发投资审批手续，简化企业注册专利和 PCT 国际专利的程序，鼓励企业海外研发机构参与相关国际化的标准设置，以提高企业海外研发投资实现技术升级的积极性；第二，对企业海外研发实行税收减免等方面的优惠政策，对企业在国外生产的产品进口时免征进口税等财税政策，以鼓励获得核心技术的产品能以最低成本转移至国内，并激励更多的国内企业在国外获取先进技术；第三，高度重视企业海外研发投资保险体系的建设，企业的海外研发投资的特点是投资额大、投资回收期长、短期获利小，①对于风险较高的技术获取型海外投资应制定专门的政府担保条款，以帮助企业合理分摊海外研发投资的风险。

7.2.2　提升本土企业技术创新能力

一、加大研发投入，完善研发管理体系提升企业创新能力

企业研发经费和创新人才的绝对投入量是企业从事研发活动以提升核心竞争力的重要保障和关键途径，发达国家大型跨国公司均通过持续保持高研发投入来整合并配置研发人员、信息、技术等全球创新资源，而目前中国企业研发投资规模与世界顶级企业相比仍有一定差距。为提升中国企业在全球研发分工体系中的地位，需从企业研发投入及研发管理体系等方面努力：

首先，企业需要通过增加研发投入、提高研发经费使用效率以及积

① 吴先明、糜军：《我国企业对发达国家逆向投资与自主创新能力》，《经济管理》2009 年第 4 期。

极自主创新等活动主动寻求技术升级的机会；同时，需要优化研发经费投入结构，加大对基础研究和应用研究的投入来从事探究性和前瞻性的研发活动以获得关键核心技术的突破。其次，要进一步完善人才培养和激励机制，创新用人模式，重视对创新人才的培养和保护。绘制企业所需全球顶尖技术和人才、团队分布图，开发人才数据库，在全球范围内吸引行业内具有顶尖理论和技术水平的人才为企业所用。大力提倡科学上的冒险精神、创新精神和竞争精神，弘扬企业家精神，鼓励创新人才在企业核心技术能力构建及对外研发投资等方面进行大胆尝试。搭建开放式、国际性的人才合作平台，构建海外人才工作联盟，提高企业人才国际化水平，加快培育具有研发国际化经营、管理经验的人才。再次，加快完善企业研发管理体系，通过科研项目管理体制改革提升研发经费投入的针对性和有效性，建立健全企业技术研发中心，构建多层次的科研技术开发体系，改革薪酬分配制度，提高研发人员的积极性和创造性。

二、通过“技术引进＋自主创新”的模式提高企业技术创新能力

企业仅通过增加内部研发投入占据技术优势，是一种典型的封闭式创新思维，更何况由于技术的复杂性和技术变革的累积性、渐进性等特点，发展中国家企业创新还非常依赖发达国家所开发的技术。一般而言，发达国家企业技术能力是通过在“研究中学习”的方式积累技术能力并将技术边缘进行扩散。金认为发展中国家产业技术发展与发达国家相反，他认为发展中国家企业创新能力会经历“技术引进、消化和提高”三阶段模型，这一模型可以用于解释韩国电子产业、汽车产业、半导体产业

技术能力的发展。①日本企业也是沿着技术引进—自主开发—加强基础研究的发展路径实现技术跨越的。采用这一创新模式的企业向多个技术先进的对象进行学习，能回避研发过程不确定性带来的风险，可以迅速获得学习机会并提高技术和知识水平，从而引发更高层次的创新。

尽管目前中国企业已引进了大量国外技术，但在技术引进的消化吸收效率上远远低于国外同行，在技术引进消化吸收的基础上，加强集成创新和原始创新能力，从而构建企业的核心技术能力是目前中国企业关注的焦点。对于仍处于技术追赶阶段的中国企业而言，充分利用当今仍然开放的国际环境，促使企业在高水平中起步，仍可以采用引进技术—消化吸收—技术水平提高这一发展路径，这也是中国企业缩小与发达国家技术差距的一条捷径。通过对引进技术进行消化吸收，企业的创新能力也在不断积累，当其所需要的知识从最低必要知识和简单知识逐渐趋近技术前沿时，则可以从事独创性、个性化的自主开发，并逐步过渡到加强基础研究的创新模式。通过这种方式，中国企业能在引进技术的基础上实现技术累积并逐步提高其在全球研发网络中的地位。

尽管目前中国企业已引进了大量国外技术，但在技术引进的消化吸收效率上远远低于国外同行，例如日韩企业用于消化吸收技术的资金投入与引进技术资金投入的比例为 5：1，但中国这一比例仅为0.07：1。②

① Kim L. Stages of development of industrial technology in a developing country: A model. *Research Policy*, 1980, 9(3):254—277.

② 陆园园、谭劲松、薛红志：《“引进—模仿—改进—创新”模型与韩国企业技术学习的演进过程》，《南开管理评论》2006 年第 5 期。

其影响因素可以分为内部因素和外部因素，具体而言包括企业因自身技术水平基础薄弱导致的消化吸收不完全，以及企业引进消化吸收的联动机制不完全，这包括政府政策和市场结构、产业特征等。为提高企业对引进技术消化吸收的能力，首先，应将“技术引进＋自主创新”作为中国企业技术能力提升的主导战略之一，通过技术引进提升企业技术水平，从而尽快实现向技术自主创新的过渡；其次，应重视企业自主创新能力的培养，一方面政府和企业应加大研发投入力度，另一方面应建立和完善企业自主创新机制，加强技术学习过程中的合作创新。

三、以引领国内市场需求的技术创新为突破，重塑全球研发网络

除技术水平外，中国企业在与发达国家跨国公司竞争上的劣势还表现在市场方面①，作为技术后进的中国企业而言，在面临既定技术范式的情况下，市场就成为企业自主创新的最主要制约因素。市场需求是技术创新得以最终完成的决定性环节，拥有一定市场势力的企业，其所获得的超额利润以及组织资源将促进企业自主创新。在已有以发达国家跨国公司为主导的全球创新链中，中国企业可以从满足中国巨大的国内市场出发，通过减少对跨国公司边缘技术的依赖以及增强自身产品的不可替代性入手，避免或减轻来自跨国公司技术控制。

尽管技术转让是创新发展最为便捷的方式之一，但从华为的成长过程中可以看出，其在早期并没有采取这一创新发展策略，而是通过自主创新开发新技术来占领国内市场，并以获取的利润促进企业加大研发投

① Hobday M. East Asian latecomer firms: Learning the technology of electronics. *World Development*, 1995, 23(7):1171—1193.

入，从而在下一代技术出现之前实现更迅速的赶超。以引领国内市场需求的技术突破为基础，华为逐步提升其全球市场份额。例如，2016 年华为成为全球利润最高的 Android 智能机厂商，2017 年华为首次超越长期霸占核心路由器市场全球首位的思科，占据核心路由器市场的全球第一份额。以自主创新为企业核心战略并辅之以对外研发投资，华为成功实现了在全球研发网络中从后发者到主导者地位的转变。再如，为满足中国经济及社会发展并促进城乡及区域协调发展的需求，中国高铁行业中的很多企业（例如中车四方等）在消化吸收国外引进技术后，通过自主创新模式掌握该行业的前沿技术，成为世界高铁领域一流的跨国公司，同时也使中国成为世界上高速铁路系统技术最全、集成能力最强、运营里程最长、运行速度最高、在建规模最大的国家，占据了全球高铁技术网络中的主导者地位。由此可见，构建以自身技术为核心的全球研发网络，并以此为基础重塑全球研发网络，是中国企业应对已有全球研发网络等级分工竞争的必然选择。

参考文献

[1] Ahuja G. Collaboration networks, structural holes, and innovation: A longitudinal study. *Administrative Science Quarterly*, 2000, 45(3):425—455.

[2] Anwar S T. CFIUS, Chinese MNC' soutward FDI, and globalization of business. *J. World Trade*, 2010, 44:419—466.

[3] Arndt, Sven W., Kierzkowski, Henryk. *Fragmentation: New production patterns in the world economy*. Oxford University Press, 2001.

[4] Awate S., Larsen M. M., Mudambi R. Accessing vssourcing knowledge: A comparative study of R&D internationalization between emerging and advanced economy firms. *Journal of International Business Studies*, 2015, 46(46):63—86.

[5] Bathelt H, Malmberg A, Maskell P. Clusters and knowledge: local buzz, global pipelines and the process of knowledge creation. *Progress in Human Geography*, 2004, 28(1):31—56.

[6] Broekel T, Boschma R. Knowledge networks in the Dutch aviation industry: The proximity paradox. *Journal of Economic Geography*, 2012, 12(2):409—433.

[7] Buckley P J, Clegg L J, Cross A R, et al. The determinants of Chinese outward foreign direct investment. *Journal of International Business Studies*, 2007, 38(4):499—518.

[8] Bunnell T G, Coe N M. Spaces and scales of innovation. *Progress in Human Geography*, 2001, 25(4):69—589.

[9] Carlsson B. Internationalization of innovation systems: A survey of the literature. *Research Policy*, 2006, 35(1):56—67.

[10] Chen C-J, et al. How firms innovate through R&D internationalization? An S-curve hypothesis. *Research Policy*, 2012, 41(9):1544—1554.

[11] Chen Jin, Zhao Xiaoting, Tong Liang. Chin's R&D internationalization and reform of science and technology system. *Journal of Science and Technology Policy in China*, 2011, 2(2):100—121.

[12] Chen Xueguang. Knowledge search abroad and innovation performance: An empirical study of Chinese high-tech firms. *Xi'an, China: International Conference on Information Management, Innovation Management and Industrial Engineering*, 2009(4):352—355.

[13] Chesbrough H., et al. Beyond high tech: Early adopters of open innovation in other industries. *R&D Management*, 2006, 36(3):229—236.

[14] Chesbrough H. The era of open innovation. *MIT Sloan Man-*

agement Review, 2003, 44(3):34—41.

[15] Child J., Rodrigues S. B. The Internationalization of Chinese Firms: A Case for Theoretical Extension? *Management and Organization Review*,2005, 1(3):381—410.

[16] Chung S. Building a national innovation system through regional innovation systems. *Technovation*, 2002, 22(8):485—491.

[17] Coe N, Hess M, Yeung H, et al. Globalizing' regional development: A global production networks perspective. *Transactions of the Institute of British Geographers*, 2004, 29:468—484.

[18] Cohen W M, Levinthal D A. Innovation and learning: The two faces of R&D. *Economic Journal*, 1989(99):569—596.

[19] Colazo J A. Collaboration structure and performance in new software development: findings from the study of open source projects. *International Journal of Innovation Management*, 2010, 14(05):735—758.

[20] Cooke P, Gomez U M, Etxebarria G. Regional innovation systems: institutional and organizational dimensions. *Research Policy*, 1997, 26(4—5):475—491.

[21] Coviello N E, Munro H. Network relationships and the internationalization process of small software firms. *International Business Review*, 1997, 6(4):361—386.

[22] Coviello N E. The network dynamics in the international new venture. *Journal of International Business Studies*, 2006, 37(5):713—731.

[23] Deardorff, Alan V. Fragmentation in simple trade models. *North*

American Journal of Economics and Finance, 2001, 12:121—137.

[24] Demirbag M, Glaister K W. Factors determining offshore location choice for R&D projects: A comparative study of developed and emerging regions. *Journal of Management Studies*, 2010, 47(8): 1534—1560.

[25] Dixit Avinash K, Grossman Gene M. Trade and protection with multistage production. *The Review of Economic Studies*, 1982.

[26] Dunning J H, Lundan S. The internationalization of corporate R&D: A review of the evidence and some policy implications for home countries. *Review of Policy Research*, 2009: 26(12):13—33.

[27] Dunning J H. The eclectic(OLI) paradigm of international production: past, present and future. *International Journal of the Economics of Business*, 2001, 8(2):173—190.

[28] Dunning J H. Trade location of economic activities and the MNE: A search for an eclectic approach [W]. The International Allocation of Economic Activities. *Proceedings of a Nobel Symposium Held in Stockholm*, 1977.

[29] Dunning, J. H. The geographical sources of competitiveness of firms: The results of a new survey. *Transnational Corporations*, 1996, 5(3):1—30.

[30] Eapen A. Social structure and technology spillovers from foreign to domestic firms. *Journal of International Business Studies*, 2012, 43(3):244—263.

［31］ Edler J, Fier H, Grimpe C. International scientist mobility and the locus of knowledge and technology transfer. *Research Policy*, 2011, 40(6):791—805.

［32］ Ernst D, Kim L. Global production networks, knowledge diffusion, and local capability formation. *Research Policy*, 2002, 31(8—9): 1417—1429.

［33］ Ernst D. *A new geography of knowledge in the electronics industry? Asia's role in global innovation networks*. Washington: East-West Center, 2009.

［34］ Figueiredo P N. The role of dual embeddedness in the innovative performance of MNE subsidiaries: Evidence from Brazil. *Journal of Management Studies*, 2011, 48(2):417—440.

［35］ Filatotchev I., Piesse J. R&D, internationalization and growth of newly listed firms: European evidence. *Journal of International Business Studies*, 2009, 40(8):1260—1276.

［36］ Fors G. Locating R&D abroad: The role of adapting and knowledge-seeking. In Braunerhjelm, P. & Ekholm, K.(eds): *The Geography of Multinational Frims*, Kluwer Academic Publishers, 1998.

［37］ Fu X. Foreign direct investment and managerial knowledge spillovers through the diffusion of management practices. *Journal of Management Studies*, 2012, 49(5):970—999.

［38］ Gammelgaard J, McDonald R, Stephan A, Tueselmann H, Dorrenbacher C. *Autonomy, networks and subsidiary performance 2012*,

Jonkoping International Business School.

[39] Gao GY, Zhou KZ, Yim C K B. On what should firms focus in transitional economics? A study of the contigent value of strategic orientations in China. *International Journal of Research in Marketing*, 2007, 24(1):3—15.

[40] Gao, T. Multinational activity and country characteristics in OECD countries. *Applied Economics Letters*, 2003, 10(4):255—258.

[41] Gary Gereffi, John Humphrey, Timothy Sturgeon. The governance of global value chains. *Review of International Political Economy*, 2005(12):78—104.

[42] Gassmann O, Von Zedtwitz M. New concepts and trends in international R&D organization. *Research policy*, 1999, 28(2):231—250.

[43] Gerard J. Tellis. *Competing for the future: patterns in the global location of R&D centers by the world's largest firms*. ISBM Report 06, Institute for the Study of Business Markets The Pennsylvania State University, 2008.

[44] Gereffi G. International trade and industrial upgrading in the apparel commodity chain. *Journal of International Economics*, 1999, 48(1):37—70.

[45] Gereffi.G, Korzeniewicz.M. *Commodity chains and global capitalism*. Westport, Praeger. 1994.

[46] Gereffi. G. *A Commodity Chains Framework for Analyzing Global Industries*. Duke University Working paper, 1999.

[47] Gerybadze A, Reger G. Globalization of R&D: Recent changes in the management of innovation in transnational corporations. *Research policy*, 1999, 28(2):251—274.

[48] Greg L., Kenneth L., Kraemer D. J. Who captures value in a global innovation network? The case of Apple's Ipod. *Communications of the ACM*, 2009, 52(3):140—144.

[49] Grossman, Helpman. Integration versus outsourcing in industry equilibrium. *Quarterly Journal of Economics*, 2002, Feb., Vol. 117: 85—120.

[50] Gulati R. Alliances and networks. *Strategic Management Journal*, 1998, 19(4):293—317.

[51] Hakanson L, Nobel R. Determinants of foreign R&D in Swedish multinationals. *Research Policy*, 1993, 22(5/6):397—411.

[52] Hansen M T, Mors M L, Lovas B. Knowledge sharing in organizations: Multiple networks, multiple phases. *Academy of Management Journal*, 2005, 48(5):776—793.

[53] Helble Y., Chong L C. The importance of internal and external R&D network linkages for R&D organizations: evidence from Singapore. *R&D Management*, 2004, 34(5):605—612.

[54] Henderson J, Dicken P, Hess M, et al. Global production networks and the analysis of economic development. *Review of International Political Economy*, 2002, 3:436—464.

[55] Henry Chesbroughh, Feng Liang. Return to R&D investment

and spillovers in the Chinese semiconductor industry: A tale of two segments. *Industry Studies*, Alfred P. Sloan Foundation Annual Conference, April 9, 2008.

[56] Hite J M, Hesterly W S. The evolution of firm networks: From emergence to early growth of the firm. *Strategic Management Journal*, 2001, 32(3):275—286.

[57] Hobday M. East Asian latecomer firms: Learning the technology of electronics. *World Development*, 1995, 23(7):1171—1193.

[58] Hopkins T, Wallerstein I. Patterns of development of the modern world-system. *Review*, 1977, 1(2):11—145.

[59] Hu A G Z, Jefferson G H. FDI impact and spillover: Evidence from China's electronic and textile industries. *World Economy*, 2010, 25(8):1063—1076.

[60] Hubert Schmitz. Global competition and local cooperation: success and failure in the Sinos Valley, Brazil. *World Development*, 1999 (9):1627—1650.

[61] Jin Chen, Liang Tong. R&D internationalization and the reformation of Chinese S&T system. *Manuscript*, Zhejiang University School of Management, Zhejiang, 2003.

[62] Kaplinsky R. Spreading the gains from globalization: What can be learned from value chain analysis. *Journal of Development Studies*, 2000, 37(2):117—146.

[63] Kenny D A. Learn how you can do a mediation analysis and out-

put a text description of your results: Go to mediational analysis using Data To Text. *Davidakenny Net*, 1981.

[64] Kim L. Stages of development of industrial technology in a developing country: A model. *Research Policy*, 1980, 9(3):254—277.

[65] Kokko A. Productivity spillovers from competition between local firms and foreign affiliates. *Journal of international development*, 1996, 8(4):517—530.

[66] Krugman. *Scale Economies, Product Differentiation the Pattern of Trade*, 1980, A.E.R.

[67] Kuemmerle W. Building effective R&D capabilities abroad. *Harvard Business Review*, 1997, 75(3):61—70.

[68] Kuemmerle W. *Home base and foreign direct investment in research and development: An investigation into the international allocation of research activity by multinational enterprises*. Harvard University, 1996.

[69] Kuemmerle W. The drivers of foreign direct investment into research and development: an empirical investigation. *Journal of international business studies*, 1999, 30(1):1—24.

[70] Lahiri N. Geographic distribution of R&D: How does it affect innovation quality? *Academy of Management Journal*, 2010, 53(5): 1194—1209.

[71] Lall, S. The international allocation of research activity by US multinationals. *Oxford Bulletin of Economic and Statistics*, 1979(41):

313—331.

[72] Laursen K, Salter A. Open for innovation: The role of openness in explaining innovation performance among UK manufacturing firms. *Strategic Management Journal*, 2006, 27(2):131—150.

[73] Liefner I, Hennemann S. Structural holes and new dimensions of distance: The spatial configuration of the scientific knowledge network of China's optical technology sector. *Environment and Planning A*, 2011, 43(4):810—829.

[74] Liu Jingjiang, Wang Yi, Zheng Gang. Driving forces and organizational configurations of international R&D: The case of technology-intensive Chinese multinationals. *International Journal of Technology Management*, 2010, 51(2/3/4):409—426.

[75] Lovett S R. et al. Parental control: A study of U.S. subsidiaries in Mexico. *International Business Review*, 2009, 18(5):481—493.

[76] Luo Y., Tung R. L. International expansion of emerging market enterprises: A springboard perspective. *Journal of International Business Studies*, 2007, 38(4):481—498.

[77] Makino S, Lau C M, Yeh R S. Asset-exploitation versus asset-seeking: Implications for location choice of foreign direct investment from newly industrialized economies. *Journal of international business studies*, 2002, 33(3):403—421.

[78] Meyer K, Mudambi R, Narula R. Multinational enterprises and local contexts: The opportunities and challenges of multiple embeddedness.

Journal of Management Studies, 2011, 48(2):235—252.

[79] Minin A D, Zhang Jieyin, Gammeltoft P. Chinese foreign direct investment in R&D in Europe: A new model of R&D internationalization. *European Management Journal*, 2012, 30(3):189—203.

[80] Minin A D, Zhang Jieyin. An exploratory study on international R&D strategies of Chinese companies in Europe. *Review of Policy Research*, 2010, 7(4):433—455.

[81] Narula R. *Globalization & technology: Interdependence, innovation systems and industrial policy*. Polity Press in Association with Blackwell Publishing Ltd, 2003.

[82] Nieto M. J., Rodríguez A. Offshoring of R&D: Looking abroad to improve innovation performance. *Journal of International Business Studies*, 2011, 42(3):345—361.

[83] OECD. International trade and core labour standards. *Discussion Papers*, 2000, *volume* 2000(4):1—122(122).

[84] OECD. *Science, Technology and Industry Scoreboard*. Paris, 2001.

[85] Parkhe A. From follows function? Interorganizational networks as a strategic imperative for global strategies. *Global Strategy Journal*, 2011, 1:86—89.

[86] Pearce, R. Decentralised R&D and strategic competitiveness: globalised approaches to generation and use of technology in multinational enterprises. *Research Policy*, 1999, 28(2—3):157—178.

[87] Penner-Hahn, J. D. Firm and environmental influences on the mode and sequence of foreign research and development activities. *Strategic Management Journal*, 1998, (19):149—168.

[88] Peters L., Groenewegen P., Fiebelkorn N. A comparison of networks between industry and public sector research in materials technology and biotechnology. *Research Policy*, 1998, 27:255—271.

[89] Phelps C, Bennett P, Iredale R, et al. The development of a distraction-based coping intervention for women waiting for genetic risk information: a phase 1 qualitative study. *Psychooncology*, 2010, 15(2): 169—173.

[90] Pisano G P. The governance of innovation: Vertical integration and collaborative arrangements in the biotechnology industry. *Research Policy*, 1991, 20(3):238—249.

[91] Quan X, Chesbrough H. Hierarchical segmentation of R&D process and intellectual property protection: Evidence from multinational R&D laboratories in China. *Engineering Management*, 2010, 57(1): 9—21

[92] Reddy. New trends in globalization of corporate R&D and implications for innovation capability in host countries: a survey from India. *World Development*, 1997, 25:1821—1837.

[93] Shin-Hong Chen. Taiwanese IT firms' offshore R&D in China and the connection with the global innovation network. *Research Policy*, 2004, 33:337—349.

[94] Spencer J W. Firms' knowledge-sharing strategies in the global innovation system: Empirical evidence from the flat panel display industry. *Strategic Management Journal*, 2003, 24(3):217—233.

[95] Spencer J W. Firms' knowledge-sharing strategies in the global innovation system: Empirical evidence from the flat panel display industry. *Strategic Management Journal*, 2003, 24(3):217—233.

[96] Stephen H. Hymer. *The international operations of national firms: A study of direct foreign investment*. Cambrige: MIT Press, 1960.

[97] Sturgeon J.T. Modular production networks: A new American model of industrial organization. *Industrial and Corporate Change*, 2002, 11(3):451—496.

[98] Todo Y, Miyamoto K. Knowledge spillovers from foreign direct investment and the role of local R&D activities: Evidence from Indonesia. *Economic Development & Cultural Change*, 2006, 55(1):173—200.

[99] Todo Y, Zhang W, Zhou L A. Knowledge spillovers from FDI in China: The role of educated labor in multinational enterprises. *Journal of Asian Economics*, 2009, 20(6):626—639.

[100] Tsai A, Willsky A S. *Curve evolution implementation of the Mumford-Shah functional for image segmentation, denoising, interpolation, and magnification*. IEEE Press, 2001.

[101] UNCTAD. *World Investment Report 2005*. Geneva, 2006.

[102] Von Zedtwitz M, Gassmann O. Market versus technology

drive in R&D internationalization: four different patterns of managing research and development. *Research policy*, 2002, 31(4):569—588.

[103] Von Zedtwitz M. *International R&D strategies of TNCs from developing countries: The case of China*. Geneva: Globalization of R&D and Developing Countries: Proceedings of the Expert Meeting, 2006: 117—140.

[104] Wallerstein, I. *The Modern World-System I: capitalist agriculture and the origins of the European World-Economy in the Sixteenth Century*. University of California Press, 1974.

[105] Wesson, T J. An alternative motivation for foreign direct investment. Unpublished dissertation, 1993.

[106] Yim D S, Kim K K. Foreign R&D centers in Korea and government policy. *Technology Management for the Global Future*, IEEE, 2006:187—194.

[107] Zahra S A, Ireland R D, Hitt M A. International expansion by new venture firms: International diversity mode of market entry, technological learning and performance. *Academy of Management Journal*, 2000, 43(5):925—950.

[108] Zander I. How do you mea "global"? An empirical investigation of innovation networks in the multinational corporation. *Research Policy*, 1999, 28(2/3):195—213.

[109] 白春礼:《把握新科技革命与产业革命机遇，以创新驱动塑造引领型发展》,《时事报告：党委中心组学习》2017 年第 5 期。

［110］白春礼：《创造未来的科技发展新趋势》，《人民日报》2015年7月5日。

［111］曹虹剑：《网络经济时代模块化组织运行与治理机制研究》，湖南大学2008年博士学位论文。

［112］曾德明、李宝霞、禹献云：《跨国战略联盟技术知识流失风险防范体系研究》，《图书情报工作》2012年第6期。

［113］陈劲、童亮、戴凌燕：《中国企业R&D国际化的组织模式研究》，《科学学研究》2003年第4期。

［114］陈劲、王方瑞：《中国本土企业自主创新的路径模式探讨》，《自然辩证法通讯》2007年第3期。

［115］陈新有：《基于价值链的中国发电设备制造业企业产业创新研究》，电子科技大学2009年博士学位论文。

［116］陈衍泰、李欠强、王丽等：《中国企业海外研发投资区位选择的影响因素——基于东道国制度质量的调节作用》，《科研管理》2016年第3期。

［117］陈衍泰、吴哲、范彦成、戎珂：《研发国际化研究：内涵、框架与中国情境》，《科学学研究》2017年第3期。

［118］陈永志、吴盛汉：《当代国际分工的变化及其对国际价值的影响与启示》，《当代经济研究》2013年第11期。

［119］迟福林：《让创新成为高质量发展第一动力》，《经济参考报》2018年2月28日。

［120］丛屹：《全球化与全球生产系统的空间发展》，经济科学出版社2012年版。

［121］戴勇：《外生型集群企业升级的影响因素与策略研究——全球价值链的视角》，《中山大学学报》2009 年第 1 期。

［122］杜德斌：《跨国公司 R&D 全球化：地理学的视角》，《世界地理研究》2007 年第 4 期。

［123］杜德斌：《跨国公司 R&D 全球化的区位模式研究》，复旦大学出版社 2001 年版。

［124］杜德斌：《跨国公司海外 R&D 的投资动机及其区位选择》，《科学学研究》2005 年第 2 期。

［125］杜德斌：《全球科技创新中心的兴起》，《文汇报》2015 年 5 月 31 日。

［126］杜德斌：《上海孕育科技创新中心的历史机遇与实力基础》，《文汇报》2014 年 9 月 15 日。

［127］范黎波、吴易明：《PCT 国际专利申请、技术缺口及对策研究》，《国际经贸探索》2009 年第 5 期。

［128］范群林、邵云飞、唐小我等：《结构嵌入性对集群企业创新绩效影响的实证研究》，《科学学研究》2010 年第 12 期。

［129］范云芳：《论价值链国际分工》，《中国流通经济》2008 年第 3 期。

［130］范兆斌、苏晓艳：《全球研发网络、吸收能力与创新价值链动态升级》，《经济管理》2008 年第 11 期。

［131］傅翠晓：《中国 46.3%技术“领并跑”全球，上海是第二重镇》，搜狐网 2016 年 8 月 3 日，http://www.sohu.com/a/108949617_466843。

［132］傅文娟：《FDI 对中国西部经济影响的研究》，复旦大学 2009

年博士学位论文。

［133］高菠阳、刘卫东、杜超：《国际贸易壁垒对全球生产网络的影响——以中加自行车贸易为例》，《地理学报》2011 年第 4 期。

［134］高奇琦：《我国正成为世界人工智能领域的新增长极》，《人民日报》2017 年 7 月 19 日。

［135］谷业凯：《积极融入全球创新网络》，《人民日报》2018 年 6 月 4 日。

［136］何建洪、席世超、姜玉琦：《韩国三星公司构建全球研发网络的经验借鉴》，《科学进步与对策》2016 年第 7 期。

［137］何骏：《自主创新——中国企业对外直接投资的动力来源》，《经济体制改革》2008 年第 2 期。

［138］贺灿飞、毛熙彦：《尺度重构视角下的经济全球化研究》，《地理科学进展》2015 年第 9 期。

［139］贺团涛、曾德明、张运生：《高科技企业创新生态系统研究述评》，《科学学与科学技术管理》2008 年第 10 期。

［140］洪伟华：《从价值链高环介入提升 AB 外贸公司的核心竞争力》，厦门大学 2009 年博士学位论文。

［141］胡曙虹：《中国企业 R&D 国际化：区位选择与空间组织》，华东师范大学 2018 年博士学位论文。

［142］胡曙虹、杜德斌、肖刚等：《跨国公司在华研发对本土创新机构知识溢出效应的实证研究——基于合作创新的视角》，《软科学》2015 年第 10 期。

［143］胡欣悦、孙飞、汤勇力：《跨国企业国际化研发合作网络结构

演化——以华为为例》，《技术经济》2016 年第 7 期。

［144］华德亚、董有德：《跨国公司产品内分工与我国的产业升级》，《安徽大学学报（哲学社会科学版）》2007 年第 6 期。

［145］黄群慧：《我国发展新经济的政策着力点》，《行政管理改革》2016 年第 9 期。

［146］黄顺基：《新科技革命与中国现代化》，《中国社会科学院院报》2007 年 9 月 27 日。

［147］黄兆银：《R&D 全球化研究》，武汉大学出版社 2006 年版。

［148］黄志凌：《经济恢复有待经济基础发生革命性突破》，《金融论坛》2015 年第 4 期。

［149］黄志凌：《世界经济增长与新科技革命》，《经济日报》2015 年 3 月 3 日。

［150］靳明：《劳动分工对经济增长促进机制的分析》，首都经济贸易大学 2007 年博士学位论文。

［151］景劲松、陈劲、吴沧澜：《我国企业 R&D 国际化的现状特点及模式》，《研究与发展管理》2003 年第 4 期。

［152］卡丽斯·鲍德温、金·克拉克：《设计规则——模块化的力量》，中信出版社 2006 年版。

［153］柯银斌、康荣平、沈泱：《中国企业海外研发的功能与定位》，《经济界》2011 年第 11 期。

［154］柯正言：《把握创新格局调整趋势，抓住科技革命历史机遇》，《人民日报》2015 年 10 月 28 日。

［155］雷佳、魏泱、何建洪：《我国企业构建全球研发网络的制约因

素与动机激发——以长安汽车公司为例》，《现代商业》2016 年第 14 期。

[156] 隆国强：《理性认识当前的中美贸易摩擦》，《人民日报》2018 年 8 月 29 日。

[157] 李健：《从全球生产网络到大都市区生产空间组织》，华东师范大学 2008 年博士学位论文。

[158] 李梅、余天骄：《研发国际化是否促进了企业创新——基于中国信息技术企业的经验研究》，《管理世界》2016 年第 11 期。

[159] 李梅：《人力资本、研发投入与对外直接投资的逆向技术溢出》，《世界经济研究》2010 年第 10 期。

[160] 李美娟：《中国企业突破全球价值链低端锁定的路径选择》，《现代经济探讨》2010 年第 1 期。

[161] 李珮璘：《中外跨国公司国际竞争力的比较研究》，《世界经济研究》2015 年第 4 期。

[162] 李世东、林震、杨冰之：《科技革命与人类文明演进》，中国网 2013 年 6 月 6 日，http://finance. china. com. cn/roll/20130606/1532993. shtml。

[163] 李扬：《从长周期视角观察国内外经济形势》，《经济日报》2018 年 1 月 4 日。

[164] 刘常勇：《研发 4.0：第四代研发管理》，搜狐网 2017 年 6 月 12 日，http://www.sohu.com/a/148067109_291099。

[165] 刘戒骄：《生产分割与制造业国际分工——以苹果、波音和英特尔为案例的分析》，《中国工业经济》2011 年第 4 期。

[166] 刘茂松、曹虹剑：《信息经济时代产业组织模块化与垄断结

构》，《中国工业经济》2005 年第 8 期。

［167］刘启雷、郭鹏、张鹏、陈关聚、雷雨嫣：《在华外资研发与区域自主创新的生态共演研究》，《科学学研究》2018 年第 6 期。

［168］刘洋、魏江、江诗松：《后发企业如何进行创新追赶？——研发网络边界拓展的视角》，《管理世界》2013 年第 3 期。

［169］刘志彪、张杰：《从融入全球价值链到构建国家价值链：中国产业升级的战略思考》，《学术月刊》2014 年第 9 期。

［170］刘志彪、张杰：《全球代工体系下发展中国家俘获型网络的形成、突破与对策——基于 GVC 与 NVC 的比较视角》，《中国工业经济》2007 年第 5 期。

［171］柳卸林、吴晟、朱丽：《华为的海外研发活动发展及全球研发网络分析》，《科学学研究》2017 年第 6 期。

［172］卢锋：《产品内分工——一个理论分析框架》，CCER，Working Paper Series，No. C2004005，2004：1—63。

［173］陆园园、谭劲松、薛红志：《“引进—模仿—改进—创新”模型与韩国企业技术学习的演进过程》，《南开管理评论》2006 年第 5 期。

［174］路红艳：《科技革命推动现代产业体系建设》，《中国国情国力》2018 年第 1 期。

［175］路红艳：《未来 30 年的科技产业革命，我们准备好了吗？》，《社会科学报》2018 年 1 月 29 日。

［176］罗群、胡晓灵：《基于社会网络视角下的集群创新网络有核分层形态研究》，《软科学》2013 年第 3 期。

［177］吕萍、杨震宁、王以华：《我国高新技术企业研发国际化的发

展与现状》,《中国软科学》2008 年第 4 期。

[178] 马琳、吴金希:《全球创新网络相关理论回顾及研究前瞻》,《自然辩证法研究》2011 年第 1 期。

[179] 马名杰:《全球创新格局变化趋势及其影响》,《经济日报》2016 年 11 月 3 日。

[180] 马亚明、张岩贵:《策略竞争与发展中国家的对外直接投资》,《南开经济研究》2000 年第 4 期。

[181] 马亚明、张岩贵:《技术优势与对外直接投资:一个关于技术扩散的分析框架》,《南开经济研究》2003 年第 4 期。

[182] 毛蕴诗、袁静、周燕:《中国企业海外 R&D 活动研究——以广东企业为例》,《中山大学学报(社会科学版)》2005 年第 2 期。

[183] 潘秋玥、魏江、刘洋:《企业研发网络国际化研究述评与未来展望》,《外国经济与管理》2013 年第 8 期。

[184] 潘秋玥、杨洋、魏江等:《中国企业创新国际化的三种模式》,《清华管理评论》2017 年第 7—8 期。

[185] 秦兴俊、王柏杰:《产品内分工、加工贸易与我国对外贸易结构升级》,《国际经贸探索》2014 年第 7 期。

[186] 秦岩:《跨国公司在华 R&D 机构功能演化机制研究》,华东师范大学 2008 年博士学位论文。

[187] 权衡、盛垒:《复苏向好的世界经济:新格局、新动力与新风险——2018 年世界经济分析报告》,格致出版社 2018 年版。

[188] 权衡:《2018 世界经济:复苏向好中要防范"灰犀牛"》,《社会科学报》2018 年 1 月 18 日。

［189］任金玲：《价值链分割生产、不完全转移与我国的产业转移》，《中国科技论坛》2011 年第 10 期。

［190］沈桂龙：《跨国公司价值模块分工与利益实现机制》，《上海经济研究》2009 年第 5 期。

［191］盛垒、权衡：《“三大变革”引领世界经济新周期之变》，《国际经济评论》2018 年第 4 期。

［192］盛垒：《跨国公司在华 R&D 投资的溢出效应研究——基于随机前沿分析方法（SFA）的检验》，《世界经济研究》2010 年第 6 期。

［193］盛世豪：《积极探索“又好又快”发展模式》，《浙江经济》2007 年第 1 期。

［194］盛维：《跨国公司研发的国际化扩张：动因、进程及区位》，《科学发展》2012 年第 3 期。

［195］盛维：《生产者服务业国际化扩张区位选择研究》，上海社会科学院 2010 年博士学位论文。

［196］盛维：《生产者服务业国际化扩张区位选择研究》，上海社会科学院 2010 年博士学位论文。

［197］司月芳、曾刚、曹贤忠、朱贻文：《基于全球——地方视角的创新网络研究进展》，《地理科学进展》2016 年第 5 期。

［198］司月芳、陈思雨、曾刚：《中资企业研发国际化研究——基于华为 WIPO 专利分析》，《地理研究》2016 年第 10 期。

［199］司月芳、李英戈：《中资跨国公司对外直接投资研究述评》，《经济问题探索》2015 年第 12 期。

［200］宋磊：《中国版模块化陷阱的起源、形态与企业能力的持续提

升》，《学术月刊》2008 年第 2 期。

［201］唐家龙：《研发投资国际化的趋势、动因及对我国的启示》，《情报杂志》2009 年第 9 期。

［202］万钢：《打造高质量发展的科技创新引擎》，《求是》2018 年第 6 期。

［203］王春法：《科技全球化与中国科技发展的战略选择》，中国社会科学出版社 2008 年版。

［204］王建华、卓雅玲：《全球研发网络、结构化镶嵌与跨国公司知识产权保护策略》，《科学学研究》2016 年第 7 期。

［205］王小燕：《我国企业海外研发活动的地理分布特征及东道国影响因素》，《经营与管理》2013 年第 11 期。

［206］王砚羽、谢伟、李纪珍等：《自建与合作：资源与海外研发机构进入模式研究》，《科学学研究》2016 年第 9 期。

［207］王展硕、谢伟：《中国企业研发国际化研究的综述与展望》，《研究与发展管理》2017 年第 6 期。

［208］温忠麟、张雷、侯杰泰等：《中介效应检验程序及其应用》，《心理学报》2004 年第 5 期。

［209］文嫮、曾刚：《全球价值链治理与地方产业网络升级研究——以上海浦东集成电路产业网络为例》，《中国工业经济》2005 年第 7 期。

［210］吴先明、糜军：《我国企业对发达国家逆向投资与自主创新能力》，《经济管理》2009 年第 4 期。

［211］武义青、赵建强：《以科技创新推动高质量发展》，《中国经济时报》2018 年 1 月 26 日。

[212] 谢伟、王展硕：《中国企业研发国际化的角色和演进研究——基于国际化和技术驱动的视角》，《科学学与科学技术管理》2017 年第 11 期。

[213] 徐颖清：《基于全球价值链理论的我国产业升级研究综述》，《江西行政学报》2011 年第 2 期。

[214] 薛澜、沈群红、王书贵：《全球化战略下跨国公司在华研发投资布局——基于跨国公司在华独立研发机构行业分布差异的实证分析》，《管理世界》2002 年第 3 期。

[215] 薛澜、王建民：《知识经济与 R&D 全球化：中国面对的机遇和挑战》，《国际经济评论》1999 年第 2 期。

[216] 颜安：《虚拟整合：理论维度与整合绩效研究》，西南财经大学 2010 年博士学位论文。

[217] 阳梦华：《技术标准影响跨国公司在华利益的机理与实证研究》，湖南大学 2015 年博士学位论文。

[218] 杨侃：《跨国公司 R&D 区位选择决策因素及我国对策研究》，东北大学 2008 年博士学位论文。

[219] 杨玉秀、杨安宁：《合作创新中知识溢出的双向效应》，《工业技术经济》2008 年第 8 期。

[220] 杨震宁、李东红、王以华：《中国企业研发国际化：动因、结构和趋势》，《南开管理评论》2010 年第 4 期。

[221] 佚名：《中国蓝光高清格式 CBHD 获华纳兄弟支持》，《实用影音技术》2009 年第 4 期。

[222] 张辉：《全球价值链下地方产业集群升级模式研究》，《中国工

业经济》2005年第9期。

[223] 张军、许庆瑞：《提升企业自主创新能力：从哪里出发?》,《清华管理评论》2017年第7期。

[224] 张磊、徐琳：《全球价值链分工下国际贸易统计研究》,《世界经济研究》2013年第2期。

[225] 张鹏、王娟：《全球生产网络中国产业升级结构封锁效应及突破》,《科学学研究》2016年第4期。

[226] 张首魁、党兴华、李莉：《松散耦合系统：技术创新网络组织结构研究》,《中国软科学》2006年第9期。

[227] 张首魁、党兴华：《关系结构、关系质量对合作创新企业间知识转移的影响研究》,《研究与发展管理》2009年第3期。

[228] 张永凯、李登科：《演化视角下跨国公司海外研发机构与东道国区域创新体系的互动关系分析》,《世界地理研究》2016年第6期。

[229] 张永凯：《全球R&D活动的空间分异与新兴研发经济体的崛起》,华东师范大学2010年博士学位论文。

[230] 张永凯：《我国本土企业嵌入全球研发网络的路径选择》,《甘肃社会科学》2014年第3期。

[231] 张战仁、杜德斌：《分散与整合：跨国公司全球研发网络投资的空间协同治理研究》,《科学进步与对策》2017年第2期。

[232] 张战仁、杜德斌：《全球研发网络嵌入障碍及升级困境问题研究述评》,《经济地理》2016年第8期。

[233] 张战仁、占正云：《全球研发网络等级分工的形成——基于发达国家对全球生产的控制转移视角》,《科学学研究》2016年第4期。

［234］张振刚、胡琪玲：《外资研发与本地高技术企业创新能力间的关系——基于技术溢出的视角》，《技术经济》2012 年第 8 期。

［235］章文光、王晨：《外资研发与区域创新系统互动——机制分析和实证检验》，《北京师范大学学报（社会科学版）》2014 年第 2 期。

［236］赵晶、王根蓓：《创新能力、所有权优势与中国企业海外市场进入模式选择》，《经济理论与经济管理》2013 年第 2 期。

［237］赵若玺、徐治立：《新科技革命会引发什么样的产业变革》，《人民论坛》2017 年第 23 期。

［238］赵先进、梁璐：《中国制造业上市公司海外研发战略布局分析》，《商业研究》2016 年第 9 期。

［239］郑霄鹏：《中国企业技术寻求型 OFDI 战略与绩效研究》，南开大学 2014 年博士学位论文。

［240］朱华晟：《基于 FDI 的产业集群发展模式与动力机制——以浙江嘉善木业集群为例》，《中国工业经济》2004 年第 3 期。

［241］朱顺林：《逆向嵌入国际研发网络：民营企业自主创新能力培育的有效路径》，《经济体制改革》2011 年第 5 期。

［242］祝影、包慧：《跨国公司亚太地区研发空间结构研究——兼谈中国在其中的地位》，《亚太经济》2008 年第 1 期。

［243］祝影、杜德斌：《跨国公司研发全球化的空间组织研究》，《经济地理》2005 年第 5 期。

［244］祝影、杜德斌：《跨国公司研发全球化的空间组织研究——基于因子分析结果》，《世界地理研究》2008 年第 1 期。

［245］祝影、路光耀、叶明确：《跨国公司研发全球化的空间演变与

重心迁移》,《经济地理》2016 年第 9 期。

[246] 祝影:《全球研发网络:跨国公司研发全球化的空间结构研究》,华东师范大学 2005 年博士学位论文。

[247] 祝影:《全球研发网络:跨国公司研发全球化的空间结构研究》,经济管理出版社 2007 年版。

[248] 祝影:《全球研发网络:跨国公司研发全球化的空间结构研究》,经济管理出版社 2007 年版。

[249] 庄尚文:《网络经济条件下的产品内分工与模块化生产》,《南京财经大学学报》2005 年第 4 期。

后　记

当前，逆全球化甚至反全球化之声不绝于耳，尽管经济全球化浪潮遭遇重大波折，但笔者认为，全球化大势较难出现根本性的逆转，世界经济终会重新回到全球化的正常发展轨道，并在更加开放、包容、均衡的新型全球化驱动和引领下继续深入前行。这注定是不可逆的历史潮流和客观规律。

在这当中尤其值得关注一个现象，那就是从产业链和价值链的角度来看，虽然生产或者制造部门的全球化已陷入低潮，但研发和创新环节的全球化步伐却一直没有停歇，并呈现出不少新的趋势性特征和变革性特点。一方面，在新一轮创新全球化发展进程中，全球创新环境与格局正发生一系列新的重大变化和深刻调整，将对世界经济周期转换和国际分工体系演进带来深远的影响。另一方面，全球分工体系进一步向单个研发环节延伸拓展，研发创新环节也像生产制造领域一样分工不断深化，全球创新活动日益呈现开放化和网络化的趋势。这对全球创新的组织和管理模式带来了变革性影响，也为世界各国尤其是新兴经济体参与和融入全球研发创新网络带来了不少新的机遇和挑战。

2008年国际金融危机以来，中国经济对世界经济增长的贡献越来越大，稳定器和发动机的角色与作用日益显著。但是，中国经济发展的质量仍有待进一步提高，在全球经济发展中的地位也亟待持续提升。在中国经济由高速度增长向高质量增长转变过程中，创新驱动成为极其重要的一环，不仅决定了中国经济新旧动能转换的质量和效率，也构成了中国经济能否真正走进世界经济舞台中央的核心变量。

以创新引领中国经济高质量发展，除了要不断提升企业的自主创新能力，更要加快推进企业研发和创新的国际化进程，充分利用国际优质创新资源，持续融入全球研发创新网络，并不断提升在全球创新网络中的分工地位，从而进一步提高全球研发网络权力。值得注意的是，在当前经济全球化遭遇一定挫折、发达国家跨国公司不断加强技术封锁的情况下，中国企业的研发网络国际化之路也注定不会那么一帆风顺，尤其是在跨国公司主导的全球研发网络的“网络屏蔽效应”影响下，中国企业国际化创新可能像生产领域一样，面临再一次被“低端锁定”的风险。这或许是当前及未来一段时期内，中国企业研发国际化发展始终都无法回避的一个重大课题。

本书在梳理了相关理论基础和现有研究文献的基础上，深入分析了当前研发全球化的趋势性特征及研发网络国际化的动因与路径，通过实证检验验证了研发网络的国际化的确有助于提升企业研发效率。同时，从价值链理论和产业分工理论层面分析了跨国研发分工的形成机理，全球研发网络的利益分配原理、等级分工模式以及空间结构特征。在此基础上，进一步以IT产业和Ipod产品为例，深入探讨了全球研发网络的封锁效应及其对东道国本土企业的低端锁定风险，提出跨国公司的网络屏蔽行为使中国企业存在陷入研发分工“低端锁定”陷阱的判断。此外，本书回顾了中国企业的研发国际化历程，梳理了中国企业在全球研发网络中的角色变迁，并以华为、海尔和长安三家知名中国跨国企业为案例，总结性分析了中国企业研发国际化以及构建全球研发网络的实践与模式创新。最后，本书剖析了中国企业嵌入和提升在全球研发网络中地位的瓶颈和困境，并从国家宏观层面和企业微观层面提出了提高中国企业全球研发分工地位的思路和建议。

本书是作者对近年来所做的相关研究工作的一个系统性总结和再思考。我的师弟师妹温州大学张战仁副教授、武汉大学范斐副教授、上海市科学学研究所胡曙虹博士、华东师范大学博士研究生杨文龙等优秀青年学者为本书的写作提供了很多宝贵的建议、支持与帮助，上海人民出版社的编辑老师也为本书的修改校对付出了诸多心血，在此一并表示衷心的感谢。

笔者期待此书对学界和有关部门研究跨国公司研发、研发国际化、全球研发网络等问题具有一定参考价值，对企业深入了解研发网络国际化进程与形势也有辅导价值。当然，受水平所限，本书难免会挂一漏万而出现纰漏，敬请读者斧正。

作 者

2019 年 5 月 13 日

于上海社会科学院

图书在版编目(CIP)数据

全球研发网络与中国企业创新/盛垒著.—上海：
上海人民出版社，2019
ISBN 978-7-208-15864-1

Ⅰ.①全… Ⅱ.①盛… Ⅲ.①技术开发-国际化-研
究 ②企业创新-研究-中国 Ⅳ.①F124.3 ②F279.23

中国版本图书馆 CIP 数据核字(2019)第 095991 号

责任编辑 罗俊华
封面设计 谢定莹

全球研发网络与中国企业创新
盛垒 著

出　　版 上海人民出版社
　　　　　(200001 上海福建中路 193 号)
发　　行 上海人民出版社发行中心
印　　刷 上海商务联西印刷有限公司
开　　本 787×1092 1/16
印　　张 18
插　　页 4
字　　数 201,000
版　　次 2019 年 6 月第 1 版
印　　次 2019 年 6 月第 1 次印刷
ISBN 978-7-208-15864-1/F·2588
定　　价 68.00 元